Gemütliche Genusstouren

Wanderungen für Senioren Mainfranken

30 entspannte Touren entlang des Mittelmains

J. BERG

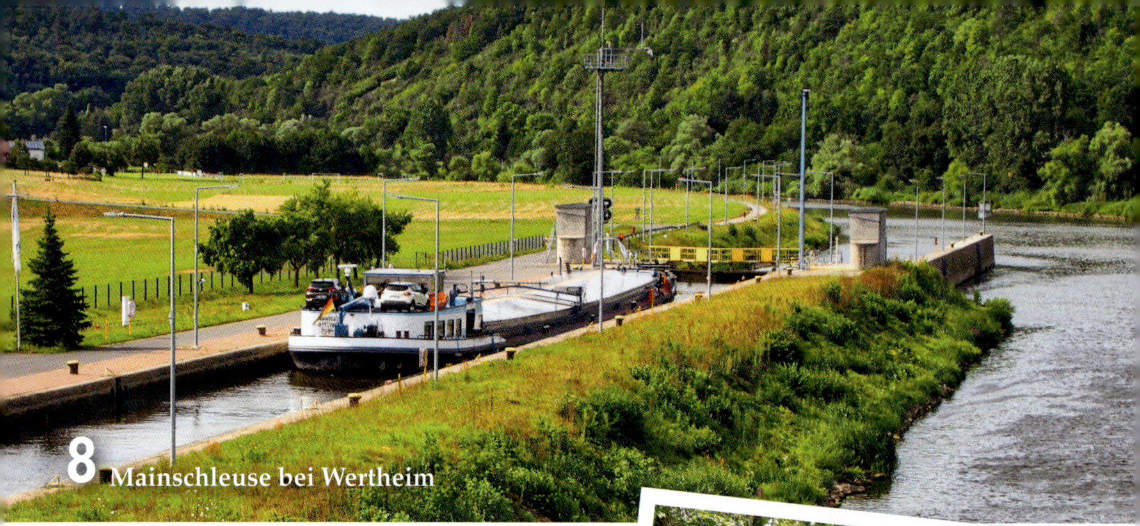

Inhalt

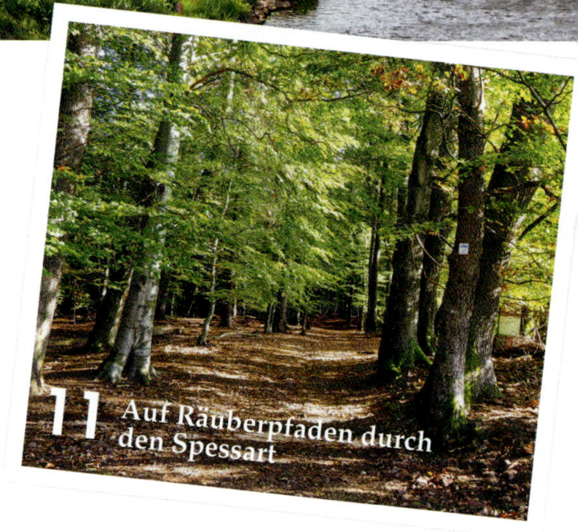

Spessart und nördlicher Odenwald 14

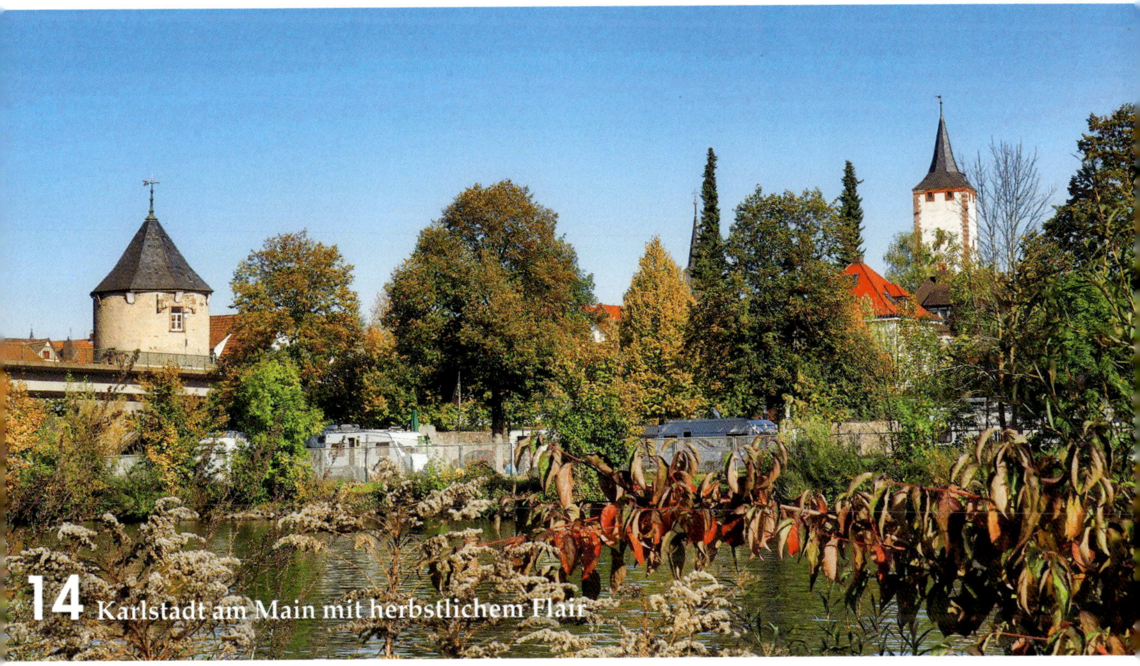

14 Karlstadt am Main mit herbstlichem Flair

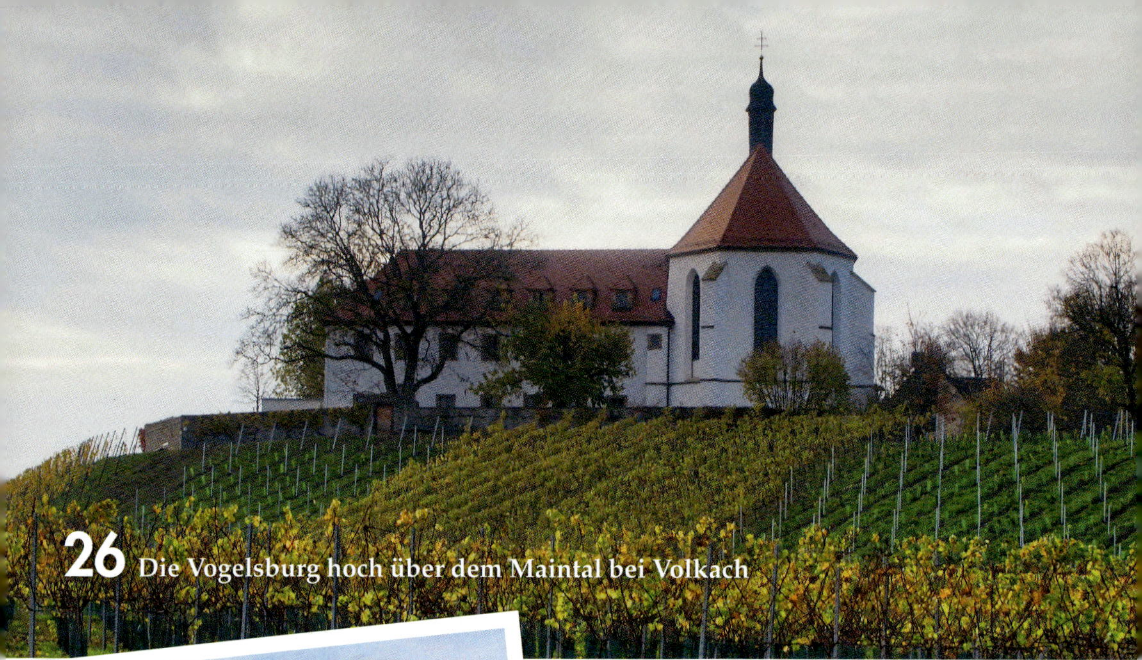
26 Die Vogelsburg hoch über dem Maintal bei Volkach

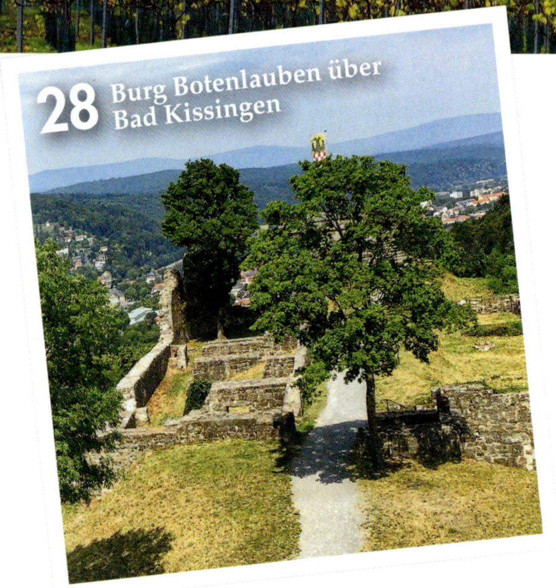
28 Burg Botenlauben über Bad Kissingen

Tourenüberblick

	Tour									
1	Kloster Himmelthal	1.15 Std.	60 Hm	5,3 km	•	•	•	•	(•)	•
2	Clingenburg	1.15 Std.	180/170 Hm	3,3 km	•	•		•		•
3	Kloster Engelberg	4 Std.	390/410 Hm	12,6 km	•	•			•	•
4	Von Freudenberg zur Freudenburg	1 Std.	170 Hm	4,8 km	•	•			(•)	•
5	Burg Wildenberg	1.30 Std.	220/230 Hm	7,5 km	•	•			(•)	
6	Die kleine Spessarttour	1.15 Std.	100/90 Hm	5,8 km	•		•		(•)	•
7	Kartause Grünau im Spessart	3 Std.	200 Hm	11 km	•	•			•	•
8	Schleusentour bei Wertheim	2 Std.	70/60 Hm	8,5 km	•	•				•
9	Von Homburg nach Holzkirchen	3.30 Std.	300 Hm	12,9 km	•	•	•	•		•
10	Zum Steinernen Haus	2 Std.	210 Hm	7,5 km	•	•			•	•
11	Wandertour bei Rothenbuch	4 Std.	350/340 Hm	13,2 km	•	•			•	•
12	Kloster Einsiedel im Spessart	2.30 Std.	200/210 Hm	8,1 km	•	•			•	•
13	Rundwanderung bei Mespelbrunn	1 Std.	80/70 Hm	3 km	•	•	•		(•)	
14	Von der Karlsburg in den Spessart	2.15 Std.	160 Hm	7,1 km	•	•			•	•
15	Wanderung bei Thüngersheim	1.30 Std.	150/130 Hm	4,8 km	•	•	•			•
16	Von Würzburg nach Veitshöchheim	2.30 Std.	210/220 Hm	8,5 km	•	•		•		•
17	Kleine Runde um Estenfeld	1.15 Std.	60 Hm	5 km	•	•	(•)	•		•
18	Würzburg von oben	2.30 Std.	210 Hm	7,7 km	•	•		•		•
19	Museumssteinbruch in Lindelbach	1.30 Std.	100 Hm	8,2 km		•		•		
20	Wanderung zu St. Wolfgang	1.45 Std.	100/90 Hm	6,5 km	•	•	•		(•)	•
21	Burg Reichelsberg	1.20 Std.	50 Hm	5 km	•	•	•		(•)	
22	Ochsenfurt und Gaukönigshofen	2.15 Std.	110/30 Hm	8,2 km	•	•	•	•		•
23	Durch die Kitzinger Weinlage	1 Std.	60 Hm	4 km	•			•		
24	Auf dem Schwanberg bei Rödelsee	2 Std.	90 Hm	7 km	•	•	•		•	
25	Wandern bei Münsterschwarzach	1.15 Std.	10 Hm	4,9 km	•	•	•	•		•
26	Von Volkach nach Fahr	3 Std.	60 Hm	10,7 km	•	•		•		•
27	Von Trimberg zur Trimburg	1.30 Std.	110 Hm	3,6 km	(•)	•			(•)	•
28	Rosengarten und Burg Botenlauben	1.45 Std.	150/140 Hm	5,4 km	•	•	•	•		•
29	Königsberg in Bayern	0.45 Std.	70/60 Hm	2,7 km	•	•	•	•		•
30	Naturschutzgebiet bei Haßfurt	2.15 Std.	30/20 Hm	11,5 km	•	•		•		•

Freude an der Bewegung

Die Freude am Draußensein haben wir in unserer Familie immer gepflegt und zu Fuß und mit Fahrrädern haben wir viel Zeit an der frischen Luft verbracht. Nun sind die Kinder bereits eine ganze Weile aus dem Haus, und wir können uns das einfach nicht abgewöhnen. In unserer Wahlheimat Tauberfranken haben wir schon so ziemlich alles abgelaufen oder abgefahren und deshalb auch die angrenzenden Gebiete, nicht zuletzt auch Mainfranken, ausgiebig besucht. Als die Anfrage kam, ob ich dieses Buch schreiben könnte, musste ich nicht lange überlegen.

Um aktuell zu sein, bin ich die allermeisten Wege neu gegangen, und nur für eine Handvoll habe ich auf Wanderungen zurückgegriffen, die ich in den letzten zwei Jahren gewandert bin. So schnell verändert sich ja nichts. Manchmal im Laufe der Zeit aber doch. Als wir einen Weg prüften, der sich durch Baumriesen auszeichnet und dem wir vor gut einem Jahrzehnt einmal gefolgt sind, mussten wir feststellen, dass er heute nicht mehr begehbar ist. Allein deshalb war mir die Prüfung der beschriebenen Touren wichtig. Ein anderer Grund liegt in der Kondition. Zwar sind wir geübte Wanderer und Radfahrer, haben aber doch nicht mehr die Kondition wie »junge Leute«. Das ist zu akzeptieren und davon muss ich ausgehen, wenn ich einen Wanderführer für Senioren schreibe. Die ausgewählten Touren sind alle bei normaler Kondition leistbar und stellen keine besonderen Anforderungen. Wenn hier und da doch einmal, wird das in der Beschreibung erwähnt und eine Alternative angeboten. Für diejenigen, die sich gerne unterfordert fühlen, sind dagegen auch Vorschläge für Tourenerweiterungen dabei.

Mainfranken ist ein großes Gebiet. Es mit 30 Touren vollständig zu erfassen, ist schlicht nicht möglich. Deshalb habe ich versucht, die Wanderungen einigermaßen gleichmäßig über das Gebiet zu verteilen. Der überwiegende Teil der Touren liegt direkt oder in der Nähe des Mains, einige allerdings

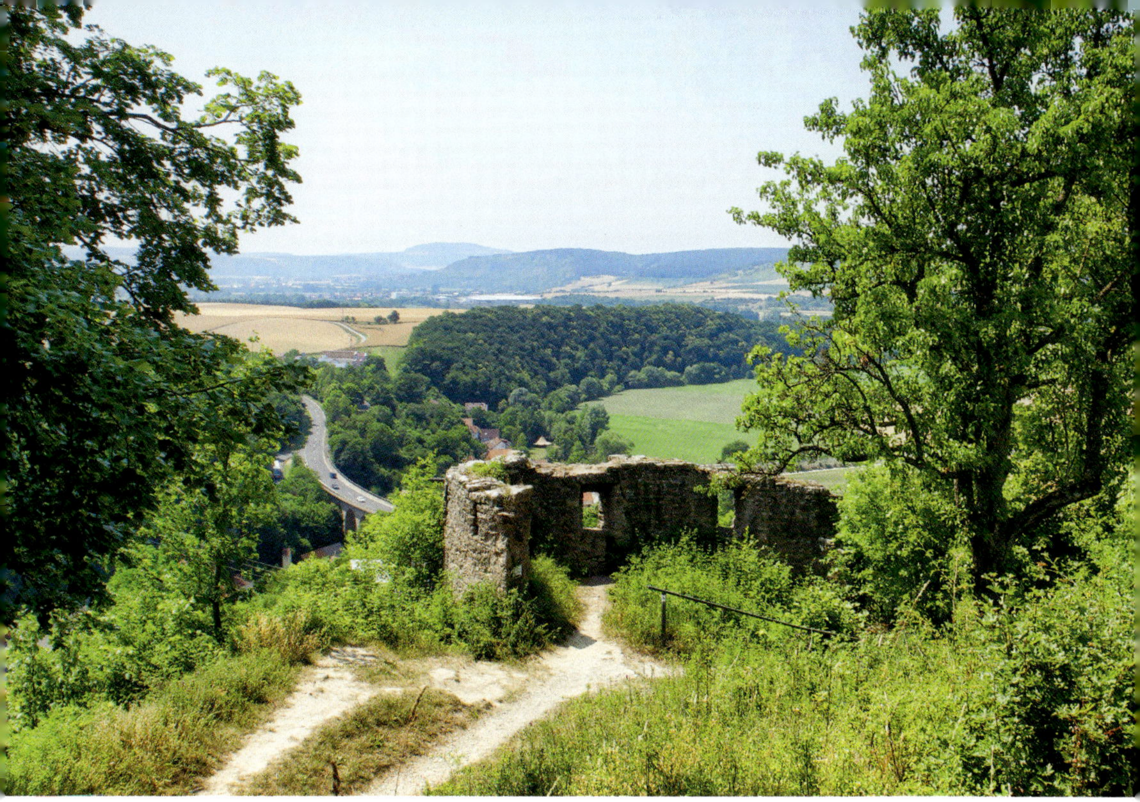

auch etwas entfernt, denn Mainfranken ist nicht nur dort, wo gerade der Main fließt, sondern auch zwischen seinen Windungen. Manche Touren können Sie auch als exemplarische Vorschläge ansehen. Im Grunde genommen können Sie heute fast jeden Ort in Mainfranken anschreiben und um Wandervorschläge bitten. Es wird die Ausnahme sein, wenn Sie da einmal eine Absage bekommen. Es ist aber immer die Frage, was einen erwartet und wo man überhaupt fragen soll. Dazu dient auch dieses Buch, sozusagen als grober Zeiger durch die ganze Landschaft. Vielleicht beginnen Sie ebenfalls den Spessart so zu lieben wie wir, wenn Sie ein oder zwei Touren nachgegangen sind. Dann wird es Ihnen nicht schwerfallen, auf die Karte zu gucken und festzustellen, wo noch interessante Orte liegen, die Ausgangspunkt für Ihre Wanderung sein könnten.

Blick von der Trimburg ins Tal der Fränkischen Saale (Tour 27)

Ich hoffe jedenfalls, dass Ihnen dieses Buch ein guter Führer ist und Ihnen Anregungen für eigene Entdeckungen gibt.

Lauda-Königshofen, November 2019
Horst-Dieter Radke

Wandern in Mainfranken

Mainfranken bezeichnet im Wesentlichen die am Maindreieck (Gemünden–Würzburg–Schweinfurt) und Mainviereck (Aschaffenburg–Miltenberg–Wertheim–Lohr) gelegenen Gebiete Frankens. Die Wanderungen in diesem Buch liegen sämtlich in diesem Bereich, in einigen Fällen auch schon etwas über den Grenzbereich hinaus. So exakt wie bei Ländern und Regierungsbezirken ist ja alles nicht abgegrenzt und genau genommen hört Franken nicht an den Grenzen der bayerischen Regierungsbezirke auf. Mehr als 20 Kilometer liegen die einzelnen Wanderungen aber nicht vom Main entfernt, und so wird dieser vorgegebene Rahmen niemals gesprengt.

Zu den Touren

Die einzelnen Touren sind meistens Rundwanderungen. In zwei Fällen habe ich darauf verzichtet. Einmal können

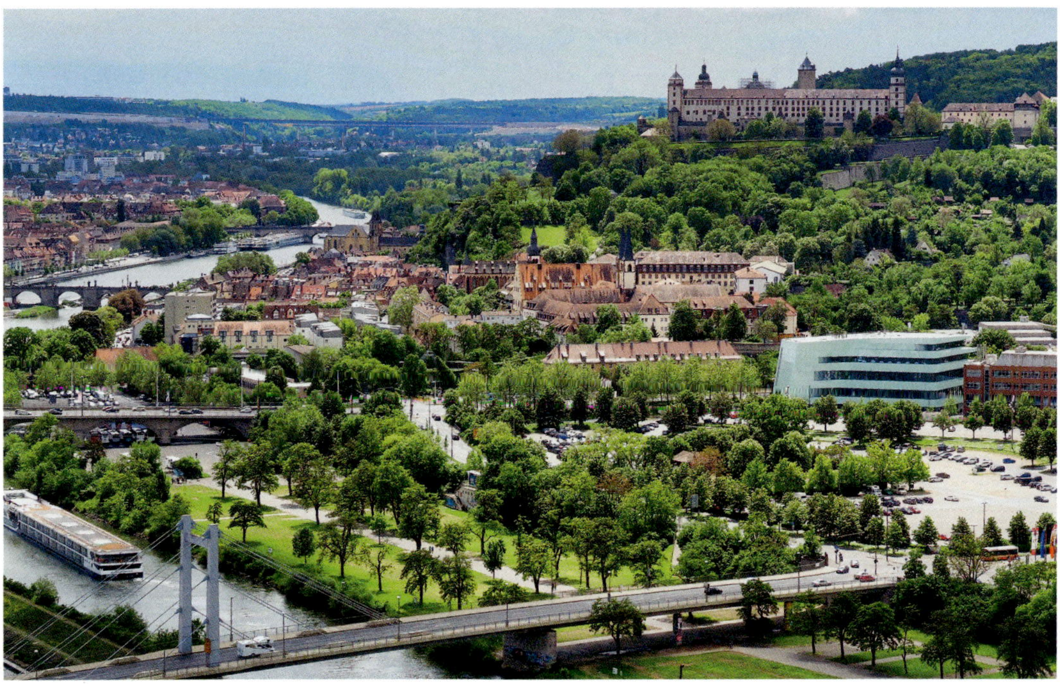

Blick über den Main bei Würzburg auf die Festung Marienberg (Tour 16)

Sie mit dem Schiff zurückfahren und einmal mit dem Bus zurück- oder weiterfahren. Für die kürzeste Tour sind Sie eine Dreiviertelstunde unterwegs, für die längsten vier Stunden. Es ist immer nur die reine Gehzeit angegeben. Nicht eingerechnet sind die Pausen und die Zeit, die Sie sich für Besichtigungen nehmen. Und ganz exakt lässt sich die Gehzeit auch nicht bestimmen, denn der eine geht langsamer und die andere schneller.

Schwierigkeitsgrade

- **Leicht:** eher kurze Runden, die keine oder kaum Trittsicherheit erfordern und nur wenige Steigungen beinhalten
- **Mittel:** Touren mit längeren Auf- und Abstiegen, die eine gewisse Kondition und zumindest etwas Trittsicherheit erfordern
- **Schwierig:** Diese Touren richten sich an unsere »rüstigen Senioren«. Auf weniger stark frequentierten Wegen stehen auch felsige sowie mit Wurzeln überzogene Abschnitte an. Eine gute Kondition am Berg ist erforderlich. Alle Touren dieser Kategorie lassen sich durch Varianten entschärfen bzw. abkürzen.

Nehmen Sie die Zeiten also als Richtwert. 13 Touren sind als leicht ausgezeichnet. Sie sollten von jedem, der noch mobil ist, bewältigt werden können. Spessart, Odenwald, Steigerwald und Haßberge sind Mittelgebirge. Kein Vergleich zu den Alpen, aber es gibt doch schon Steigungen, die bewältigt werden müssen. Wenn mehr als 100 Höhenmeter bei einer Wanderung zu überwinden sind, vielleicht noch mehrmals, habe ich die Tour als mittelschwer gekennzeichnet. Wenn Sie so etwas gewohnt sind, weil Sie öfters in solchen Regionen wandern, werden Sie die Wanderung möglicherweise als leicht empfinden. Andere kommen da vielleicht schon an ihre Grenzen. Auf einigen Wanderungen hat mich meine Frau begleitet, die in etwa in meinem Alter ist (ich sage mal vorsichtig für uns beide 65+), auf anderen waren Freunde dabei, die zur Zielgruppe dieses Buches gehören. So konnte ich prüfen, dass ich mit meiner Einschätzung, ob diese Wandertouren seniorentauglich sind, halbwegs richtig liege. Ganz besonders bedanke ich mich für diese Unterstützung bei Amos und Kook-Nam Cho-Ruwwe. Ohne sie hätte das Erwandern dieses Buches nur halb so viel Spaß gemacht.

Ausrüstung und Vorbereitung

Wie Sie sich für die Wanderungen kleiden, will ich Ihnen gar nicht vorschreiben. Dazu gelten wenige Regeln, die es zu beachten gilt. Die Kleidung muss zu den Jahreszeiten passen, nicht zu warm im Sommer und nicht zu kalt im Winter. Wichtiger als die Outdoorjacke mit dem passenden Schriftzug ist gutes Schuhwerk. Für die leichten Touren genügen meist halbhohe Wanderschuhe. Wenn es in die Mittelgebirge geht oder auch in die Weinlagen hinauf, ist es besser, Wanderschuhe zu tragen, die auch die Knöchel schützen. Sie sollten sich in den Schuhen wohlfühlen, am besten in schon eingelaufenen Schuhen, in denen Sie nicht befürchten müssen, sich Blasen zu erlaufen. Gute Wanderschuhe, die gepflegt werden, halten lange, manchmal ein halbes Leben.

Gute Wanderstöcke sollten zur Grundausrüstung gehören.

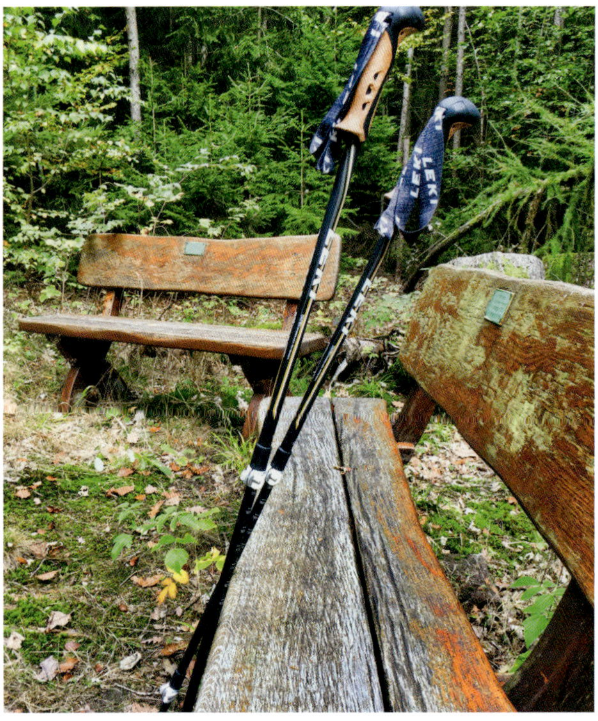

Kurze Touren kann man im Grunde ohne jeden Ballast gehen, aber für längere ist ein kleiner Rucksack oder eine Umhängetasche gut, in der man Brotzeit und genügend zu trinken mitnimmt. Letzteres ist besonders wichtig. Man sollte sich nicht darauf verlassen, dass man bei Bedarf irgendwo einkehren kann. Wenn Sie beispielsweise durch den Spessart wandern, müssen Sie auf das berühmte Wirtshaus oft allzu lange warten. Wichtig sind gute Wanderstöcke. Sie stabilisieren auf unebenen Wegen und helfen beim An- und Abstieg. Ich habe eine mittelschwere Wanderung ohne Stöcke zusammen mit meiner Frau durchgeführt, um festzustellen, ob man nicht doch besser darauf verzichten kann. Wir kamen beide zu dem Schluss, dass das keine gute Idee war. Bei kleineren Touren

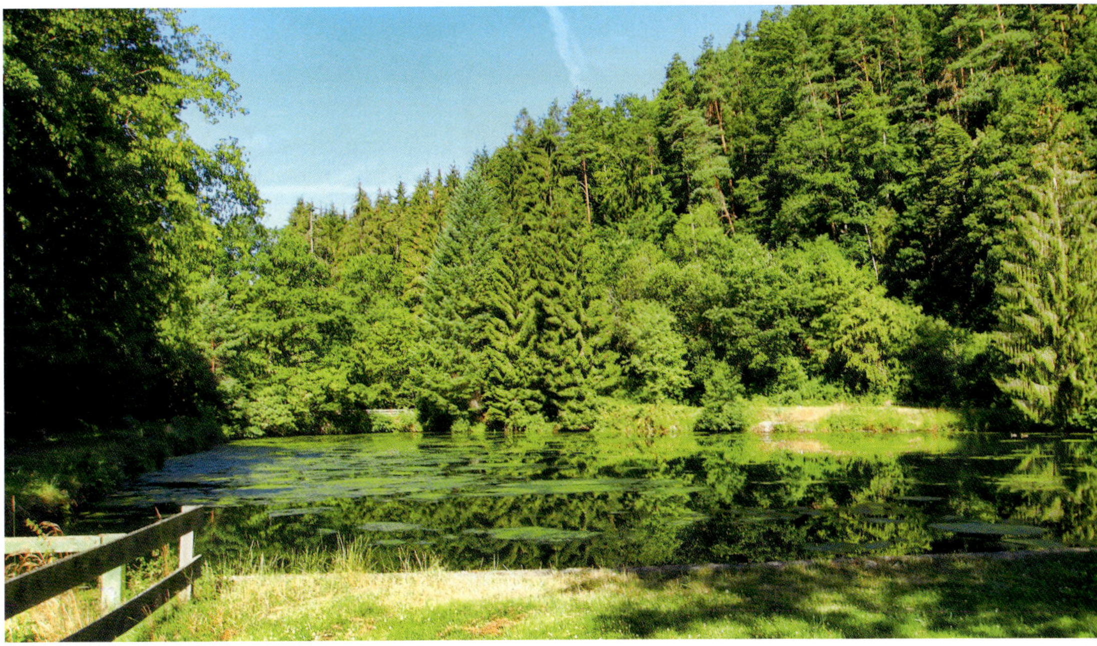

Fischteich bei der Kartause Grünau (Tour 7)

ohne große Höhenunterschiede vielleicht dann und wann verzichtbar – es ist auch mal schön zu gehen, ohne etwas in der Hand zu haben –, aber wenn der Weg länger ist und es vor allem höher geht, besser nicht ohne Stöcke.

Früher gehörte gutes Kartenmaterial zur Grundvoraussetzung beim Wandern. Heute hat man seine Navigationsapp im Smartphone und lässt sich den Weg zeigen. Das will ich gar nicht schlechtreden, es gibt Situationen, da habe ich schon davon profitiert. Aber es ist auch ein bisschen lästig, alle paar Meter auf das Smartphone zu gucken, um zu schauen, ob man noch richtig geht oder der Stimme, die »Biegen sie links ab« sagt, blind zu folgen, ohne tatsächlich eine Orientierung zu haben. Mit einer Karte die Tour vorzubereiten bedeutet immer, dass man dann auch weiß, wo man geht. Früher fand ich, dass ein Maßstab 1:25 000 für eine gute Vorbereitung unabdingbar ist. Heute liebe ich die 1:50 000-Karten, weil ich einfach einen größeren Überblick habe. Die Feinarbeit mache ich dann tatsächlich mit dem Smartphone, insbesondere dann, wenn Unklarheiten auftreten oder Unvorhergesehenes passiert. Bei einer

Wanderung stand ich plötzlich vor dem Schild »Holzfällarbeiten, nicht weitergehen«. Nun gut, dann eben den anderen Weg nehmen, bis dort auch an der nächsten Biegung so ein Schild stand und das rotweiße Band gespannt war. In solchen Situationen ist ein Smartphone viel hilfreicher als die Karte, um einen durch die Wege zu lotsen, ohne dass man zurückgehen muss. Für die in diesem Buch beschriebenen Wege sollten Sie aber ohne auskommen. Die Tourenbeschreibungen müssten reichen. Zudem sind die meisten Wege heutzutage auch ausgeschildert.

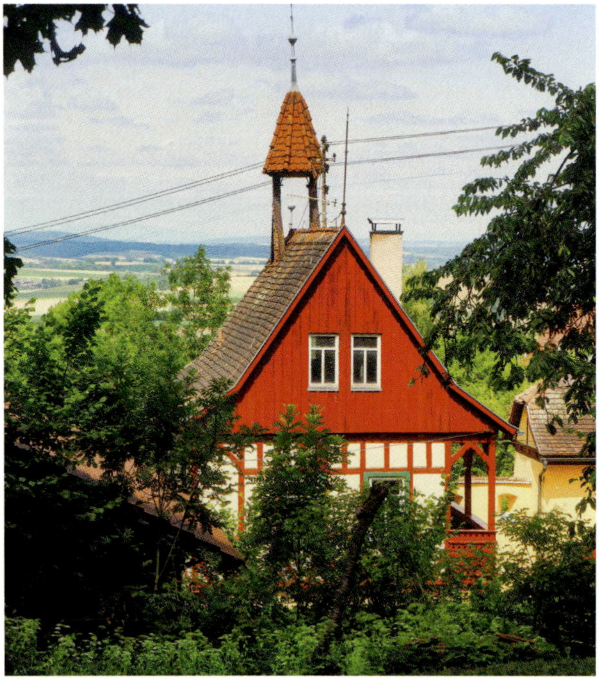

Königsberg in Bayern auf dem Rundweg um die Burg (Tour 29)

Wichtig: Es ist zwar in den meisten Gebieten Handyempfang möglich, aber gerade im Spessartwald kann es hier und da Funklöcher geben. Gehen Sie deshalb möglichst nicht allein auf solche Touren. Es ist immer gut, wenn noch jemand dabei ist, der im Bedarfsfall Hilfe holen kann.

Tageszeit, Wetter und andere Hinweise

Wann es gut ist, mit der Wanderung zu beginnen, lässt sich schwer allgemeingültig festlegen. Ein paar Ansatzpunkte gibt es aber doch. Im Sommer würde ich raten, früh loszugehen. Damit ist gemeint: je früher, desto besser. Allerdings nur an heißen Tagen gilt diese Regel absolut. Man geht in der Morgenfrische los und ist mittags, wenn es beginnt, richtig heiß zu werden, mit der Wanderung fertig. Nach 14 Uhr (Sommerzeit) wird es richtig heiß und statt Spaß zu haben, wird die Tour zu einer Tortur. Man kann die Wanderung zwar in den Wald verlegen, wo es auch an heißen Nachmittagen noch erträglich ist, aber irgendwann kommt man ja aus dem Wald wieder heraus und dann trifft einen die Hitze wie ein Schlag. Im Frühjahr und Herbst ist es eigentlich egal, wann Sie gehen. Morgens, mittags, abends, alles hat etwas für sich. Gerade abends ist es besonders schön, in den Sonnenuntergang zu wandern. Der kommt ja auch noch früher als im Hochsommer um die Sonnenwende herum. Im Winter ist für mich die beste Zeit später Vormittag bis früher Nachmittag. Im Dunkeln zu wandern, ist im Winter alles andere als schön.

Das Wetter wird überschätzt. Natürlich ist Sonnenschein bei nicht zu heißen Temperaturen ideales Wanderwetter. Wenn man aber vor jeder Wolke, die sich vor die Sonne schiebt, Reißaus nimmt und jeden Regentropfen zum Abbruch der Wanderung versteht, dann kommt man nicht weit. Und im Grunde verpasst man manches schöne Erlebnis. Wenn es wie aus Gießkannen schüttet oder schon tagelang geregnet hat und der Boden matschweich ist, dann bleiben Sie besser zu Hause, lesen ein gutes Buch oder planen die nächste Wandertour. Aber wenn ein bisschen Wind weht, die Witterung unbeständig ist, es aber nicht richtig regnet, dann gehen Sie ruhig los.

Weit spannt sich die Brücke über den Main bei Kitzingen (Tour 23).

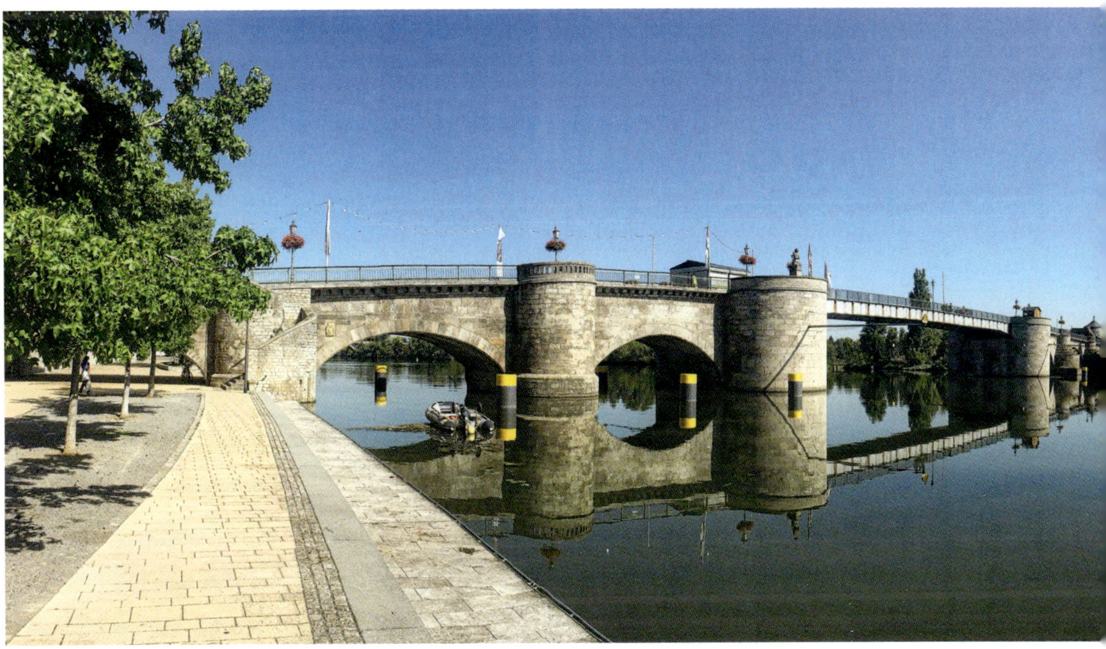

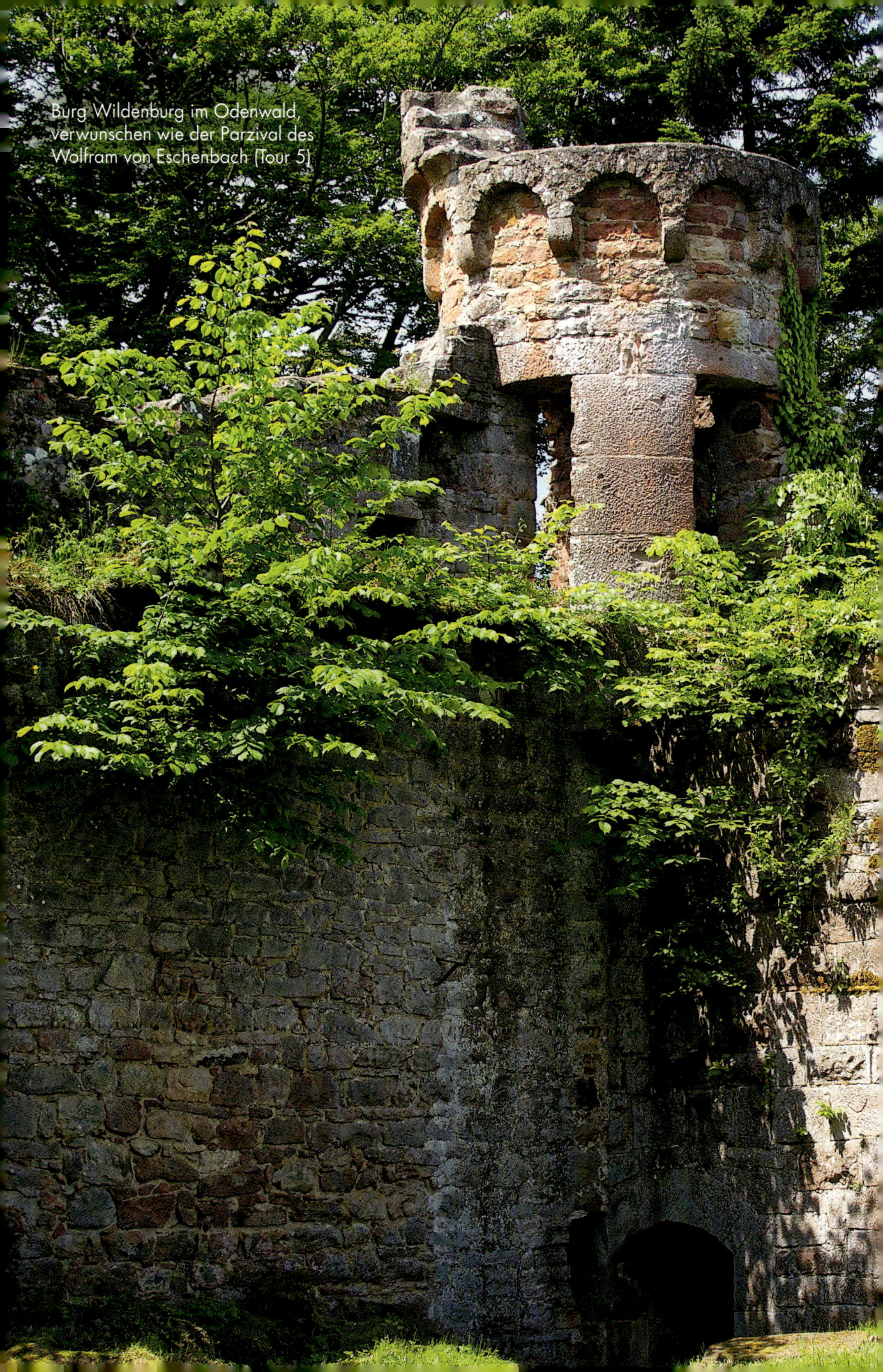

Burg Wildenburg im Odenwald, verwunschen wie der Parzival des Wolfram von Eschenbach (Tour 5)

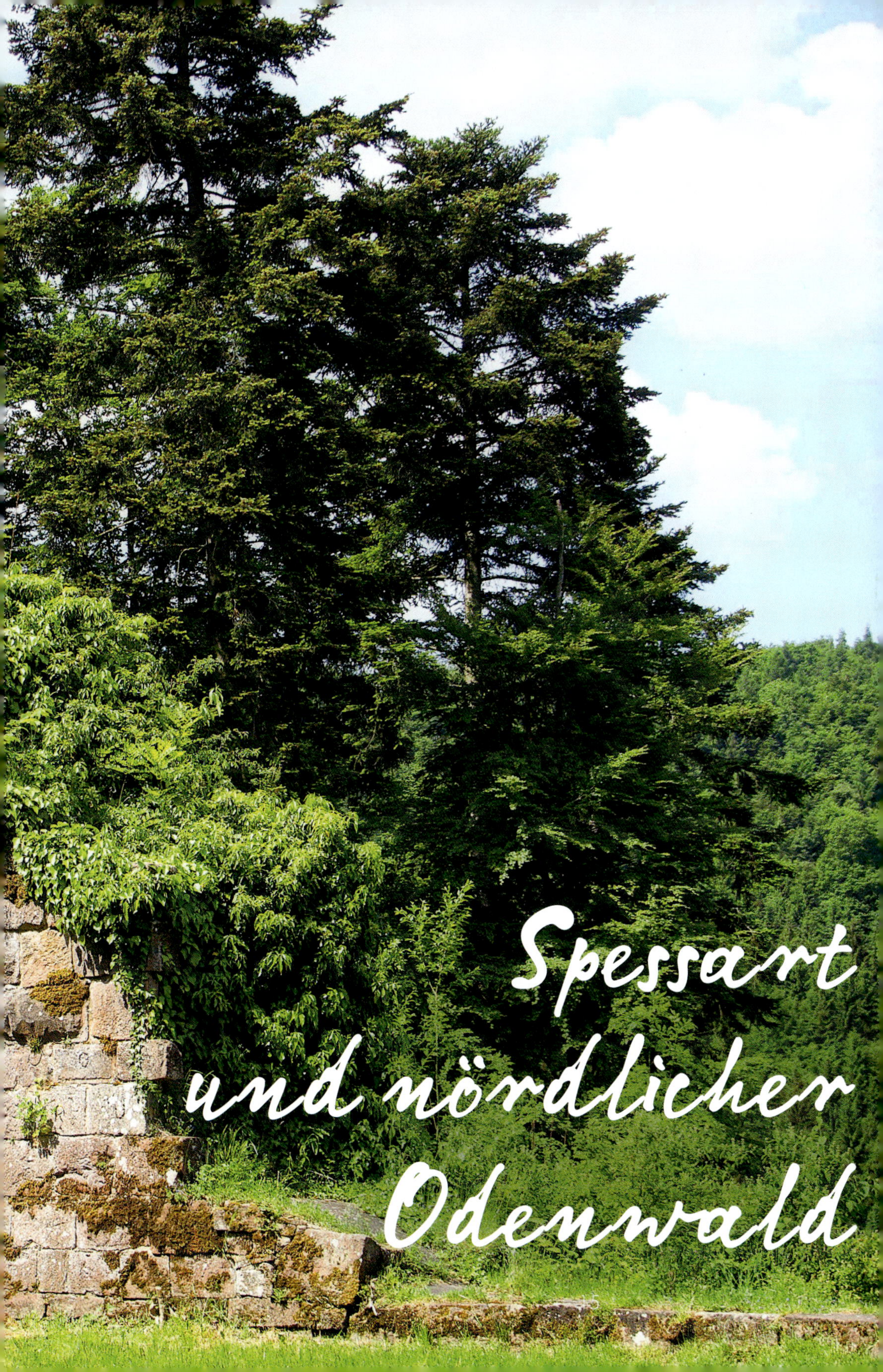

Spessart und nördlicher Odenwald

1 Von Schippach zum Kloster Himmelthal

Kultur, Wein und Natur

- leicht
- 1.15 Std.
- 60 Hm
- 5,3 km

Die Wanderung im Naturpark Spessart bietet neben Natur und Wein viel Ruhe und Möglichkeiten zur Besinnung, außerdem Kultur und wer mag, kann den barocken Spuren von Tiepolo folgen.

Start bei einer Mystikerin Vom Parkplatz in Schippach folgen Sie der Antoniusstraße und biegen rechts ab. Schräg gegenüber der St.-Antonius-Kapelle finden Sie eine Tafel, auf der Sie erfahren, dass in Schippach eine Mystikerin gelebt hat; die Bäuerin Barbara Weigand (1845–1943). Sie hat sich bemüht, in ihrem Heimatort eine monumentale Sakramentskirche zu errichten, und sogar Förderer gefunden, die mit dem Bau begannen. Die Diözese Würzburg betrieb allerdings die Einstellung dieses Vorhabens. Direkt hinter der St.-Antonius-Kapelle gehen wir links in die St.-Pius-Straße, folgen dieser bis zum Ende und biegen dann links in die Gartenstraße ein. Auf der rechten Seite der St.-Pius-Straße sind einige Reste aus dem Sakramentskirchenprojekt zu sehen.

Verlängern der Tour

Möchten Sie eine etwas längere Wanderung machen, so biegen Sie nicht in die Gartenstraße ab, sondern gehen über diese geradeaus hinaus. Sie folgen dem Weg bis zum Ortsteil Eschau, überqueren dort die Straße und gehen von dort zum Kloster Himmelthal. Die Tour ist dann doppelt so lang wie die hier beschriebene.

Auf doppeltem Weg Zum großen Teil ist dieser Rundwanderweg identisch mit dem Rück-Besinnungsweg, erkennbar daran, dass man an vielen Tafeln vorbeikommt, die einem bestimmten Thema gewidmet sind (zum Beispiel die 2. Station dem Thema »Mut«) und mit einem in unmittelbarer Nähe aufgestellten Kunstwerk kooperieren. Doch nicht das allein lädt zur

Rechte Seite: Kloster Himmelthal

Besinnung ein, sondern auch die Ruhe, die man streckenweise auf diesem Weg hat. Sieht man das Kloster links gegenüberliegen, muss man noch ein Stückchen daran vorbei, bevor man die Straße überqueren kann.

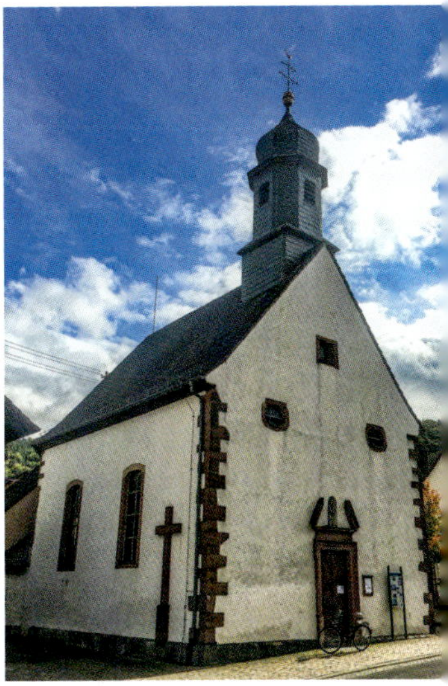

Die St.-Antonius-Kapelle in Schippach

Tiepolos Spuren Auf der anderen Seite der Straße könnten Sie nun links zum Kloster abzweigen. Gehen Sie stattdessen am Kloster vorbei bis zur Elsava. Dieses 25 Kilometer lange Flüsschen entspringt in der Nähe von Mespelbrunn und mündet bei Elsenfeld in den Main. Sie gehen ein Stück weit an der Elsava entlang, das Kloster zur linken Hand bis zur Brücke, die Sie jedoch nicht überqueren. Sie biegen links ab und kommen so zur ehemaligen Klosterkirche St. Sebastian. Das Kloster wurde im 13. Jahrhundert durch den Grafen von Rieneck gegründet. 250 Jahre später wurde es bereits nicht mehr genutzt. Das Erzbistum Mainz

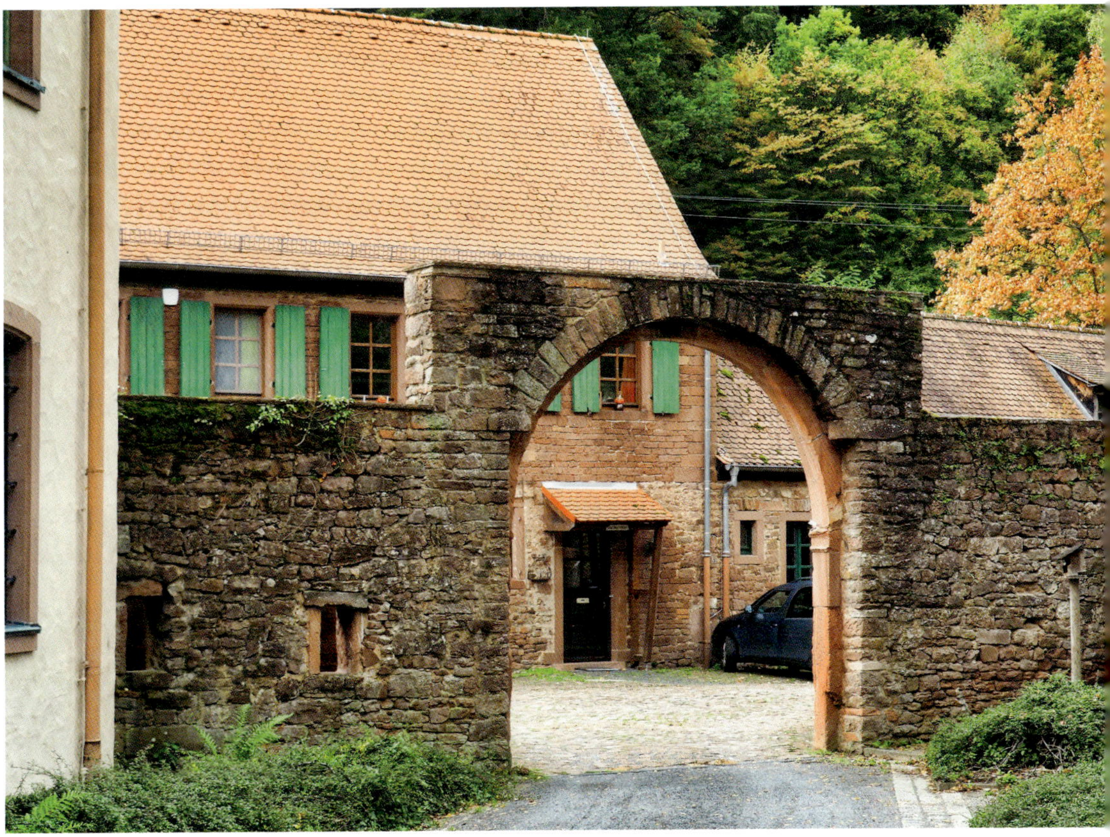

erweckte das Gebäude als Kameralhof zu neuem Leben. 1595 wurde der Klosterhof den Jesuiten überlassen, die 150 Jahre später auf den Grundmauern der alten gotischen Kirche eine neue, barocke Wallfahrtskirche erbauten. Dabei wirkten Mitarbeiter aus der Werkstatt von Giovanni Battista Tiepolo mit. Der venezianische Maler war zeitweise in Deutschland tätig, malte die Würzburger Residenz aus und führte Arbeiten in der barocken Klosterkirche Münsterschwarzach aus (siehe Tour 25). In der Klosterkirche werden seit 1984 die Himmelthaler Sommerkonzerte veranstaltet. Sonst ist nichts Klosterähnliches mehr zu finden in Himmelthal. Es befindet sich eine Berufsbildungsstätte dort, aber auch eine Weinprobierstube, die jeden zweiten Sonntag dort die Weine aus der Umgebung anbietet.

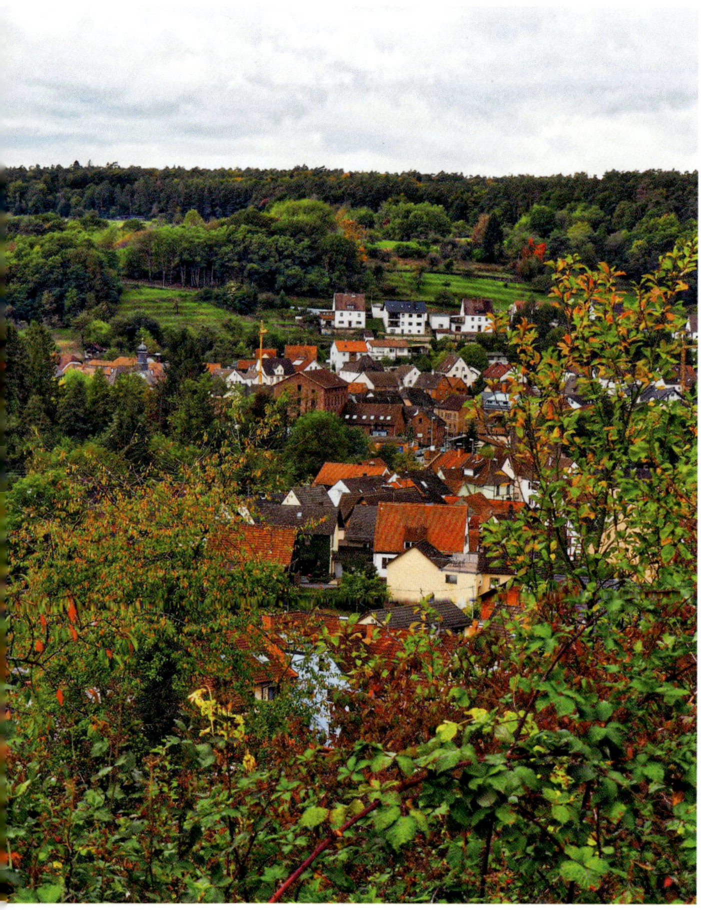

Von den Weinbergen lässt sich Schippach gut überblicken.

Rückweg Am äußersten rechten Ende der Klosteranlage stoßen Sie wieder auf den Wanderweg. Sie überqueren die Elsava über eine Brücke und folgen dem Weg bis zur Straße. Sie können die Wanderung abkürzen, indem Sie der Straße folgen. Schöner ist es, die Straße zu überqueren, dem Weg ein Stück hinauf und dann links zu folgen. So kommen Sie an den Weinlagen vorbei und können von dort zurück in den Ort gehen. Dabei folgen Sie entweder der für diese Tour vorgeschlagenen ersten Route an der Stelle, an der die Weinlage einen leichten Knick nach rechts macht, oder Sie folgen dem Weg noch ein gutes Stück weiter, bis es das nächste Mal links abgeht.

Wichtiges zur Tour

Tourencharakter
Leicht, ohne besondere Schwierigkeiten. Der Wanderweg führt teilweise über eine alte Bahntrasse.

Ausgangspunkt
Ausgangspunkt ist der Parkplatz in Schippach. Kommt man mit dem Bus an, geht man Richtung der St.-Antonius-Kapelle.

Anfahrt
Bahn & Bus: Markt Elsenfeld kann mit der Maintalbahn von Aschaffenburg oder Miltenberg aus erreicht werden. Mit dem Bus (www.vab-info.de) geht es dann bis Schippach.
Auto: Die B 469 bei Elsenfeld verlassen und über die Mainbrücke und die St 2308, dann ist man in wenigen Minuten in Schippach. Im Ort selbst biegt man in der Mitte rechts ab. Das Schild Richtung Streit ist nicht zu übersehen, der Parkplatz ist ebenfalls ausgeschildert.

Einkehr
Schalkhaus, Jürgen und Marion Hefner, Weinlokal, Schippacher Straße 11, 63820 Elsenfeld, www.schalkhaus.de
Krone, St.-Pius-Straße 4, 63820 Elsenfeld, www.krone-elsenfeld.de

Karte
UK50-6 Naturpark Spessart nördlicher Teil, 1:50 000, ISBN 978-3-89933-706-8

Informationen
Rathaus Elsenfeld, Marienstraße 29, 63820 Elsenfeld, Tel. 060 22/50070, www.elsenfeld.de

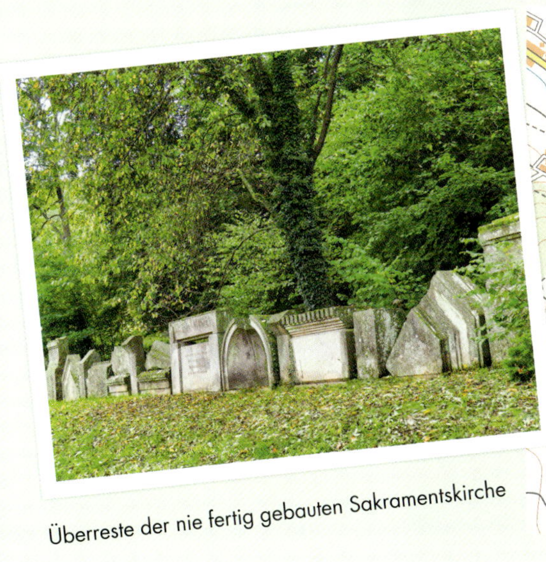

Überreste der nie fertig gebauten Sakramentskirche

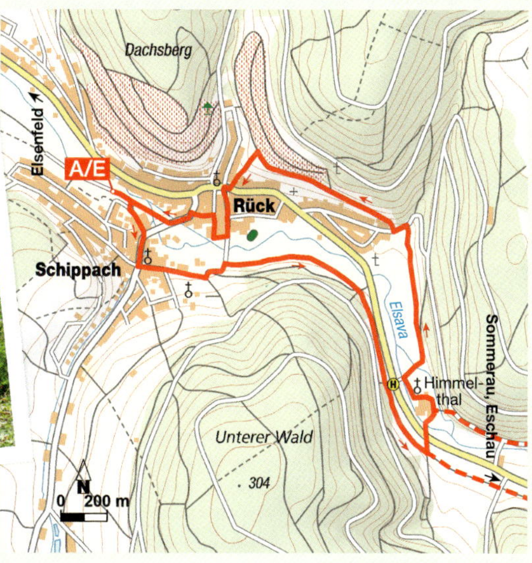

2 Von der Clingenburg zum Synagogenplatz

Wandertour mit vielen Treppen

mittel

1.15 Std.

180/170 Hm

3,3 km

Die Clingenburg ist zwar nur über viele steile Treppen zu erreichen, durchaus aber ein lohnendes Ziel. Erholung findet man bei der anschließenden Wanderung die Klingenberger Weinlagen entlang.

Treppauf Es lohnt sich, den Aufstieg langsam angehen zu lassen, und dabei die Altstadt Klingenbergs zu bewundern. Die zahlreichen Fachwerkhäuser aus dem 16. Jahrhundert sind prächtig erhalten. Im Alten Rathaus, das aus dem Jahr 1561 stammt, finden Sie auch die Touristeninformation.

Die Weinlagen an der Clingenburg

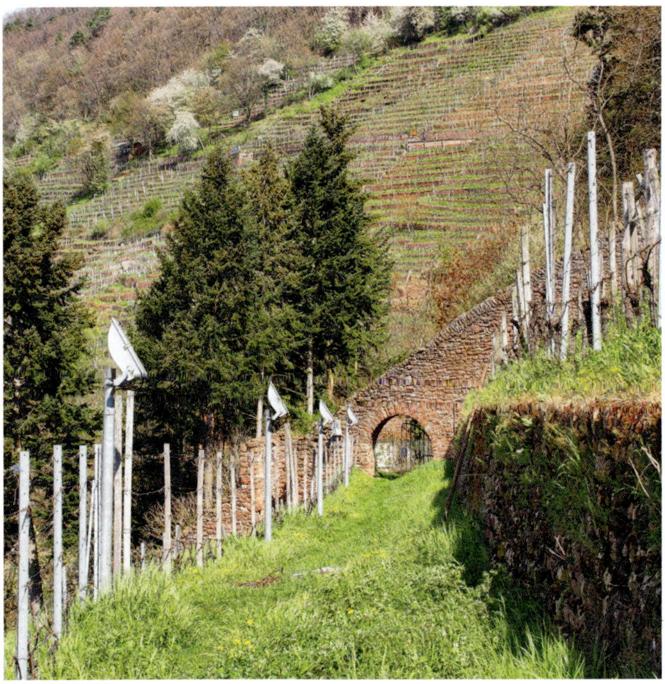

Clingenburg Die Clingenburg wurde in der Zeit der Staufer um 1100 von den Schenken von Limpurg erbaut. Später ging sie in den Besitz der Bickenbacher über. Ab 1500 gehörte die Burg zum Erzstift Mainz. Der eingesetzte Amtmann zog aber lieber in ein selbst erbautes Schloss in der Stadt und überließ die Burg dem Verfall. Gegen Ende des 19. Jahrhunderts kaufte die Stadt die Reste der Burg und ließ dort bereits ab 1891 Festspiele und Theateraufführungen stattfinden. Selbst der bayerische König soll dabei anwesend gewesen sein. Über den Ersten Weltkrieg ging diese Tradition verloren. Seit 1994 finden regelmäßige professionelle Aufführungen

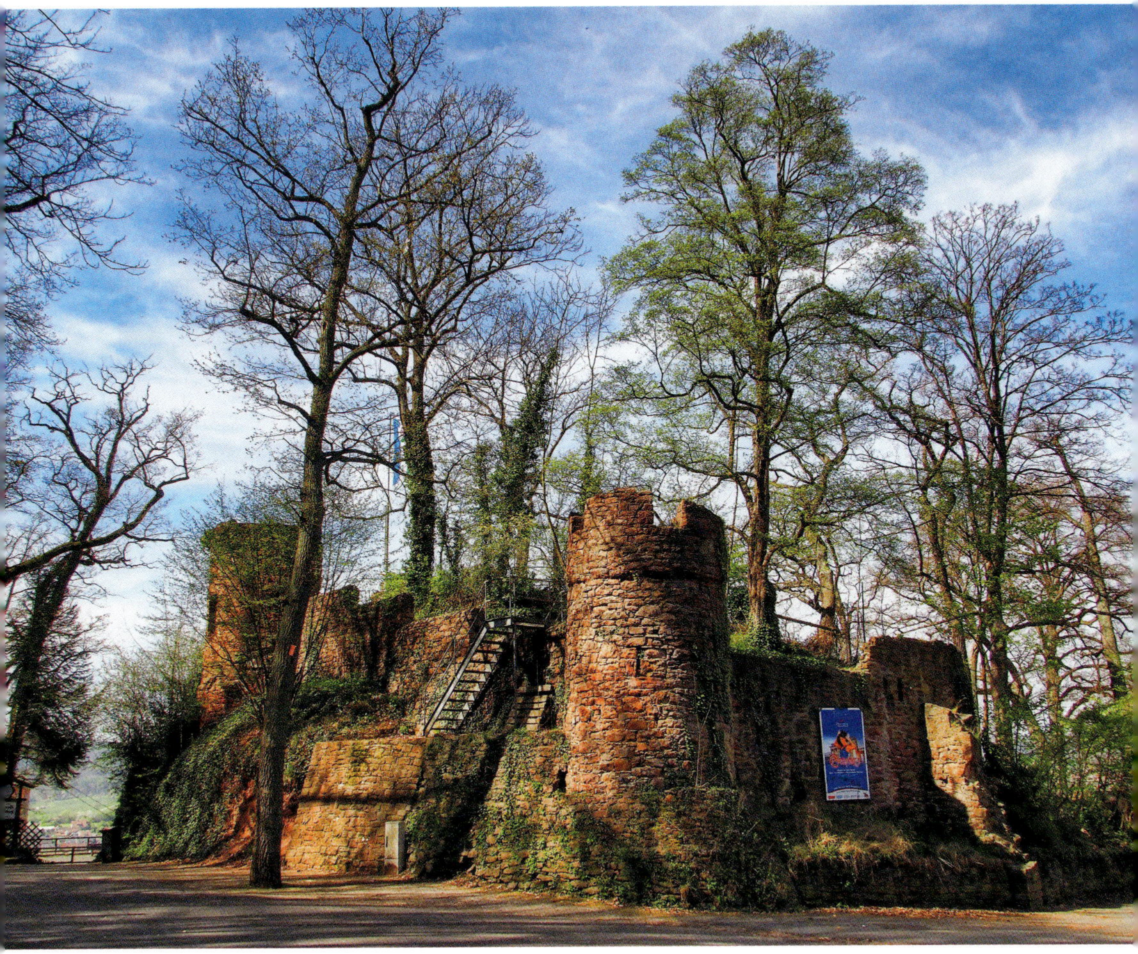

statt (Musicals, Opern, Schauspiele, Konzerte), die inzwischen über die Region hinaus bekannt und beliebt sind.

Die Reste der Clingenburg sind heute eine malerische Kulisse für unterschiedliche Aufführungen.

Klingenberger Wein Sie müssen ein Stück zurückgehen, um auf den Weg durch die Weinlagen zu kommen. Dabei haben Sie die Möglichkeit, einen Aussichtsturm zu besteigen, und einen noch besseren Überblick über das Maintal und die Weinlagen zu bekommen. Herunter geht es teilweise wieder über Treppen. In der Stadt kommt man bei der vorgeschlagenen Route über den Synagogenplatz. Die ehemalige Synagoge ist nicht mehr vorhanden, eine Gedenktafel erinnert seit 2008 an sie. Im Juni 2019 hat der Gemeinderat beschlossen, den Synagogenplatz neu zu gestalten.

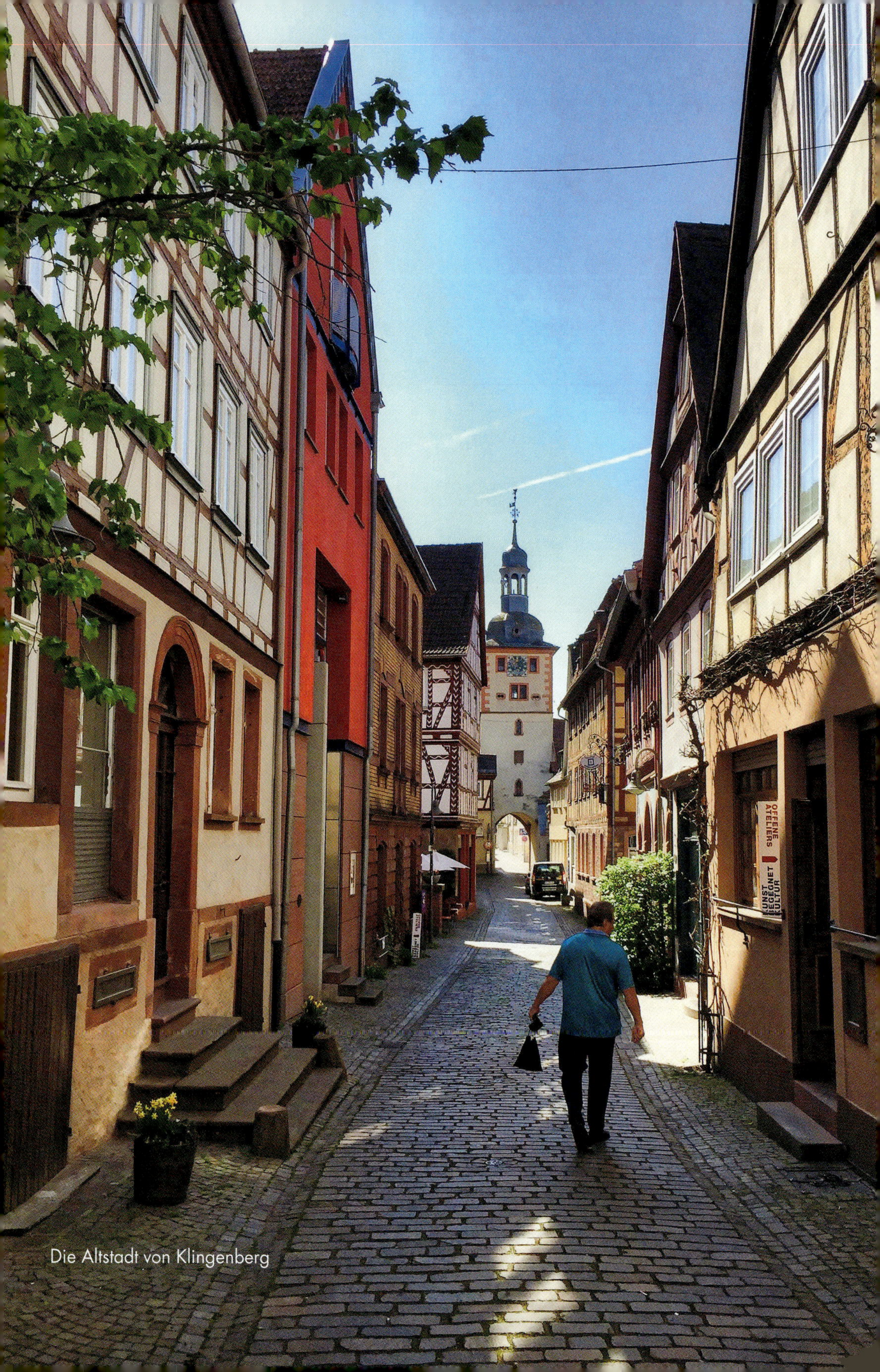

Die Altstadt von Klingenberg

Wichtiges zur Tour

Tourencharakter
Grundsätzlich einfach, durch die vielen Treppen und den relativ steilen Anstieg aber doch etwas anspruchsvoll. Trittsicherheit ist erforderlich.

Ausgangspunkt
Parkplatz am Main. Wer mit der Bahn anreist, muss noch über die Mainbrücke, die direkt vom Bahnhof aus erreichbar ist. Ist der Parkplatz auf der anderen Seite voll, finden sich viele Parkplätze neben dem Bahnhof.

Anfahrt
Bahn: Die Maintalbahn, die von Aschaffenburg über Miltenberg nach Wertheim fährt (und zurück), hält im Stadtteil Trennfurt auf der gegenüberliegenden Mainseite.
Auto: Klingenberg ist über die B469 aus Richtung A3 (Aschaffenburg) oder Miltenberg zu erreichen.

Einkehr
Burgterrasse Clingenburg (Cafe & Restaurant), Clingenburgstraße 5, 63911 Klingenberg am Main, Tel. 09372/2594
Gasthaus zum goldenen Schwert, Hauptstraße 33, 63911 Klingenberg am Main, Tel. 09372/9489661, www.schwert-klingenberg.de
Mainterrasse Klingenberg, Wilhelmstraße 124, 63911 Klingenberg am Main, Tel. 09372/9472504

Karte
Wanderkarte Landkreis Main-Spessart, 1:50000, ISBN 978-3-86116-088-5

Informationen
Stadt Klingenberg am Main, Touristinformation, Wilhelmstraße 12, 63911 Klingenberg am Main, Tel. 09372/921259, info@klingenberg.de

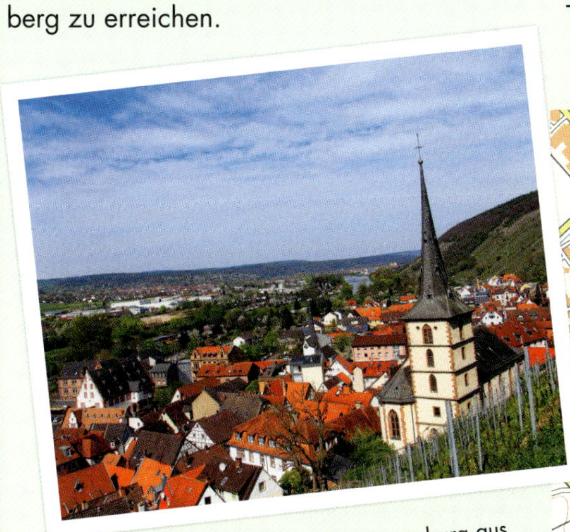

Blick über Klingenberg, von der Clingenburg aus

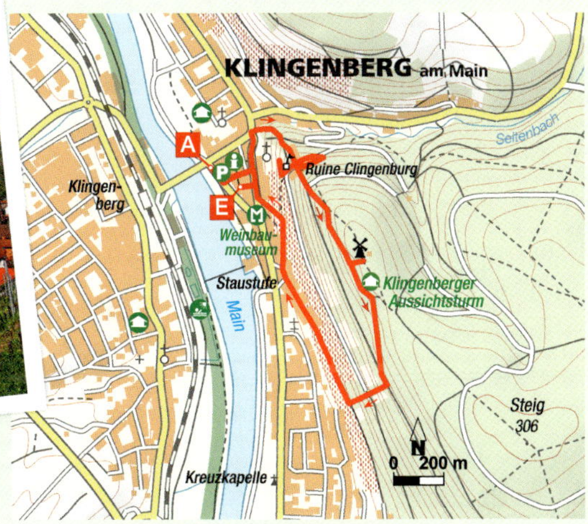

3 Jagd auf das Elfetritschle

Rundweg um Kloster Engelberg

- mittel
- 4 Std.
- 390/410 Hm
- 12,6 km

Der Rundweg, vom Kloster Engelberg ausgehend, führt durch den angrenzenden Wald und an alten Heunesteinen vorbei. Er ermöglicht die Jagd nach einem mysteriösen Fabelwesen und bringt uns zurück zum Kloster, in dessen Klosterschänke man sich von der Wanderung gut ausruhen kann.

Ankommen beim Kloster Wenn Sie mit dem Auto anreisen, finden Sie direkt unterhalb des Klosters einen Parkplatz. Von diesem aus machen Sie sich auf die Wanderung, das Kloster lassen Sie zunächst unbeachtet, es sei denn, sie steigen vom Ort unterhalb des Klosters auf. Sollten Sie mit dem Bus nach Großheubach gefahren sein, so steht Ihnen allerdings ein nicht zu unterschätzender Aufstieg bevor. Über 612 Stufen erreichen Sie das Kloster und den Parkplatz. Der Legende nach haben Engel das Baumaterial für diese Stufen herangetragen, weshalb die Treppe im Volksmund auch »Engelstaffeln« genannt wird.

Auf den Eselsweg Verlassen Sie den Parkplatz so, dass Sie das Kloster im Rücken haben. Es begegnen Ihnen noch einige Skulpturen, die den Weg säumen, bevor Sie vor einem roten Sandsteinblock stehen, der Ihnen die Entscheidung lässt, ob Sie zur Maria-Hilf-Kapelle oder auf den Eselsweg wollen.

Verkürzen der Tour

Wenn Ihnen diese Tour zu lang ist, Sie aber trotzdem beim Kloster wandern möchten, können Sie die Tour abkürzen. Bereits beim ersten Knick verlassen Sie den Eselsweg. Dieser Weg führt Sie zum Weinhof Paul, bei dem Sie wieder auf die hier beschriebene Route stoßen. Die Runde hat eine Länge von ungefähr fünf Kilometern. Gehen Sie noch gut einen halben Kilometer weiter nach dem Knick und biegen dann links ab, haben Sie eine Runde von sieben bis acht Kilometern vor sich. Bei beiden Abkürzungen bekommen Sie jedoch die Heunesteine nicht zu Gesicht.

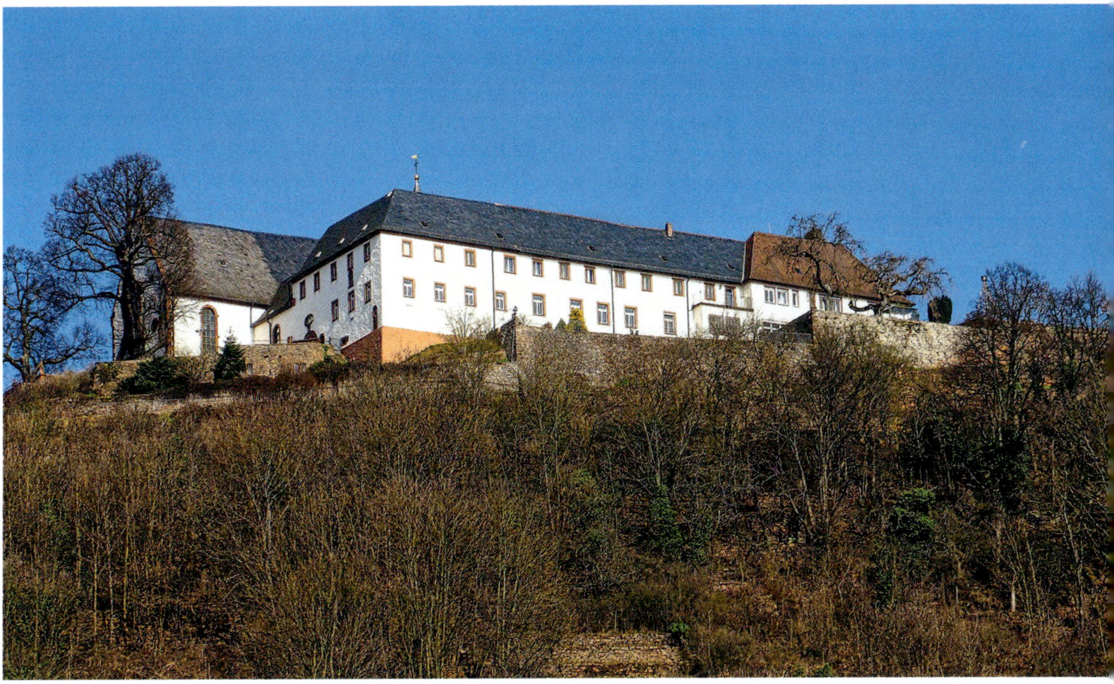

Kloster Engelberg hoch über dem Main bei Miltenberg

Letzteren nehmen Sie, denn dieser führt zu den Heunesteinen – mächtigen Stein- und Sandsteinbrocken –, die im Wald herumliegen. Der Eselsweg steigt stetig an und ist kaum befestigt. Gutes Schuhwerk und Wanderstöcke sind eine gute Hilfe, um diese Strecke zu bewältigen. Lassen Sie es langsam angehen, dann werden Sie kaum Schwierigkeiten bekommen.

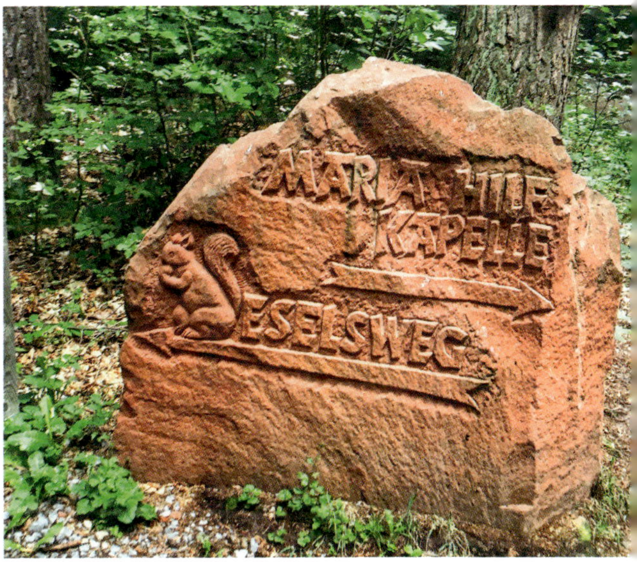

Auf den Eselsweg begibt man sich bei dieser Tour.

Heunesteine und Heuneschüssel Sie müssen ein gutes Stück gegangen sein, bevor Sie das erste Mal etwas von den Heunen zu sehen bekommen: die Heuneschüssel. Dafür müssen Sie den Eselsweg verlassen – das erste Mal. Es ist gut ausgeschildert, sodass Sie die Abzweigung kaum versäumen können. Mitten im Wald liegen verstreut viele Steine herum, die meisten

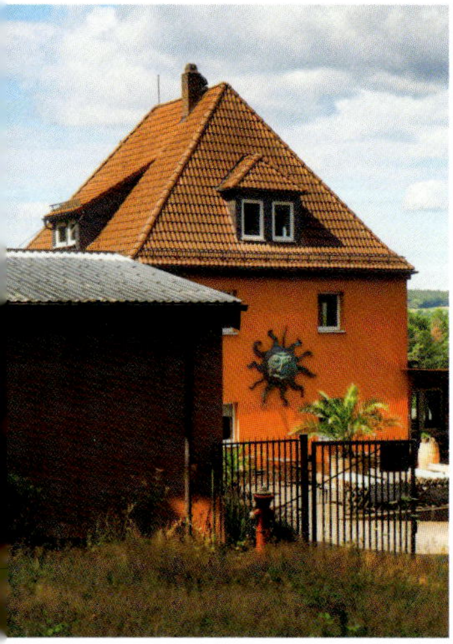

Eine Rast im Weinhof Paul nach der langen Wanderung durch den Wald ist nicht die schlechteste Idee.

stark bemoost. Man kann gut erkennen, dass die Verteilung der Steine den Begriff »Schüssel« durchaus rechtfertigen. Zurück auf dem Eselsweg hat man noch ein gutes Stück zu gehen, bis man zu den Heunesteinen kommt. Dafür ist der Eselsweg wieder zu verlassen, und auch diesmal ist die Abzweigung gut ausgeschildert. Mächtige Steinquader liegen aufgeschichtet auf einer Anhöhe im Wald. Ein Holzgerüst ist darübergebaut, sodass man von oben die Aussicht bewundern kann. Allerdings ist sie mitten im Wald längst nicht so spektakulär, wie die Aussichten im freien Feld.

Ein weiter Weg Bei den Heunesteinen haben Sie erst ein gutes Viertel des Weges geschafft, das meiste an Steigung ist aber bereits bewältigt. Besondere Sehenswürdigkeiten sind nun vorläufig nicht mehr zu erwarten, weshalb es sinnvoll sein kann, das Augenmerk auf die kleinen Dinge am Weg zu lenken. Machen Sie die Wanderung im Herbst, können Sie den Pilzreichtum des Spessarts bewundern. Vom Frühjahr bis zum Herbst erfreuen zahlreiche Schmetterlingsarten das Auge des Wanderers. Insbesondere im Hochsommer kann man die kühle Luft des schattigen Waldes genießen. Wenn Sie dann endlich aus dem Wald treten und auf die Ortschaft Klotzenhof blicken, sehen Sie linker Hand den Weinhof Paul. Eine gute Gelegenheit, eine Rast zu machen. Auch in Klotzenhof können Sie zwei Gaststätten finden, wenn Ihnen nach mehr als einer kleinen Rast ist. Das bedeutet einen kleinen Umweg, denn Sie müssen anschließend auf den Weg zurück, was aber auch in einem kleinen Bogen möglich ist, wenn Sie Klotzenhof westlich verlassen. Falls Sie

Von den Heunen und ihren Steinen

Heunen hießen im Volksmund die Riesen aus den Sagen. Es ist auch leicht vorstellbar, dass Riesen diese Steine geschichtet haben könnten. Tatsächlich verhält es sich aber anders. Die Steine stammen aus den Buntsandsteinbrüchen bei Bürgstatt, wo bereits im Mittelalter Steine gebrochen wurden. Man machte daraus unter anderem Brunnen, Tröge, Pflastersteine, Mühlsteine und Sarkophage, aber auch Säulen und Bausteine für Kirchen und Dome an Rhein und Main. Noch im 19. Jahrhundert blühte die Sandsteinindustrie am Main und ging erst Anfang des 20. Jahrhunderts zurück. Man nutzt den Buntsandstein aber immer noch als Naturwerkstein.

mit dem Bus angereist sind, gehen Sie natürlich nicht zum Kloster, sondern gleich nach Großheubach.

Rückweg zum Kloster Sie gehen nun ein gutes Stück über offenen Weg auf Großheubach zu. Das ist nach der langen Strecke durch den Wald ganz angenehm, selbst an heißen Sommertagen. Schatten hatte man genügend und bekommt ihn auch wieder. Zunächst heißt es aber, ein mysteriöses Fabelwesen zu jagen: das Elfetritschle. Wer dachte, dass es dieses nur in der Pfalz gibt – unter dem Namen »Elwetritsch« –, wird hier eines Besseren belehrt. Wie es fach- und weidgerecht zu jagen ist, wird am Rande des Waldes ausführlich erläutert.
Um zurück zum Kloster zu kommen, geht es dann noch einmal hinauf. Entweder nimmt man dazu die schon beschriebenen Treppen, oder folgt dem Weg, der für diese Route vorgeschlagen ist. Er führt gleich gegenüber dem

Die Heunesteine liegen mitten im Wald.

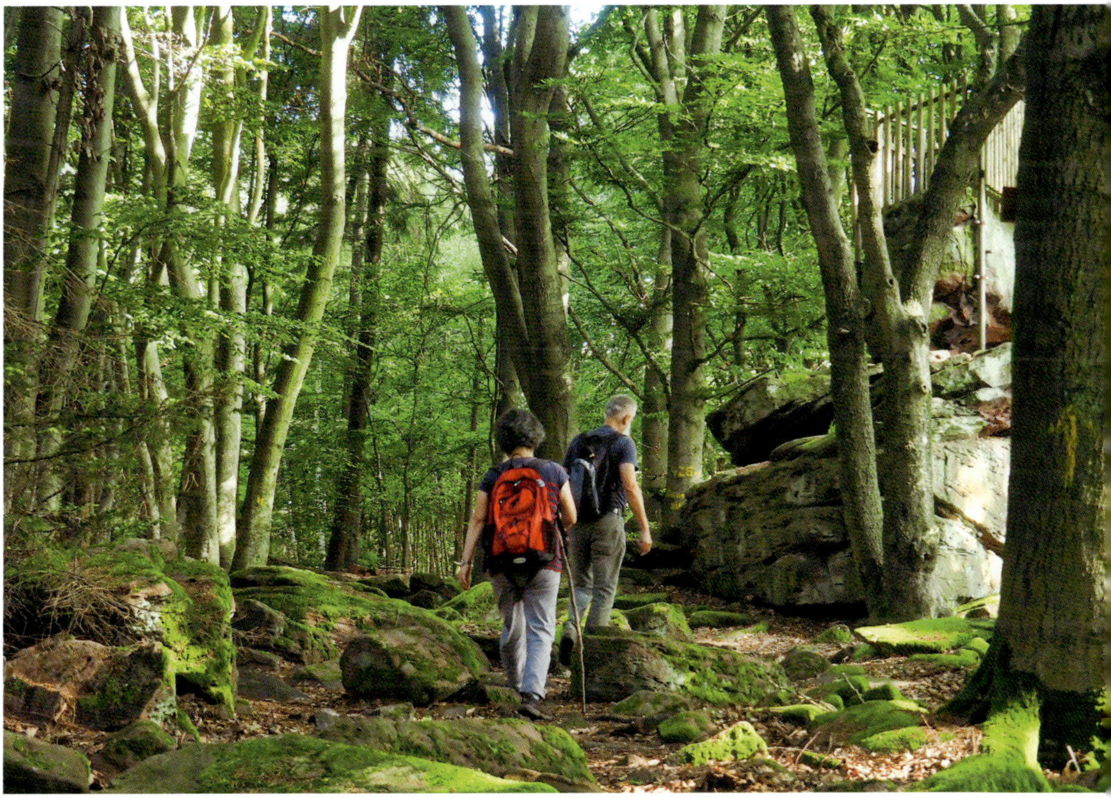

Kloster Engelberg

Die Geschichte des Klosters Engelberg beginnt Anfang des 14. Jahrhunderts, zunächst mit einer kleinen Holzkapelle, die dem Erzengel Michael geweiht wurde. Später kam eine Marienstatue dazu. Um 1630 bauten Kapuziner das heutige Klostergebäude auf. 1828 ordnete König Ludwig I. die Übergabe des Klosters an die Franziskaner an, die dort heute noch aktiv sind.

Ortsbeginn von Großheubach zurück in den Wald, ein Stück weit noch parallel zum Ort und schließlich auf schmalem Waldweg hinauf zum Kloster. Von den Treppen nimmt man dann fast gegen Ende der Wanderung noch ein paar Stufen mit. Nun ist es auch Zeit, sich dem Kloster zu widmen, einen Blick in die Klosterkirche zu tun oder vielleicht die kleine Holzhütte mit den vielen persönlichen Bitten an die Gottesmutter Maria zu bewundern. In der Klosterschenke kann man sich am Ende der Wandertour mit einem kleinen oder großen Imbiss belohnen.

Weit reicht der Blick über den Main vom Kloster aus.

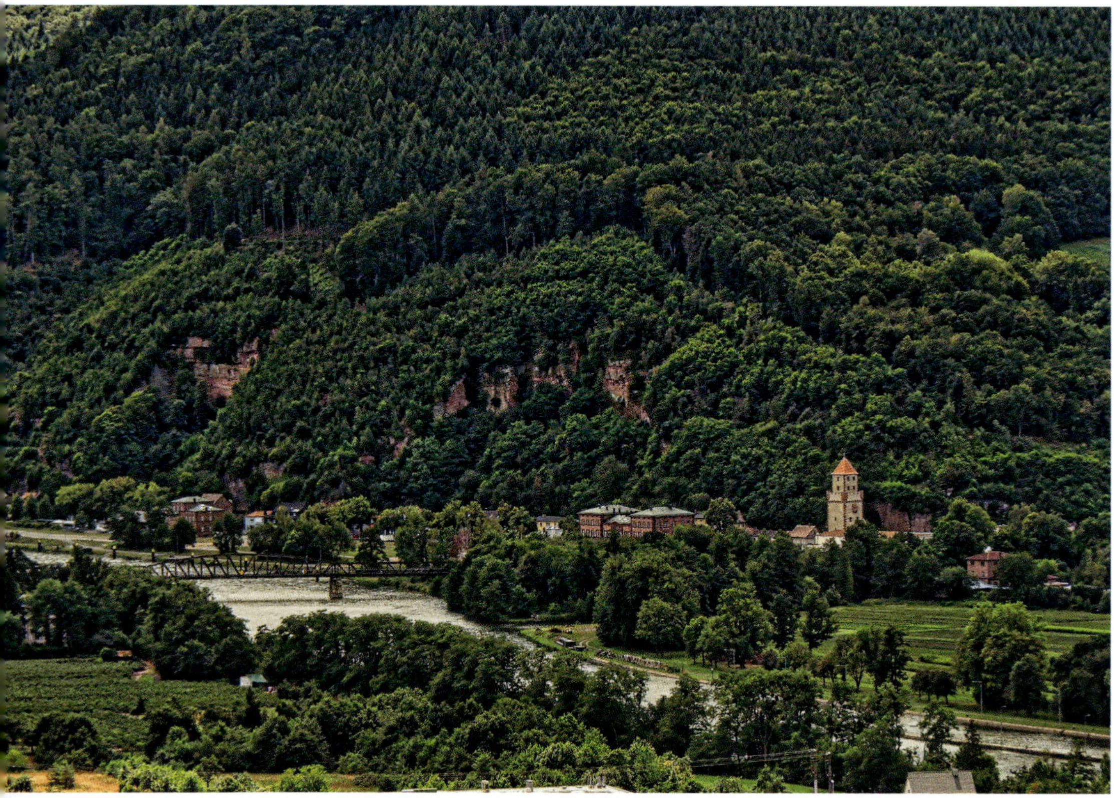

Wichtiges zur Tour

Tourencharakter
Anspruchsvolle Tour, Trittsicherheit erforderlich, durch den langsam ansteigenden Charakter des Weges ist die Höhe aber gut zu bewältigen.

Ausgangspunkt
Kloster Engelberg, bei der Anfahrt mit dem Bus in Großheubach

Anfahrt
Bahn & Bus: Über die Bahnstrecke von Aschaffenburg nach Wertheim. Die VAB-Buslinien verbinden Großheubach mit Miltenberg (Linie 80) und Wertheim (Linie 83). www.vab-info
Auto: Über die B469 von Amorbach oder aus Richtung Aschaffenburg

Einkehr
Franziskanerkloster Engelberg, Engelberg 1, 63920 Großheubach, Tel. 09371/94894-20 (Klosterschenke)
Weinhof Paul, Klotzenhof 11, 63920 Großheubach, Tel. 09371/948183, www.weinhof-paul.de

Karte
ATK25-F02 Miltenberg, 1:25000, ISBN 978-3-89933-360-2

Informationen
Franziskanerkloster Engelberg, Engelberg 1, 63920 Großheubach, Tel. 09371/94894-0, www.kloster-engelberg.de, engelberg@franziskaner.de

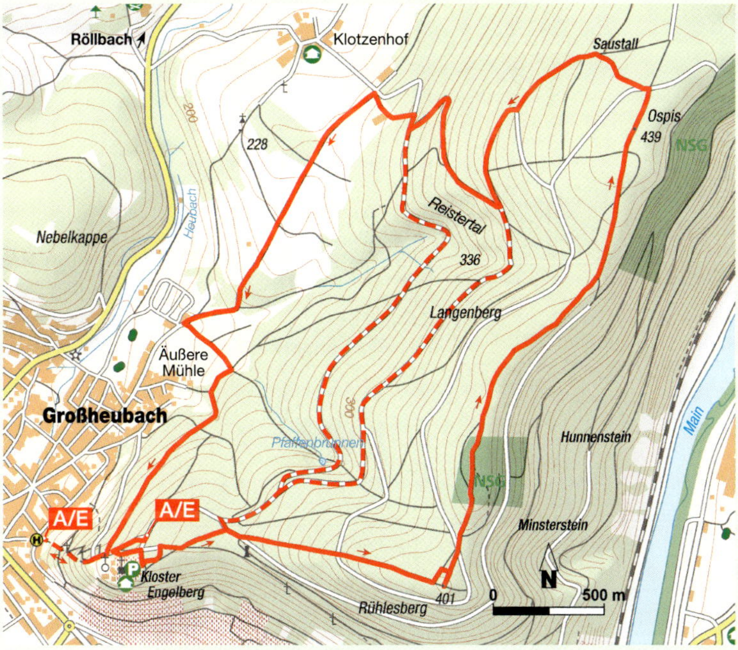

4 Von Freudenberg zur Freudenburg

Rundweg vom Main über die Burg

- mittel
- 1 Std.
- 170 Hm
- 4,8 km

Die Freudenburg ist schon von weithin zu sehen. Die Ruine ragt aus dem Wald empor und bietet mit ihren roten Sandsteinmauern einen deutlichen Kontrast zum Grün der Bäume. Der Weg hinauf und über eine kleine Runde durch den Wald wieder hinunter ist einen Halt in dieser Stadt am Main allemal wert.

Startpunkt am Main Wenn Sie in Freudenberg am Main parken oder mit dem Schiff gekommen sind, ist es reizvoll, vor dem Losgehen noch einen Kaffee zu trinken oder ein Eis zu genießen. Wenn Sie mit der Bahn anreisen, müssen Sie zunächst durch Kirschfurt und über die Brücke zum Startpunkt gehen, haben also insgesamt gut einen Kilometer mehr zu wandern. Der Blick von der Brücke den Main entlang hat aber auch etwas für sich. Von der Brücke aus gehen Sie über die Straße in die Wachgasse und biegen von dort auf den Burgweg ein. Je nachdem wo Sie parken, gehen Sie zur Hauptstraße hoch und folgen dieser links oder rechts bis zur Wachgasse. Ihr Orientierungspunkt ist dabei die Brücke.

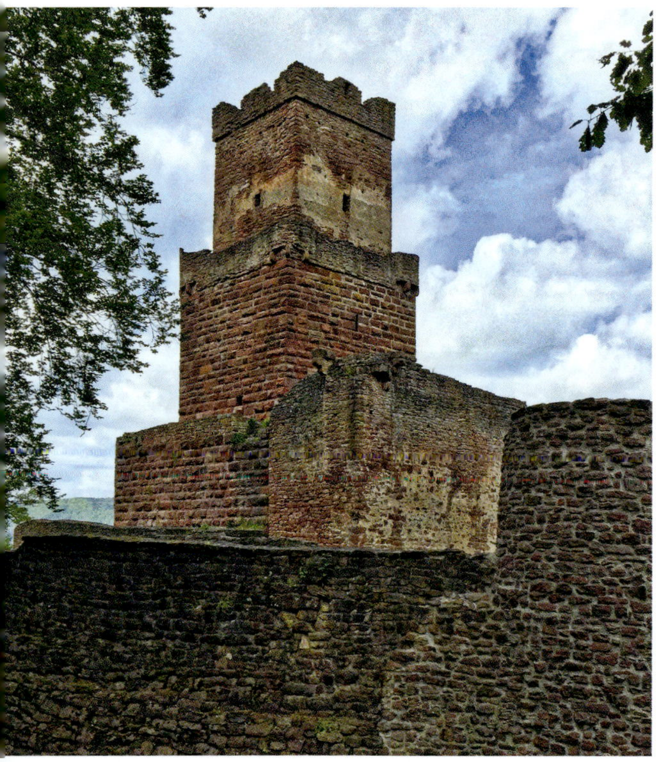

Alt und wie ehemals Freudenberg ist eine alte Burgsiedlung, deren historischer Stadtgrundriss fast vollständig erhalten ist. Die durch den Ort führende Hauptstraße stört ein wenig das Bild, aber davon abgesehen, werden Sie an der historischen Altstadt ihre Freude haben. Beachten Sie vor allem das Rathaus an der Hauptstraße, mit dessen Bau bereits 1499 begonnen wurde, und das ehemalige Amtshaus, das quasi am Anfang Ihres Aufstieges zur Burg steht. Wenn Sie sich am Beginn der Tour nicht lange aufhalten wollen, dann widmen Sie wenigstens bei der Rückkehr der Altstadt von Freudenberg ein paar Blicke.

Die Freudenburg

Der Bischof von Würzburg ließ 1197 einen ersten Wohnturm bauen, seine Nachfolger erweiterten die Anlage. Ab 1295 sind die Grafen von Wertheim als Lehnsherren in Freudenberg nachweisbar. Sie erweiterten die Anlage Ende des 14. Jahrhunderts durch eine Ringmauer und den Palas und bauten weiter bis Anfang des 16. Jahrhunderts, als die Burg nur noch Verwaltungssitz war. Nach einer starken Beschädigung im Markgräflerkrieg verfiel sie. Die Burg wurde jedoch noch lange als Gefängnis genutzt, besonders bei den Hexenprozessen im 17. Jahrhundert. Die Reste der Anlage lassen deren einstmalige Größe noch gut erkennen. Es könnte sein, dass eine Innenbesichtigung nicht möglich ist, weil gerade Theaterproben stattfinden. Alle zwei Jahre finden im Sommer auf der Burg Freilichtspiele statt. Sehenswert ist natürlich der Ausblick auf das Maintal.

Aufstieg zur Burg Treppenstufen machen es leichter, aber unterschätzen sollte man den Aufstieg nicht und sich deshalb Zeit dafür nehmen. Es nützt ja nichts, fünf Minuten früher oben anzukommen und dann zehn Minuten zu brauchen, um wieder zu Atem zu kommen. Es ist auch nicht schwer, den Aufstieg langsam angehen zu lassen. Der Blick auf Freudenberg und den Main ist phänomenal. Zunächst schaut man über die Dächer der Stadt auf das gegenüberliegende Kirschfurt oder anders gesagt: Man schaut von Baden-Württemberg nach Bayern hinüber. Schon nach dem halben Aufstieg weitet sich der Ausblick, und man überschaut das Maintal links und rechts von Freudenberg. Ist man dann oben und blickt hinunter, entsteht der Eindruck von einer entfernten Welt.

Durch den Wald zum Main Von der Burg aus geht es durch den Wald zurück. Folgen Sie dem Weg in der Linkskurve. Sie kommen zwar auch zurück zum Main, wenn Sie rechts abbiegen, müssen dann aber ein ganzes Stück am Main zurücklaufen bis Freudenberg. Der Weg bildet in der Kurve

Linke Seite: Die Ruine der Freudenburg

im Kleinen die Schleife nach, die der Main weiter unten fließt. Bleiben Sie auf dem Hauptweg, auch dann, wenn er eine Schleife nach rechts macht. Wenig später kommt dann schon eine Kehrtwende in die andere Richtung, der Sie bis zum Mönchsbild folgen. Dort nehmen Sie den Dürrbachweg, biegen also nicht ganz links in die Lindtalstraße ein. Dem Dürrbachweg folgen Sie auch über die Hauptstraße und kommen so wieder zurück an den Main.

Verkürzen der Tour

Kurz bevor der Weg nach rechts abknickt, können Sie gleich links direkt hinunter in den Ort gehen.

Ein Stück weit den Main aufwärts befindet sich der Freudenberger Badesee, bei dem man im Sommer Erfrischung finden und sich den Schweiß der Wanderung abspülen kann. Oder man nutzt einfach nur das Restaurant-Café Badesee, um sich die Belohnung für die Wandertour zukommen zu lassen.

Der Main von oben ist immer einen Blick wert.

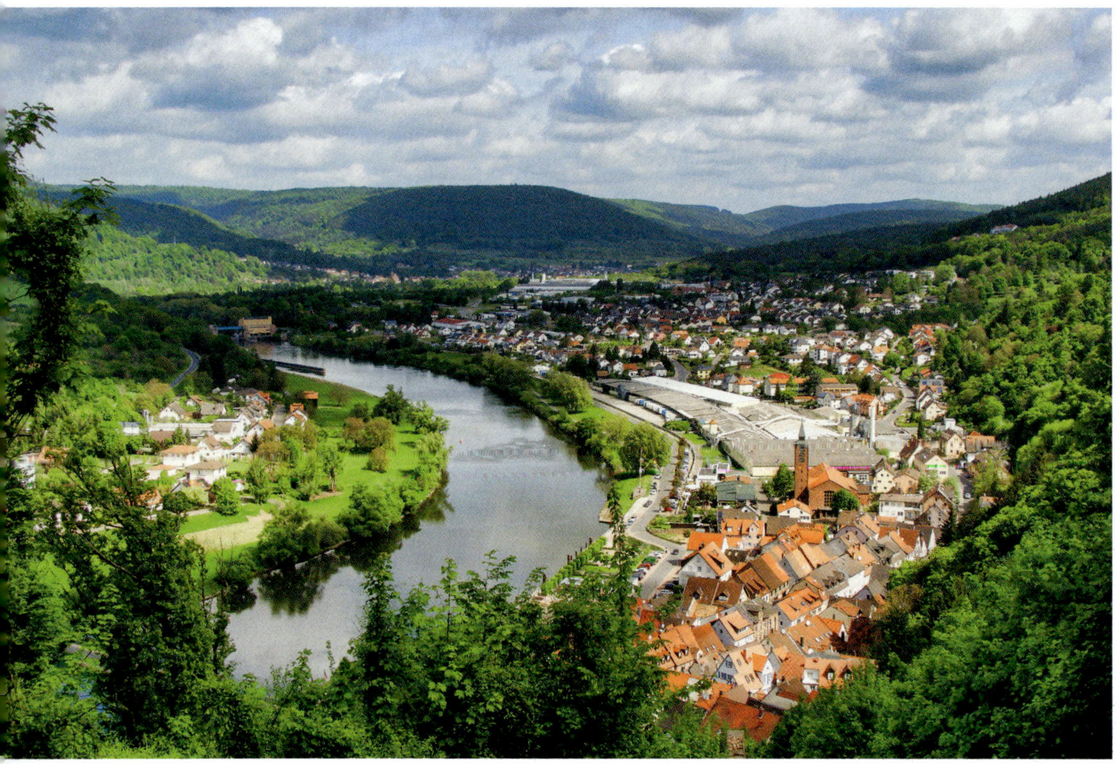

Wichtiges zur Tour

Tourencharakter
An sich leichte Tour, durch den steilen Anstieg ist Trittfestigkeit erforderlich, obwohl überwiegend Stufen nach oben führen.

Ausgangspunkt
Parkplatz am Main

Anfahrt
Bahn: Mit der Maintalbahn von Aschaffenburg oder Wertheim kommend. Der Bahnhof liegt allerdings auf der anderen Seite des Mains im Ort Kirschfurt. Der Main kann mittels einer Brücke überquert werden.
Schiff: Aus Wertheim oder Miltenberg
Auto: Freudenberg ist über die B469 Ausfahrt Stockstadt und weiter Richtung Miltenberg oder über die A3 Ausfahrt Wertheim/Lengfurt und weiter Richtung Werthein zu erreichen. Parken am Mainufer.

Einkehr
Hotel Restaurant Rose, Hauptstraße 230, 97896 Freudenberg, Tel. 09375/929085, Restaurant-Café Badesee, Mühlgrundweg 9, 97896 Freudenberg, Tel. 09375/339

Karte
Odenwald Freizeitkarten, Blatt 7 Maintal-Odenwald, 1:20000, ISBN 978-3-947593-00-2

Informationen
Stadtverwaltung Freudenberg, Tourismus & Kultur, Hauptstraße 115, 97896 Freudenberg, Tel. 09375/920090, www.freudenberg-main.de

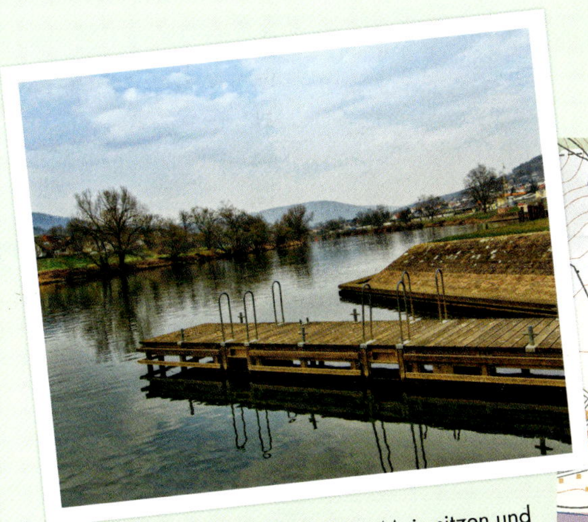

Nach der Tour noch ein wenig am Main sitzen und die Beine baumeln lassen …

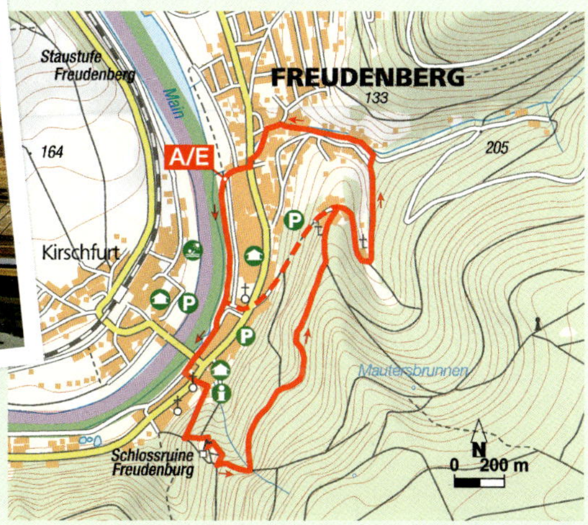

5 Wo der Parzival entstand

Zur Burg Wildenberg im Odenwald

mittel

1.30 Std.

220/230 Hm

7,5 km

Rechte Seite: Burg Wildenberg soll Wolfram von Eschenbach als Vorbild für Montsalvach gedient haben.

In der Burgruine sind noch zahlreiche alte Steinmetzzeichen zu finden.

Der kurze Weg zur Burg Wildenberg und die anschließende Wanderung durch den Odenwald ergeben eine schöne Wandertour, die beides – Kultur und Natur – ausreichend enthält.

Am Waldmuseum Parken Sie in Preunschen am Waldmuseum. Sie finden es am östlichen Dorfende. Jeder kennt es und wird Ihnen den Weg weisen können. Ob Sie gleich hineingehen und es sich ansehen oder erst am Ende der Tour, bleibt Ihnen überlassen, aber schauen Sie es sich auf jeden Fall an. Der Weg dorfauswärts führt zwischen Feldern hindurch direkt auf den Wald zu.

Durch den Wald zur Burg Im Wald gabelt sich der Weg. Nehmen Sie den linken und bei der nächsten Gabelung die rechte Abzweigung. Der Weg zur Burg ist ausgeschildert, sollte also keine Probleme bereiten. Wenn der Pfad auf einen weiteren mündet, halten Sie sich links. Sie sehen dann bald schon die Ruinen der einstmals mächtigen Burg hervorscheinen.

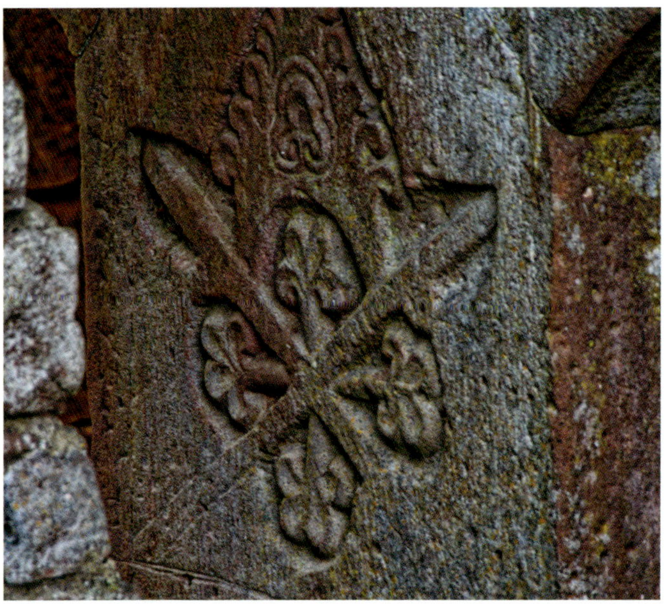

Wo Munsalvesch stand Aufgrund von Textstellen im Versepos *Parzival* nimmt man an, dass Wolfram von Eschenbach die Burg Wildenberg kannte. Er soll Teile

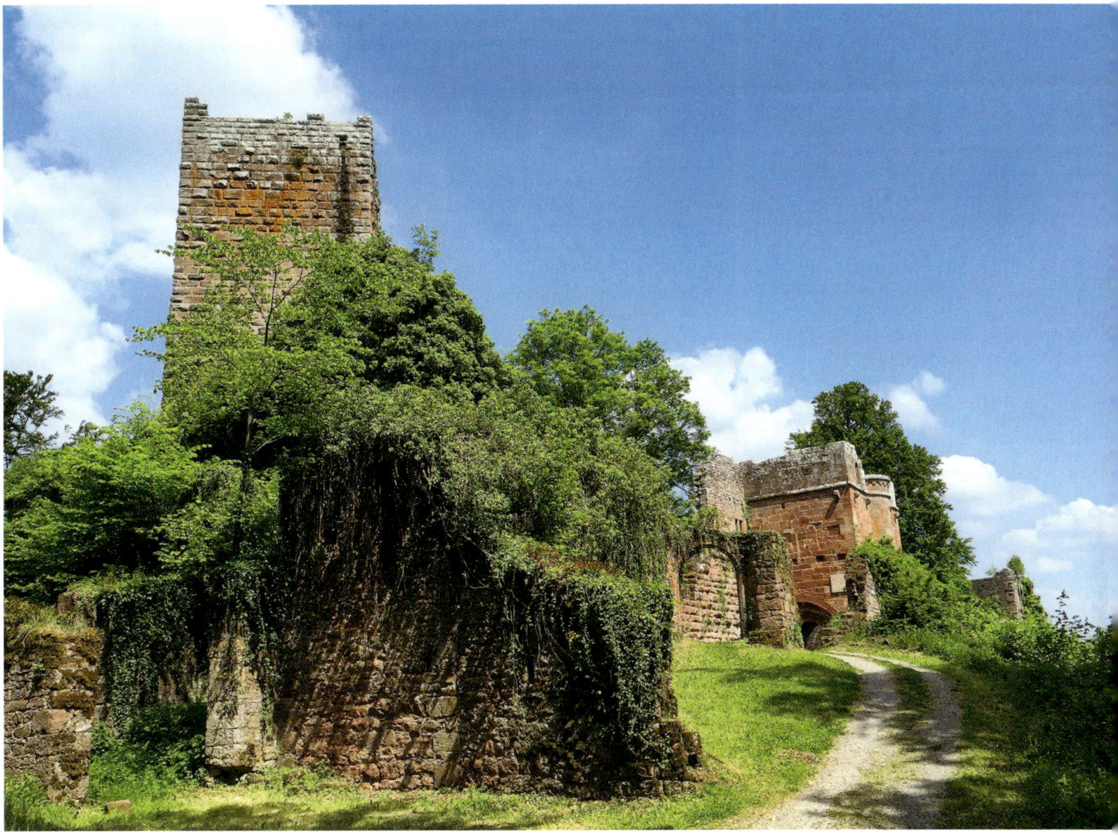

des Epos dort geschrieben und dabei manches Detail der Burg für sein Werk verwendet haben. Weit hergeholt ist das nicht. Der Dichter und Sänger stand in den Diensten der Grafen von Wertheim, auf deren Burg er oft zu Gast war und den *Parzival* zu schreiben begann. Von Wertheim bis zur Burg Wildenberg ist es nicht allzu weit, und als Minnesänger kam man dazumal schon etwas herum. Dass die Burg Wildenberg auch

Burg Wildenberg

Es waren die Herren von Dürn, Gefolgsleute der Stauferkaiser, die diese Burg gegen Ende des 12. Jahrhunderts zu bauen begannen. Später kam die Burg an das Erzstift Mainz. Noch bis Anfang des 16. Jahrhunderts wurde die Burganlage ausgebaut. Götz von Berlichingen überfiel am 4. Mai 1525 im Bauernkrieg die Burg mit seinem Bauernheer und brannte sie nieder. Seither ist sie eine Ruine. Man kann die Kernburg aber noch gut erkennen. Auch Reste des Bergfriedes sind erhalten sowie der Torturm mit Stufenportal. Wer sich dafür interessiert, kann eine Vielzahl von Steinmetzzeichen in der Burg entdecken.

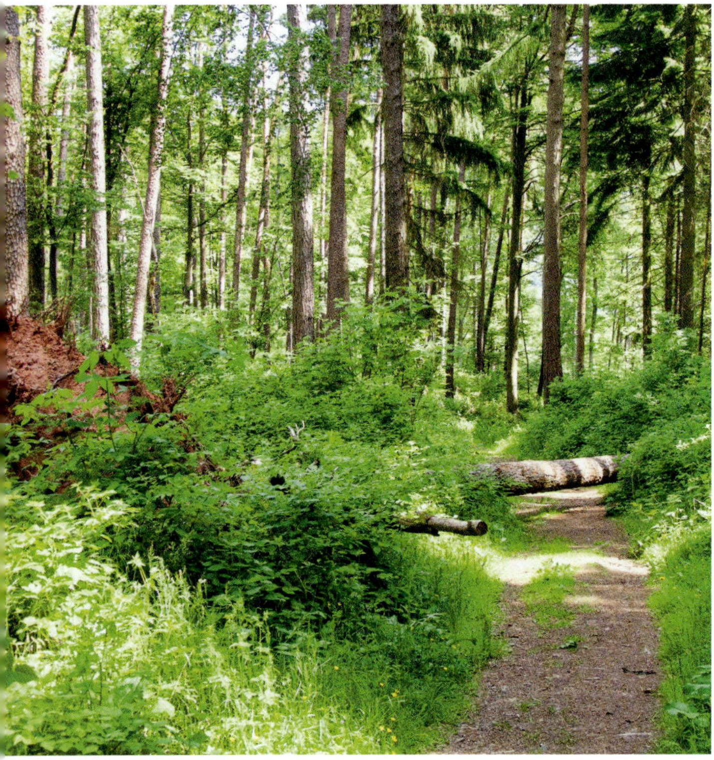

Um zur Burg zu kommen, muss man durch den dichten Odenwald wandern.

mit der Gralsburg gleichzusetzen ist, wird ebenfalls spekuliert, greift aber sicher etwas zu weit. Jedenfalls ist es schön, in den alten Ruinen herumzuwandern und sich das mittelalterliche Leben darin vorzustellen. Der Blick von der Burg über den Odenwald ist ebenfalls einer der Punkte, weshalb sich dieser Besuch in den alten Mauern lohnt.

Durch den dunklen Odenwald Der Odenwald war im 18. Jahrhundert ähnlich wie der Spessart ein Rückzugsgebiet für Räuber und Räuberbanden, wenngleich nie so populär wie das rechtsmainische Waldgebiet. Es ist jedoch eng mit dem Nibelungenlied verbunden, denn hier ermordete Hagen von Tronje den Drachentöter Siegfried bei einem Jagdausflug an einer Quelle. Da diese Quelle nicht exakt zu verorten ist, streiten sich viele Gemeinden darum, den echten Siegfriedbrunnen zu besitzen. Ungeachtet dessen können Sie sich aber bei dem weiteren Spaziergang durch den Wald gut vorstellen, wie hier in alter Zeit Jagd gemacht wurde. Von der Burg aus halten Sie sich zunächst westlich und danach nördlich, bevor Sie sich in einem Knick des Weges wieder nach Süden wenden. Sie kommen dort aus dem Wald heraus, wo Sie zu Beginn der Wanderung hineingegangen sind und können nun nach Preunschen zurückkehren.

Amorbach

Bei der Rückfahrt lohnt es sich, in Amorbach halt zu machen. Es gibt einiges, was sich anzusehen lohnt, etwa das Fürstlich-Leiningensche Palais Amorbach, die Pfarrkirche St. Gangolf, das Teekannenmuseum oder das Templerhaus.

Wichtiges zur Tour

Tourencharakter

Eher anspruchsvoll, Trittsicherheit ist erforderlich. Bis zur Burg allerdings leicht zu bewältigen.

Ausgangspunkt

Waldmuseum in Preunschen

Anfahrt

Auto: Von Amorbach in Richtung Kirchzell fahren, kurz vor dem Ort links nach Mudau weiterfahren und später rechts nach Preunschen abbiegen. Amorbach ist über die B 47 von Walldürn oder Michelstadt und die B 469 von Miltenberg zu erreichen.

Einkehr

Gaststätte zum Grünen Baum, Dorfstraße 24, 63931 Kirchzell, Tel. 09373/1431

Karte

Odenwald Freizeitkarten, Blatt 11 Fränkischer Odenwald, 1:20000, ISBN 978-3-947593-01-9

Informationen

Markt Kirchzell, Hauptstraße 19, 63931 Kirchzell, Tel. 09373/9743-0, www.kirchzell.de

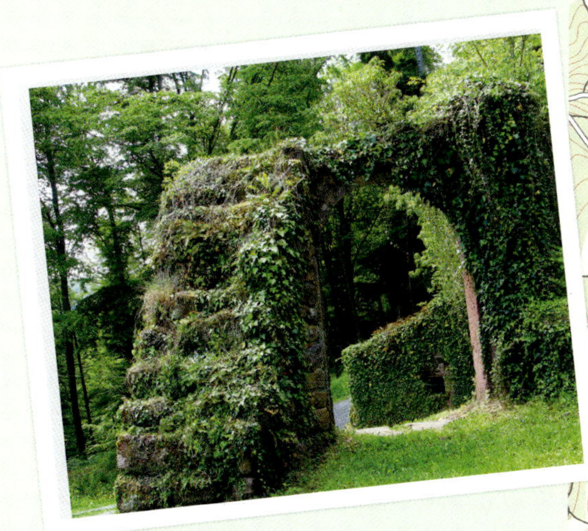

Nach und nach nimmt der Wald Besitz von der Ruine.

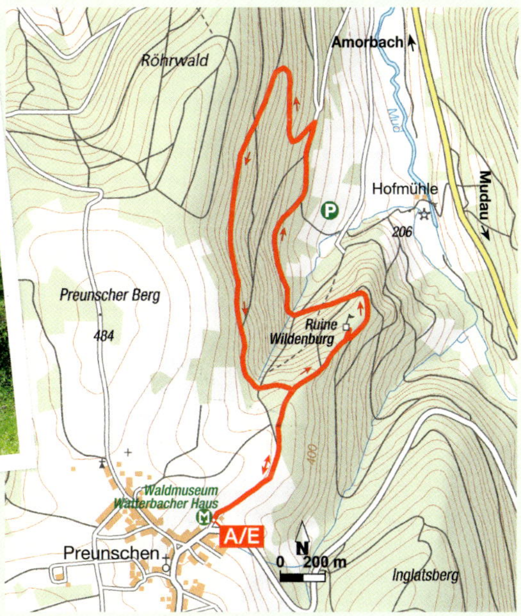

6 Die kleine Spessarttour

Rundweg von Dorfprozelten über Stadtprozelten

leicht

1.15 Std.

100/90 Hm

5,8 km

Sie möchten in den Spessart hineinschnuppern? Dann ist diese kleine, mühelos zu machende Wanderung genau das Richtige für Sie. Sie zeigt Ihnen die wesentlichen Facetten, die Sie im Spessart an anderer Stelle in größerem Umfang finden können.

Maindorf mit Hintergrund Dass dieses kleine, aber feine Dorfprozelten am Main einmal eine überregionale Bedeutung gehabt haben soll, mag man gar nicht glauben. Es ist aber zu belegen. Weinbau und Fischfang waren die Haupterwerbszweige in der Zeit nach der Dorfgründung im ersten Jahrtausend. Hinzu kam, dass der Ort strategisch günstig für die Mainschifffahrt war. Es gab eine Herberge für Schiffsleute und Reisende. Der Weinbau, vom Deutschen

Von den Steinbrucharbeiten zeugen noch diese alten Loren am Bahnhof.

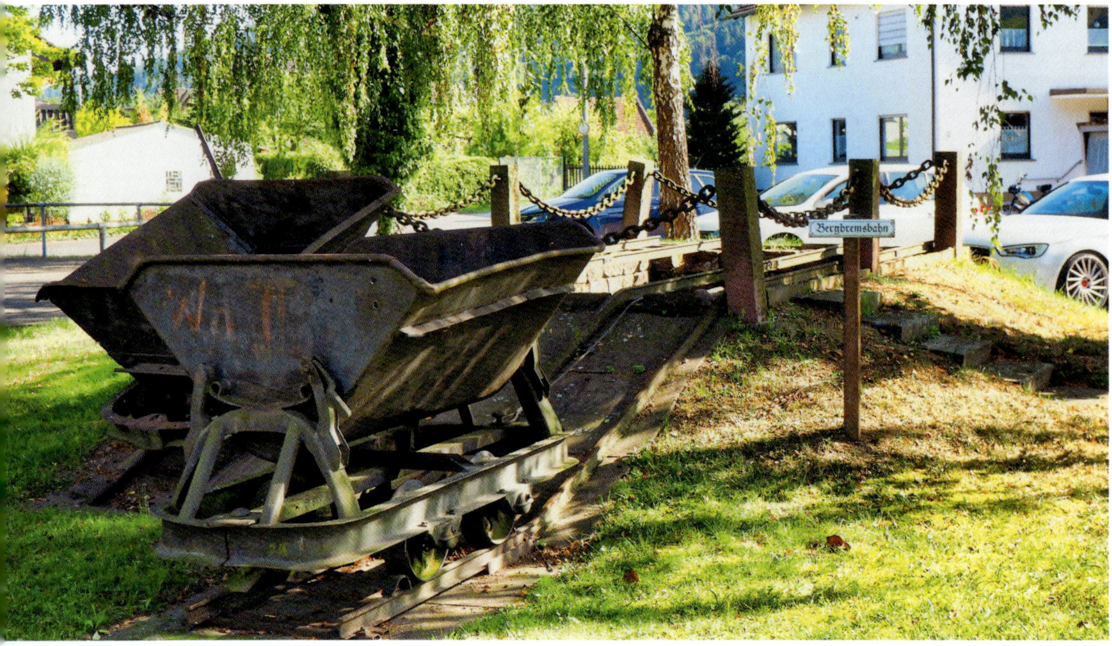

Orden eingebracht, kam vom 14. bis 18. Jahrhundert hinzu. Dann kam der Weinbau zum Erliegen und wurde erst nach dem Zweiten Weltkrieg wieder erfolgreich in Gang gebracht. Mit dem Verfall des Weinbaues begann ein anderes Produkt an Bedeutung zu gewinnen: der Sandstein. In den Buntsandsteinbrüchen beiderseits des Mains verdienten Steinbrecher, Steinhauer und Steinmetze ihren Lebensunterhalt – und mussten nicht selten auch ihr Leben lassen. An der berüchtigten Staublunge starben viele der Arbeiter. Die Sandsteinindustrie blühte noch bis in die 1970er-Jahre. Dorfprozeltener Steinhauer arbeiteten auch am Reichstag in Berlin, am Mainzer Dom und am Winterpalais in St. Petersburg mit. Ein Nebeneffekt war, dass Dorfprozelten auch für die Binnenschifffahrt Bedeutung erlangte. Der Sandstein musste ja transportiert werden. Noch um 1960 waren über 50 Schiffe in der Gemeinde beheimatet.

Panflötenbau Hofmann

Seit einem Vierteljahrhundert ist in Dorfprozelten ein ganz besonderes Handwerk ansässig. Christian Hofmann baut Panflöten in Schüler- und Konzertqualität (www.panfloete.info).

Wenn Sie Ihre Wandertour am Bahnhof beginnen, können Sie davon noch einiges sehen, etwa einen Teil der alten Bergbremsbahn, mit der der Sandstein von den Steinbrüchen transportiert wurde.

Alte Verkehrswege führen noch heute durch den Wald.

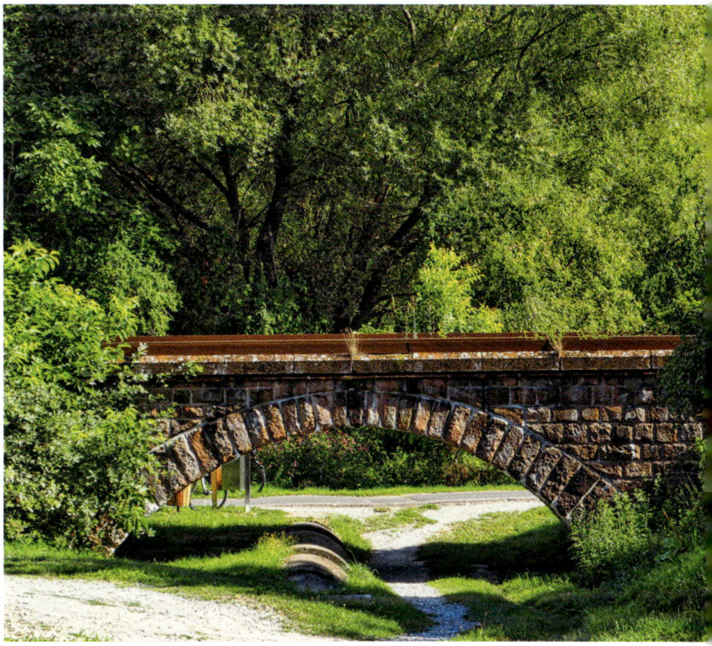

Aus dem Dorf hinaus Sie verlassen den Ort über die Bahnstraße in nordöstlicher Richtung, gehen über die Kreuzung und folgen der Straße Zum Bichelberg über die Kreuzung. Wenn der Weg nach links abbiegt, nehmen Sie den Pfad, der geradeaus weiterführt. Dieser bringt

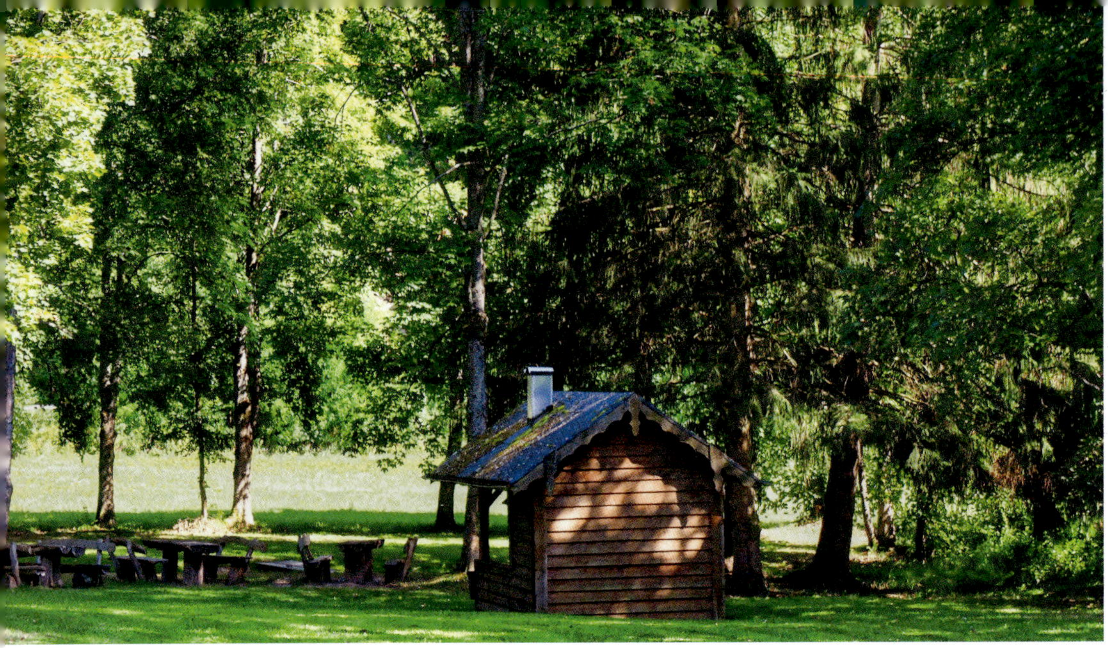

Dieser Platz bietet sich für eine Rast geradezu an.

Sie auf einen Weg, dem Sie folgen können, bis er rechts abbiegt und auf einen breiteren Weg mündet. Diesen nehmen Sie rechts herum. Unterwegs bietet sich rechts am Sellbach eine Möglichkeit, eine Rast einzulegen. Holzbänke und eine Hütte laden zur Entspannung ein. Bis hierher haben Sie schon kennengelernt, was den Spessart ausmacht: dunklen Wald, aber auch Lichtungen mit Wiesen und Feldern.

Stadtprozelten und am Main zurück Folgen Sie dem Weg weiter, wenn er sich gabelt, bleiben Sie geradeaus. Bei der nächsten Gabelung halten Sie sich aber links. So kommen Sie außen an Stadtprozelten vorbei. Wenn Sie an der Hauptstraße (St 2315) angekommen sind, gehen Sie ein Stück stadteinwärts und überqueren die Straße dort, wo auf der anderen Seite ein Weg hin zum Main einmündet. Dieser führt Sie zurück nach Dorfprozelten. Vielleicht besichtigen Sie noch die katholische Pfarrkirche St. Vitus, die aus unverputztem Sandsteinmauerwerk besteht und somit an die Steinhauerepoche erinnert.

Collenburg

Wenn Sie mit dem Auto gekommen sind, lohnt es sich, das Dorf in Richtung Miltenberg zu verlassen. Einen halben Kilometer hinter dem Ortsausgang liegt hoch über dem Maintal die Collenburg, eine Ruine aus dem 13. Jahrhundert. Der Anstieg auf unbefestigten Pfaden erfordert aber unbedingt gutes Schuhwerk und Trittsicherheit.

Wichtiges zur Tour

Tourencharakter
Leicht, Trittsicherheit durchaus von Vorteil

Ausgangspunkt
Bahnhof Dorfprozelten, an dem auch geparkt werden kann

Anfahrt
Bahn: Mit dem Regional-Express von Aschaffenburg oder Crailsheim
Auto: Über die Staatstraße St 2315, von Miltenberg oder Kreuzwertheim aus

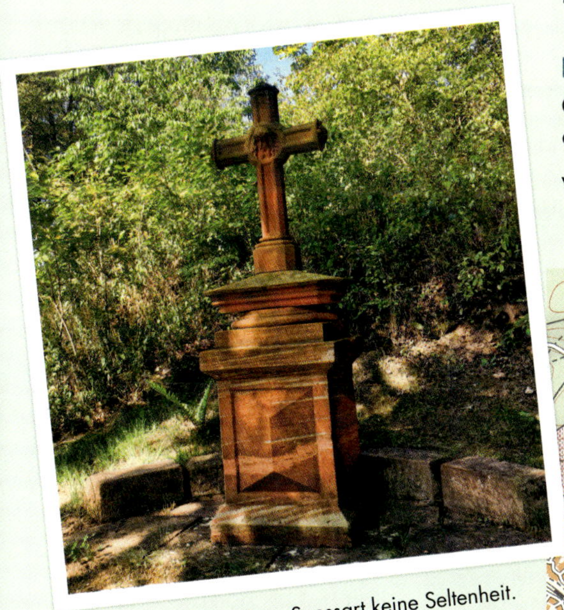

Wegkreuze sind auch im Spessart keine Seltenheit.

Einkehr
Gasthof Zur Goldenen Krone, Hauptstraße 61, 97904 Dorfprozelten, Tel. 09392/7528, www.krone-dorfprozelten.de
Pizzeria Scharfes Eck, Hauptstraße 39, 97904 Dorfprozelten, Tel. 09392/7883
Gasthaus Goldener Stern, Maingasse 5, 97904 Dorfprozelten, Tel. 09392/7295, www.stern-dorfprozelten.de

Karte
ATK25-F02 Miltenberg, 1:25000, ISBN 978-3-89933-360-2

Informationen
Gemeinde Dorfprozelten, Schulgasse 2, 97904 Dorfprozelten, Tel. 09392/9762-0, www.dorfprozelten.de

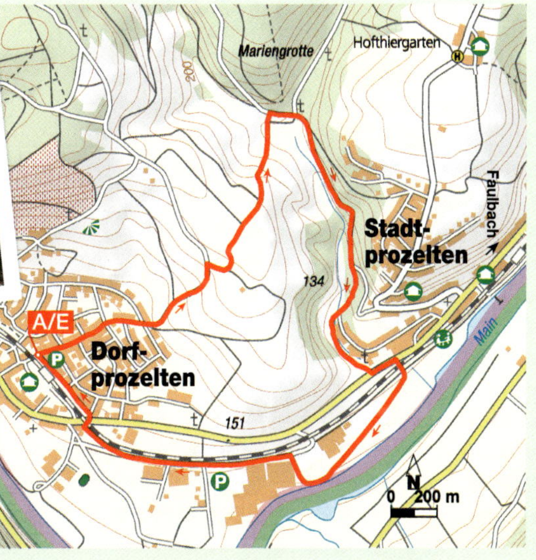

7 Vom Main hinauf ins Kloster

Die Kartause Grünau im Spessart

mittel

3 Std.

200 Hm

11 km

Der Weg vom Main hinauf in den Spessart ist vielleicht ein wenig anstrengend, gerade an heißen Sommertagen jedoch eine Überlegung wert, weil man überwiegend durch schattigen Wald geht und an der Kartause gemütliche Plätzchen zum Ausruhen finden kann.

Durch den schattigen Wald ist diese Wanderung für den Hochsommer besonders gut geeignet.

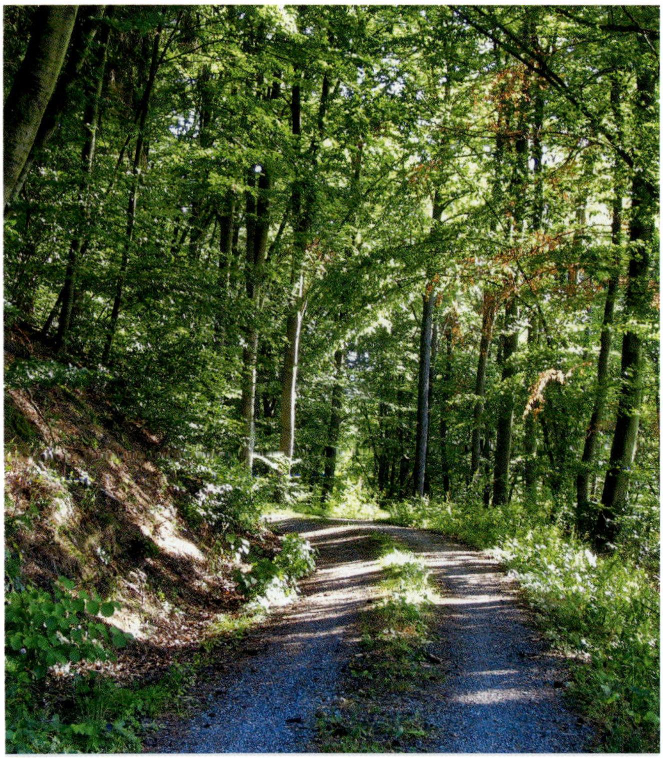

Hasloch und die drei Hasen Wappen sind vielleicht nicht mehr im Trend, jedoch lohnt es sich, manchmal genau hinzuschauen, zum Beispiel auf das Haslocher Wappen. Drei Hasen sind zu sehen und erinnern an den alten Spruch: »Der Hasen und der Löffel drei, und doch hat jeder Hase zwei.« Dieses Wappen findet sich auch anderorts, zum Beispiel als Dreihasenfenster im Paderborner Dom und als Schlussstein in der Peter- und Paulskirche in Wissembourg im Elsass. Den Namen hat der Ort jedoch nicht von den Hasen, sondern vom Haslochbach, welcher im Gemeindegebiet in den Main fließt. Vorher durchfließt er das Mühlental, wo er fünf Mühlen antrieb. Die Schreckemühle ist heute noch in Betrieb. Ehemals gehörte sie zum Kloster Grünau, liegt allerdings nördlich von ihr, sodass sie auf der hier beschriebenen Route nicht erreicht werden kann.

Durch den Wald zur Kartause Gehen Sie vom Bahnhof aus durch die Faulbacher Straße in den Ort. In der Verlängerung wird daraus die Spessartstraße, von der die Hasselberger Steige abzweigt. Dieser folgen Sie. Zu Beginn des letzten Drittels zweigt davon ein Waldweg ab, auf dem Sie weitergehen. Hinter den Häusern biegen Sie rechts ab auf die Straße, gehen etwa 400 Meter auf dieser weiter, um dann oben, kurz vor der Kehre rechts in einen Weg einzubiegen. Diesem Weg folgen Sie nun eine ganze Weile. Langweilig wird es nicht, denn Flora und Fauna am Wegrand sind durchaus sehenswert.

Alternative Route

Beginnen Sie ihre Wanderung in Schöllbrunn und wandern Sie von dort zur Kartause Grünau. Dann wenden Sie sich westlich zur Fechermühle, von dort nördlich zur Nickelsmühle und gehen Sie über die Schreckemühle zurück nach Schöllbrunn. In den letzten beiden Mühlen können Sie auch einkehren. Auch auf dieser Route sind Sie zehn Kilometer und drei Stunden unterwegs. Sie können den Ort allerdings nicht mit dem öffentlichen Nahverkehr erreichen.

Die Kartause liegt an einem Fischteich, in dem Sie mit etwas Glück auch den Ringelnattern bei der Jagd zusehen können.

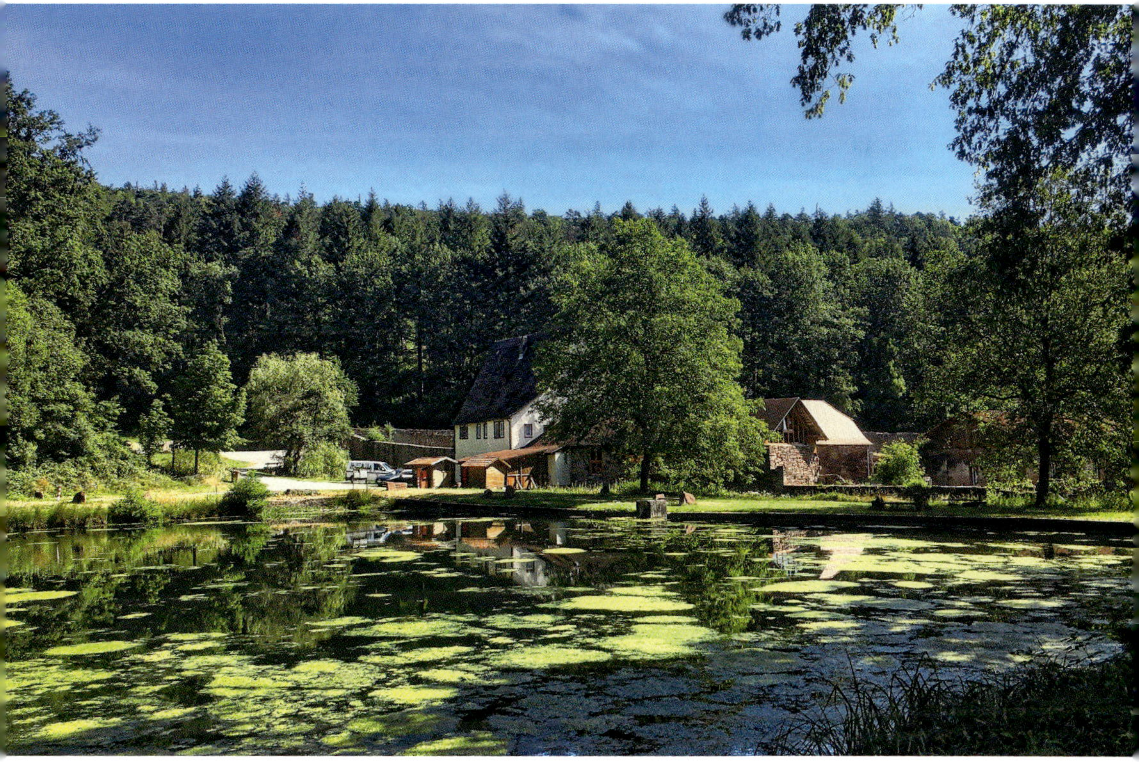

Kartause Grünau

Die Kartause Grünau, von den Mönchen »Nova Cella« (Kartause Neuzell) genannt, ist ein ehemaliges Kartäuser-Kloster. Gestiftet wurde es 1328 durch Elisabeth von Hohenlohe als Sühne für den Jagdunfall, den sie verursacht hatte und bei dem Ihr Ehemann Gottfried von Hohenlohe-Röttingen gestorben war. Die Kartäuser mussten das Kloster mehrfach aufgeben, etwa im Dreißigjährigen Krieg, nahmen es aber immer wieder in Besitz. Erst 1803 wurde es mit der Säkularisation endgültig aufgelöst. Die Grafen von Löwenstein-Wertheim-Freudenburg wandelten es in ein fürstliches Hofgut um. Heute wird es als Gasthaus genutzt.

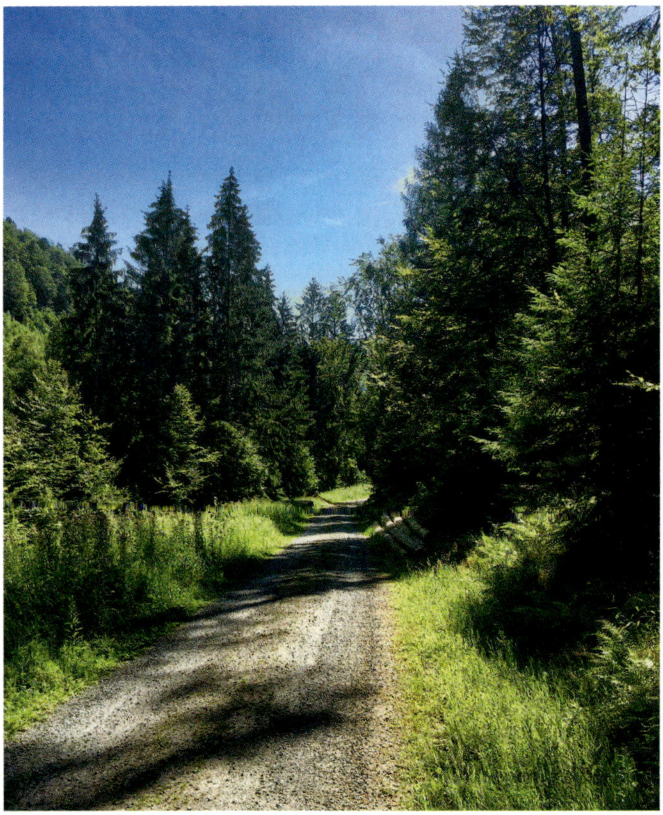

Verlassen Sie den Weg erst, wenn Sie das große Schild sehen, das auf den Fußweg zur Kartause Grünau verweist. Ohne dieses Schild wäre er leicht zu übersehen, denn er ist sehr unscheinbar und nicht ohne Weiteres als Weg auszumachen. Auch geht es ziemlich steil abwärts, sodass gutes Schuhwerk und Wanderstöcke angeraten sind. Sie überqueren einen weiteren Weg und kommen endlich bei der Kartause Grünau an, die Ihnen schon vorher durch das Blattwerk entgegenschimmert. Links von der Kartause Grünau liegt ein kleiner Weiher, der vom Kropfbach gefüllt wird.

Einkehr in der Kartause Da Hasloch selbst kaum nennenswerte Gastronomie zu verzeichnen hat, ist es ratsam, in der Kartause einzukehren. Informieren Sie sich aber über die Öffnungszeiten, denn sie ist nicht täglich und nicht zu jeder Zeit geöffnet (Montag und Dienstag beispielsweise nicht). Vielleicht haben Sie aber auch eine Brotzeit mitgebracht und verzehren diese auf einer Bank mit Blick auf den Weiher. Eventuell sehen

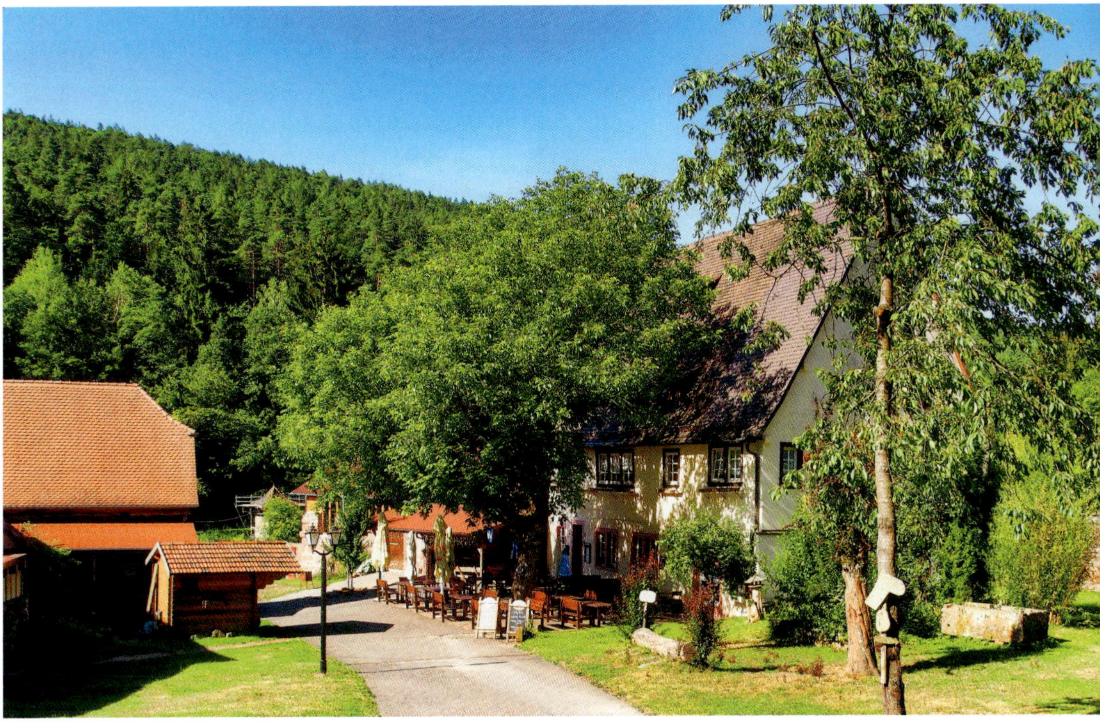

Sie darin oder am Rand Ringelnattern. Stören Sie diese nicht, sondern beobachten Sie sie lieber eine Weile.

Statt Kontemplation bietet die Kartause heute Gastronomie.

Zurück nach Hasloch Sie können den Rückweg so zurückgehen, wie Sie hergekommen sind. Das ist die bequemste Variante. Für diese Tour habe ich jedoch einen anderen Rückweg gewählt, der ein paar Optionen für diejenigen bereithält, die noch über ausreichende Kondition verfügen. Sie gehen ein wenig anders, nehmen schon den ersten Weg nach dem Kloster und biegen links in ihn ein. Nach einem halben Kilometer gibt es eine Abzweigung nach rechts, der Sie folgen. Auf diesem Weg bleiben Sie, bis er in die St 2316 mündet. Dieser folgen Sie etwa 400 Meter, bis Sie in einer Linkskehre rechts in die Spessartstraße gehen können. Folgen Sie dieser, kommen Sie zielgenau zum Bahnhof oder zum Parkplatz, der etwas vor dem Bahnhof am Ortseingang liegt.

Wenn Sie der ersten Abzweigung nach rechts nicht folgen, sondern bis zur Straße durchgehen, könnten Sie

Linke Seite: Auf dem Rückweg geht es auch über offene Teilstrecken.

links der Straße bis zur alten Markuskapelle folgen. Davon rate ich allerdings ab. Es ist ein altes, einsturzgefährdetes Gemäuer, von dem nur noch wenig zu sehen ist. Interessanter ist es, die Straße zu überqueren und zum alten Hammermuseum (www.hammer-museum.de) zu gehen. Dort können Sie Industriegeschichte rund um den Eisenhammer erleben und an manchen Exponaten selbst zugreifen. Sie finden in der Nähe auch den Schwarzen Bock, bei dem Sie ein preiswertes Tagesgericht bekommen. Für den weiteren Rückweg nehmen Sie dann besser nicht die Straße, sondern gehen hinter der Hammerschmiede den Weg zurück nach Hasloch. Dabei begleiten Sie ein Stück weit auch den Haslochbach. Gehen Sie den Weg aber nicht ganz zu Ende, sondern überqueren Sie die Spessartstraße dort, wo sie in den Ort abzweigt.

Nicht alle alten Gebäude wurden restauriert.

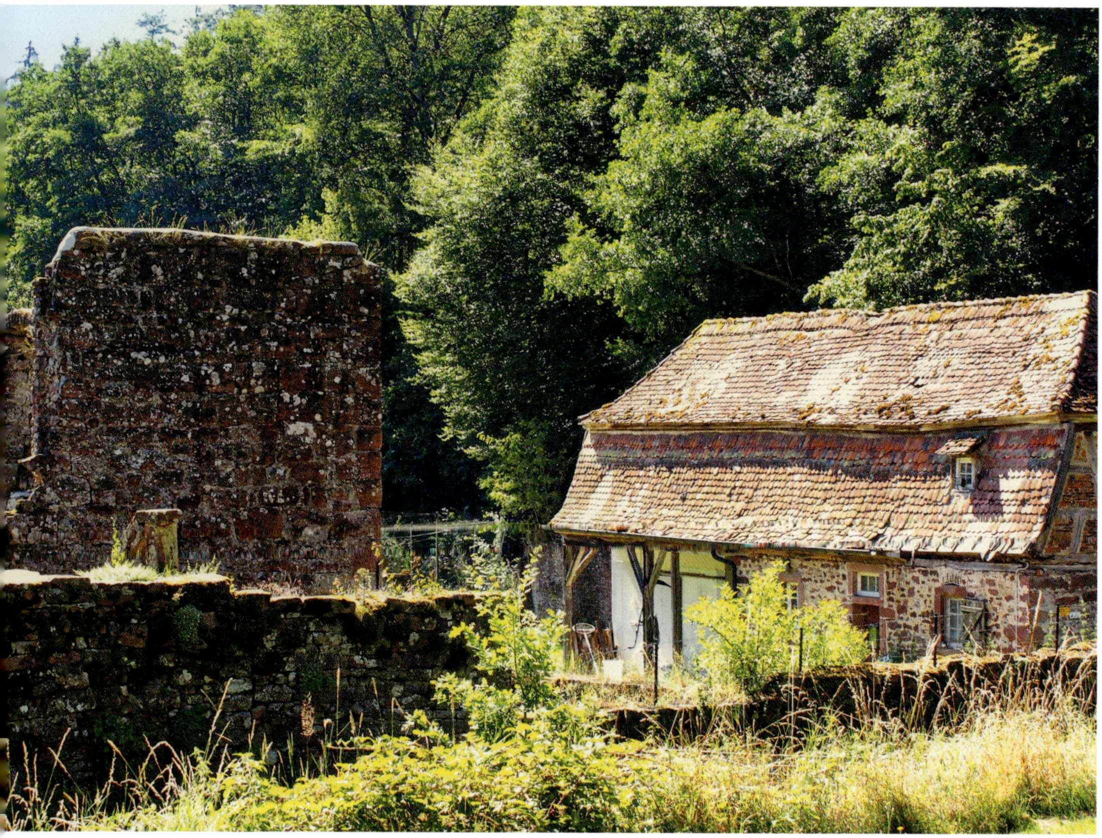

Wichtiges zur Tour

Tourencharakter
Durch den doch erheblichen Anstieg keine ganz leichte Tour. Trittsicherheit erforderlich

Ausgangspunkt
Bahnhof Hasloch

Anfahrt
Bahn: Mit der Maintalbahn aus Richtung Aschaffenburg oder Wertheim
Auto: Die St2315 und St2316 führen durch den Ort, der dadurch von Miltenberg und Wertheim aus gut erreichbar ist. Die A3 mit der Abfahrt Martkheidenfeld liegt ebenfalls nicht weit entfernt.

Einkehr
Kartause Grünau, Kartause 1, 97907 Hasloch, Tel. 09394/462, www.kartause-gruenau.de

Zum Schwarzen Bock, Eisenhammer 1, 97907 Hasloch, Tel. 01515/2243547, www.zum-schwarzen-bock.de

Karte
ATK25-E03 Marktheidenfeld, 1:25000, ISBN 978-3-89933-346-6

Informationen
Gemeinde Hasloch, Lengfurter Straße 8, 97892 Kreuzwertheim, Tel. 09342/79262-0, www.hasloch.de

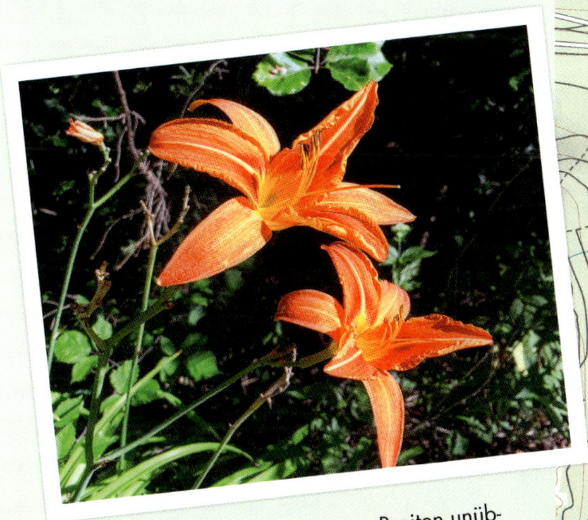

Die Gelbrote Taglilie ist in unseren Breiten unüblich, am Wegrand zur Kartause aber zu finden.

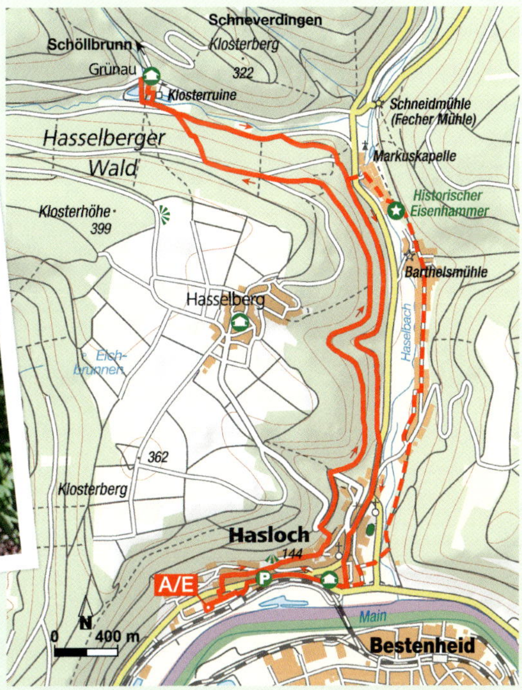

8 Die Schleusentour

Wanderung beiderseits des Mains bei Wertheim

- leicht
- 2 Std.
- 70/60 Hm
- 8,5 km

Diese Wanderung bei Kreuzwertheim den Main hinauf und auf der anderen Seite nach Wertheim zurück ist die richtige Tour, wenn man anschließend noch die Stadt, die an der Tauber und am Main liegt, erkunden will. Sind am Ende der Wanderung nicht alle Kräfte aufgebraucht, schafft man es womöglich noch hoch zur Burg.

Hinüber nach Bayern Als Erstes gehen Sie über die Mainbrücke nach Kreuzwertheim. Vom Parkplatz am Main sind Sie nicht weit von der Brücke entfernt. Sind Sie mit dem Zug gekommen, müssen Sie erst noch über die Tauber, aber auch das ist kein weiter Weg.

Linker Hand des Mains gehen Sie bis zur Brücke und überqueren diese und damit auch die Landesgrenze. Wertheim liegt noch in Baden-Württemberg, das gegenüberliegende Kreuzwertheim schon in Bayern. Wertheim gehört noch zum Taubertal, weil hier die Tauber in den Main fließt. Hinter Kreuzwertheim liegt schon der Spessart. Es gibt durchaus Gründe, sich auch in Kreuzwertheim ein wenig umzusehen, für diese Wandertour wenden Sie sich aber hinter der Brücke nach rechts. Gehen Sie die Bahnhofstraße entlang, bis ein Weg rechts hinunter auf den Rad- und Wanderweg führt. Dieser Teil des Weges ist überwiegend schattig, da baumbewachsen, der Blick auf den Main wird aber nicht sehr erschwert. Es gibt auch Stellen, an denen Sie hinunter ans Wasser können.

Mainschleuse bei Wertheim

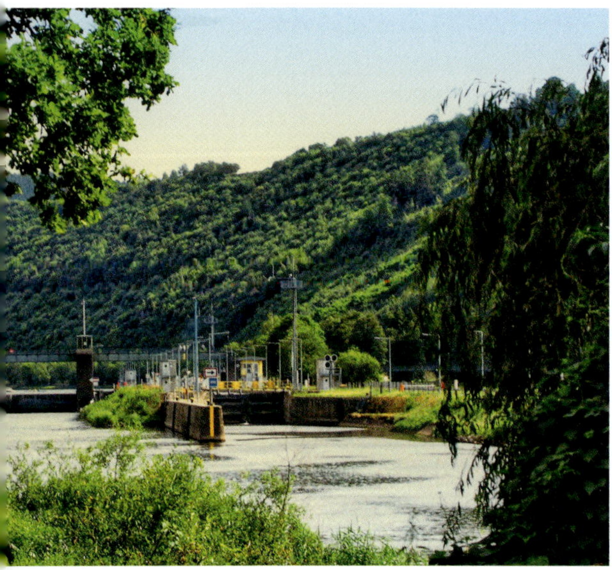

Kehrtwende beim Himmelreich Wenn der Main abbiegt, folgen Sie dem Weg noch ein Stückchen geradeaus, bis Sie zum Parkplatz am Himmelreich kommen. An dieser Stelle folgen Sie dem Weg rechts und nähern sich bald wieder dem Main. Nun ist der Weg meist offen und Schatten nur stellenweise zu haben. Erst vor der Schleuse nimmt der Baumbestand wieder zu. Diese Schleuse dürfen Sie überqueren. Es sind dafür zwar viele Treppenstufen zu überwinden, aber es zwingt ja niemand zur Eile. Oben auf der Schleuse lädt der Blick den Main auf- und abwärts außerdem zum Verweilen ein. Der Abstieg auf der anderen Seite ist keine Sache, für die man eine gute Kondition benötigt. Beachten Sie, dass Sie anschließend von der Straße wieder zum Wanderweg hinuntermüssen.

Alternative Route

Wenden Sie sich links (von der Schleuse aus gesehen) und gehen Sie weiter auf dem Weg auch noch um die nächste Mainbiegung herum. Das ist nicht nur landschaftlich sehr reizvoll, Sie können im nächsten Ort, Urpahr, dann eine alte Wehrkirche besichtigen. Mit der Buslinie 977 (Würzburg–Wertheim–Miltenberg) kommen Sie dann nach Wertheim zurück.

Zum Schlösschen am Hofgarten Gehen Sie Richtung Wertheim zurück, kommen Sie in der Mainbiegung in den Ortsteil Eichel. Da der Weg dort auf die Hauptstraße mündet, steht ein Stück Wanderung bevor, die vom Straßenlärm dominiert wird. Eine bessere Alternative ist es, etwa 200 Meter hinter der Schleuse zunächst Richtung Main zu gehen und dann auf halber Strecke in den nach links abzweigenden Pfad abzubiegen. Dieser Weg führt Sie mitten in den Ort hinein. Sie kommen dabei an der Veitskirche vorbei, einer Friedhofskapelle, die es zu besichtigen lohnt, wenn Sie sich dafür

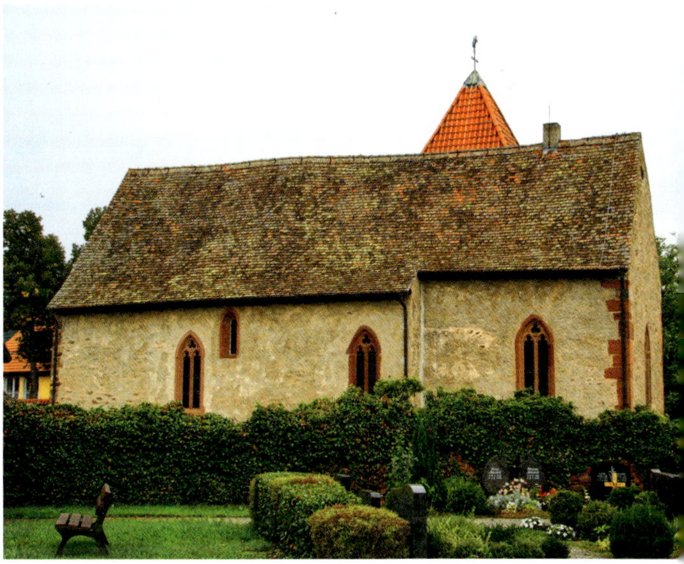

Die alte Friedhofskapelle von Eichel

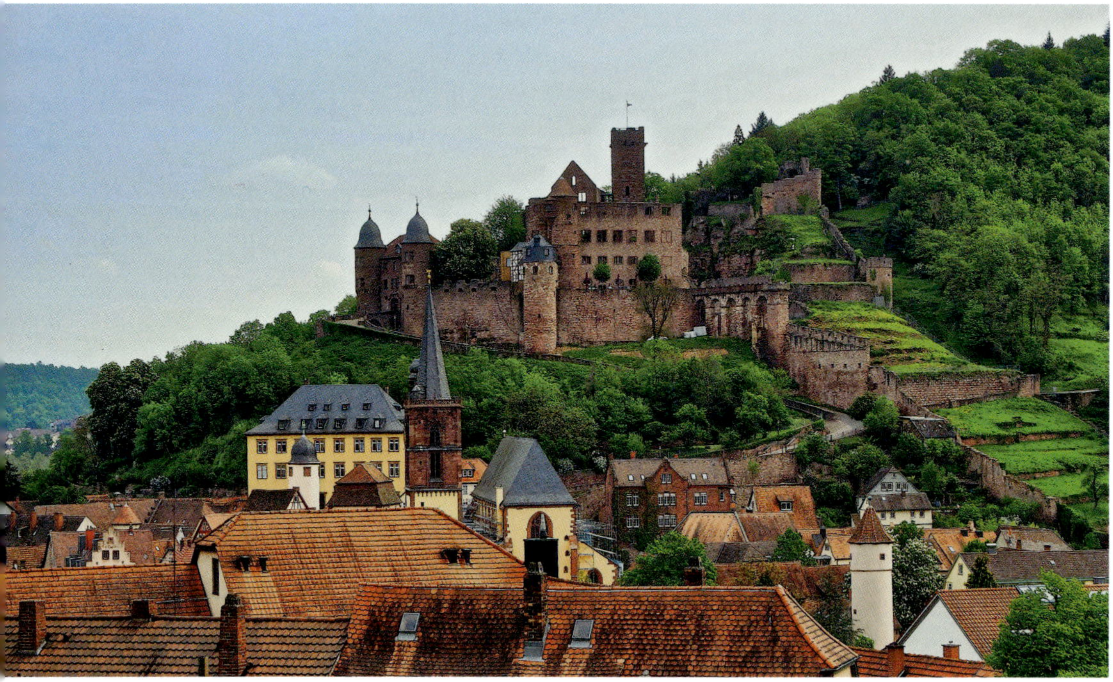

Ein Besuch auf der Wertheimer Burg am Ende der Tour lohnt sich.

interessieren. Durchqueren Sie den Ort und wechseln Sie am Ende auf die Hauptstraße, um dort noch gut einen halben Kilometer zu gehen, oder wenden Sie sich wiederum zum Main, um diesen entlang auf kaum sichtbarem Pfad weiterzuwandern. Stoßen Sie auf einen Parkplatz, ist es Zeit, zur Straße hochzusteigen und diese zu überqueren. Gegenüber liegt das Schlösschen im Hofgarten (www.schloesschen-wertheim.de), das jederzeit interessante Kunstausstellungen bietet. Sie können aber auch im umliegenden Park ein wenig Entspannung finden, vor allem dann, wenn Sie dabei das Café Sahnehäubchen entdecken, das ein wenig links hinter dem Schlösschen liegt.

Zurück nach Wertheim Nach Wertheim ist es nun nicht mehr weit. Sie gehen zurück zum Main, wenden sich links und sind bald wieder dort, wo Sie losgegangen sind. Haben Sie noch genügend Kondition, ist ein Altstadtbummel nicht die schlechteste Idee. Reicht die Kondition nicht mehr, um zur Burg hinaufzusteigen, so nehmen Sie die kleine Bahn, die regelmäßig hin- und herfährt.

Wichtiges zur Tour

Tourencharakter
Leicht, ohne große Anforderungen zu bewältigen

Ausgangspunkt
Wertheim, Parkplatz am Main

Anfahrt
Bahn: Über die Linie Wertheim–Crailsheim (Taubertalbahn) und die Linie Aschaffenburg–Wertheim (Maintalbahn)
Bus: Mit der Linie 977 von Würzburg oder Miltenberg
Auto: Über die A3, Abfahrt Wertheim-Lengfurt, von Tauberbischofsheim über die L508, von Miltenberg über die L2310

Einkehr
La Flamme Wertheim, Wenzelplatz 5, 97877 Wertheim, Tel. 09342/9144924
Burg Wertheim Restaurant, Schloßgasse 11, 97877 Wertheim, www.burgwertheim.com
Café Sahnehäubchen, Hofgartenstraße 2, 97877 Wertheim, Tel. 09342/9248437, www.sahnehaeubchen-hofgarten.de
Ristorante la Mamma Pizzeria, Mainplatz 10, 97877 Wertheim, Tel. 09342/1363, www.lamamma-wertheim.de

Karte
ATK25-E03 Marktheidenfeld, 1:25000, ISBN 978-3-89933-346-6

Informationen
Stadtverwaltung, Mühlenstraße 26, 97877 Wertheim, Tel. 09342/7301-0, www.wertheim.de
Tourismusregion Wertheim GmbH, Gerbergasse 16, 97877, Tel. 09342/93509-0, www.tourismus-wertheim.de

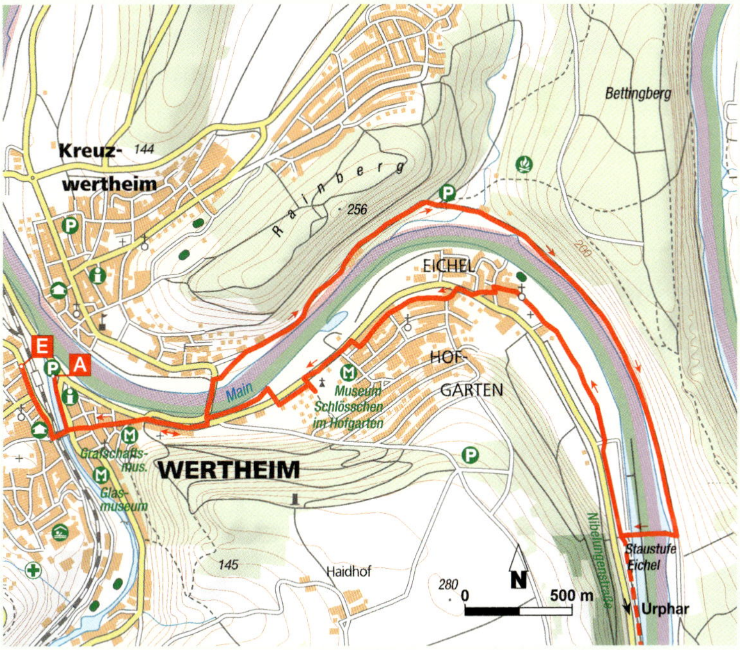

9 Von der Papiermühle zum fränkischen Zen-Kloster

Von Homburg nach Holzkirchen

mittel

3.30 Std.

300 Hm

12,9 km

Rechte Seite oben: Die Papiermühle in Homburg ist einen Abstecher wert, entweder zu Beginn oder am Ende der Tour.

Für diese Wanderung sollte man sich Zeit nehmen. Einmal, weil man dann den Anstieg besser schafft und dann auch, weil es viel zu sehen gibt. Kontemplation und Stille im ehemaligen Benediktinerkloster sind inbegriffen.

Das Schloss in Homburg Schon unten vom Main aus ist es gut zu sehen: das Homburger Schloss. Es ist im Kommunalbesitz und nicht öffentlich zugänglich, zumindest nicht regelmäßig. Es finden jedoch Konzerte, Ausstellungen und gelegentlich eine Führung durch die Sammlung Tasteninstrumente statt. Erkundigen Sie sich vorher, ob zum Zeitpunkt Ihrer Wanderung etwas Derartiges geplant ist (www.kunstinschlosshomburg.de). Wenn nicht, lohnt es trotzdem, einen Blick auf das Schloss zu werfen, denn die Gemeinde hat es sich einiges kosten lassen, das Gebäude zu renovieren. Der Aufstieg zum Schloss gelingt aus dem unteren Teil des Ortes hinauf über eine Treppe, mit der Sie schon das erste Stück der nicht unerheblichen Steigung der Tour bewältigt haben.

Homburger Wein

Der Ort besitzt zwei hervorragende Weinlagen: »Edelfrau« und »Kallmuth«, aus denen Frankenweine erzeugt werden, die man probiert haben sollte. Das können Sie in den Gaststätten des Ortes tun oder zu Hause, wenn Sie sich entschließen eine oder einige Flaschen mitzunehmen.

Über Land nach Holzkirchen Sie verlassen den Ort über die Straße Zeller Tor. Folgen Sie ihr aus dem Ort hinaus und bis an ihr Ende. Dieser Teil des Weges ist noch vom Wein dominiert. Dem anschließenden kleinen Feldweg folgen Sie nicht weiter, sondern biegen links ab. Wenn sich der Weg nach links wendet, schlagen Sie den kaum erkennbaren Weg nach rechts ein. Bis zur nächsten kleinen Landstraße gehen

Rechte Seite unten: Das Schloss in Homburg kann leider nur von außen besichtigt werden.

Sie dann über fast nicht sichtbare Pfade und darüber hinaus ebenso über Feldwege weiter. Karte und Navigationsgeräte sind eine gute Hilfe, mit unserer Karte müsste es aber auch funktionieren, weil man nicht allzu viele Optionen hat, aus denen man wählen kann. Achten Sie aber nicht nur auf den Weg, sondern auch darauf, was Ihnen am Wegesrand alles begegnet. Flora und Fauna sind sehr reichhaltig und halten manche Überraschung bereit.
Wenn Sie in ein kleines Wäldchen kommen, haben Sie Holzkirchen fast erreicht. Bereits am Ende des Wäldchens bietet sich an einem monumentalen Sandsteinrelief eine gute Möglichkeit für eine Pause. Es ist aber leicht zu übersehen, denn es liegt ein wenig rechts ab vom Pfad. Holzbank und -tisch laden geradezu ein, sich zu setzen und ein wenig zu verschnaufen. Rasten Sie aber nicht zu lange, denn Holzkirchen ist dafür besser geeignet.
Der Weg mündet vor Holzkirchen in die Sportplatzstraße. Folgen Sie dieser und biegen Sie links in die Nibelungenstraße ein. Rechts geht es in die Brückenstraße und von dort zum Benediktushof.

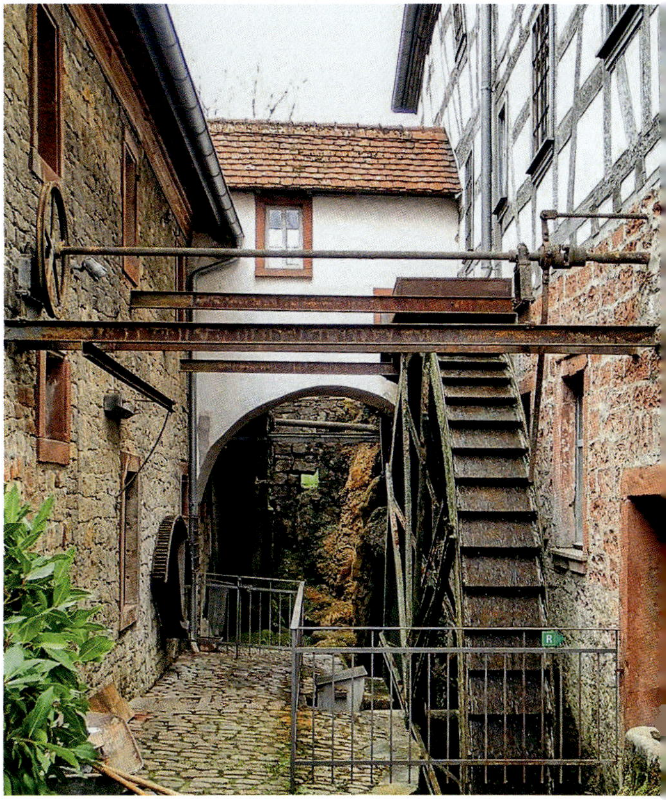

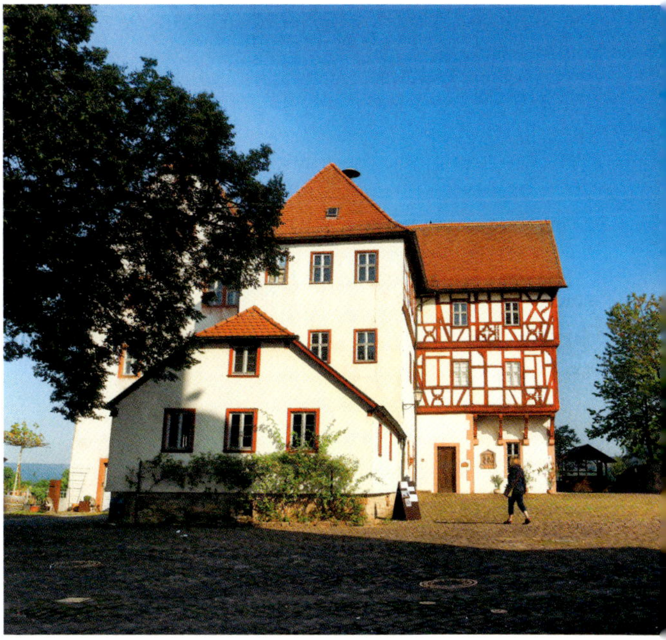

Holzkirchen und der Benediktushof Das Erste, was auffällt, ist die barocke Klosterkirche. Kloster Holzkirchen war eine Bene-

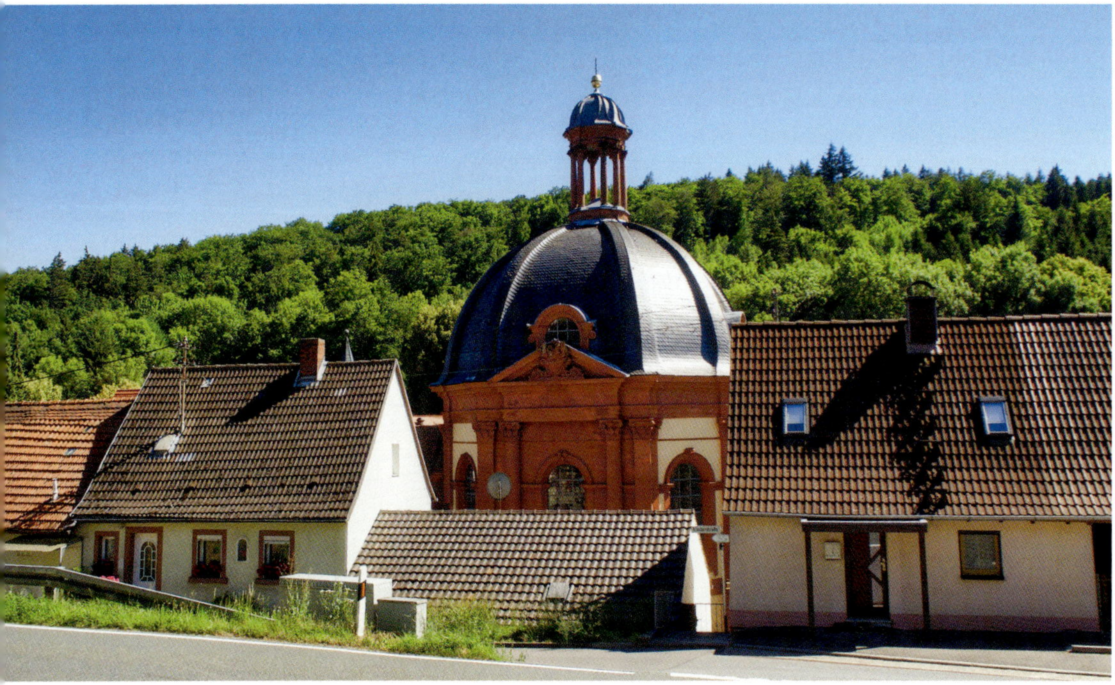

Die Kuppel der Klosterkirche überragt alle Häuser.

diktinerpropstei, bis das Kloster 1802 säkularisiert wurde. Die Klosterkirche wurde von Balthasar Neuman von 1728 bis 1730 erbaut. Ab 1995 wurde das Kloster nicht mehr genutzt. Seit 2003 ist es aber als überreligiöse Seminar- und Tagungseinrichtung wieder unter dem Namen Benediktushof im Betrieb. Der Zen-Meister und Benediktinermönch Wiligis Jäger rettete die Klosteranlage vor dem Verfall. Sie finden dort einen Klosterladen, eine Buchhandlung mit Café, ein vegetarisches Restaurant und vor allem viel Ruhe. Die Besucher werden zur Stille angehalten, um die Seminare – überwiegend Meditations- und Kontemplationsseminare – nicht zu stören. Eine Besonderheit ist ein im japanischen Stil angelegter Zen-Garten.

Bistro Troand

Das vegetarisch-vegane Bistro am Benediktushof ist einen Besuch wert, auch dann, wenn man sich nicht zur Zielgruppe zählt. Geöffnet ist allerdings nur von Donnerstag bis Sonntag und an Feiertagen, von Montag bis Mittwoch nur für Kursteilnehmer/-innen. Der etwas ungewöhnliche Name rührt von dem fränkischen Grafen Throand her, der das Kloster in Holzkirchen gegründet haben soll. Sein Sohn Drudmunt übergab es im Jahr 775 an Karl den Großen.

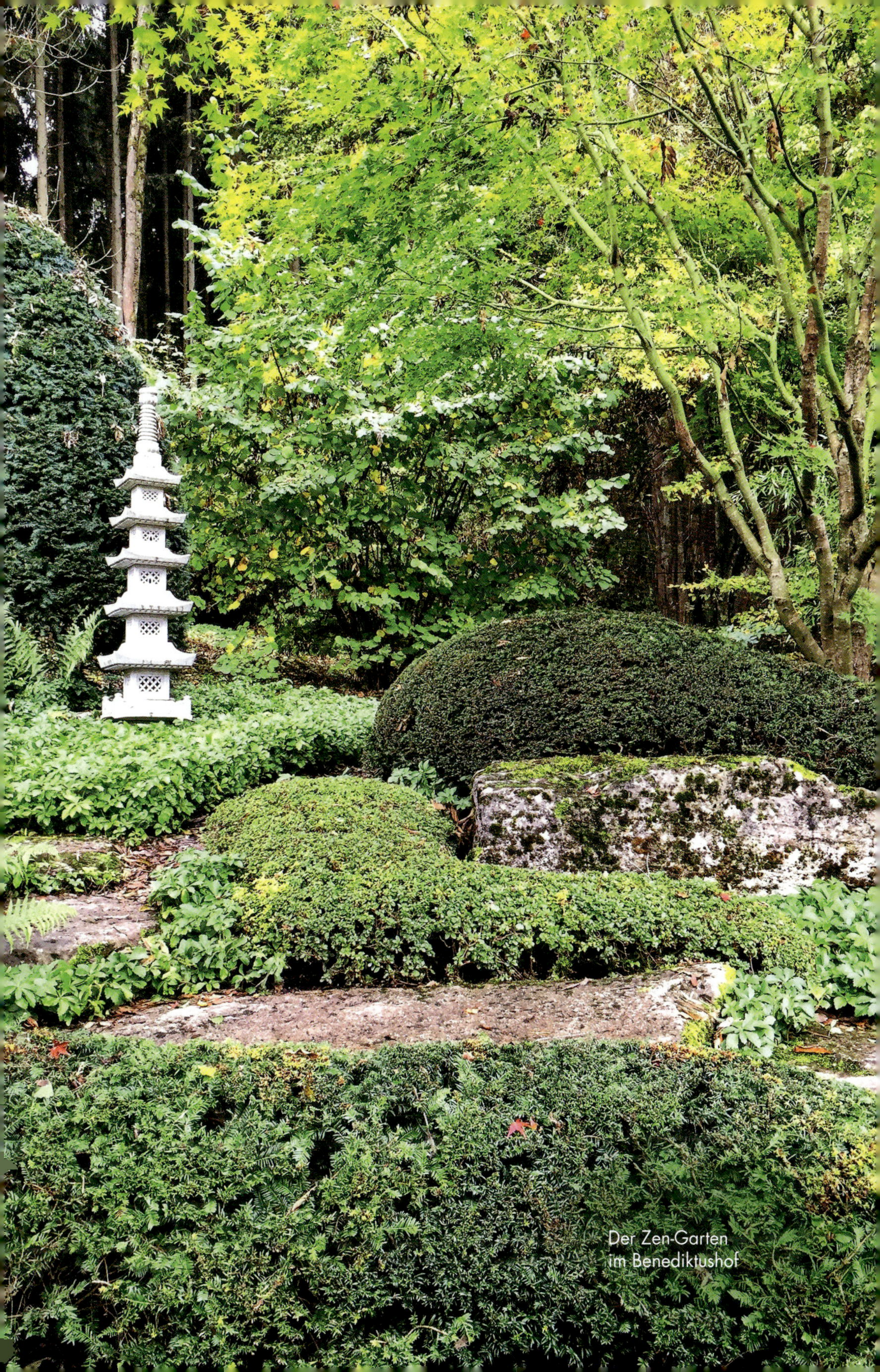

Der Zen-Garten
im Benediktushof

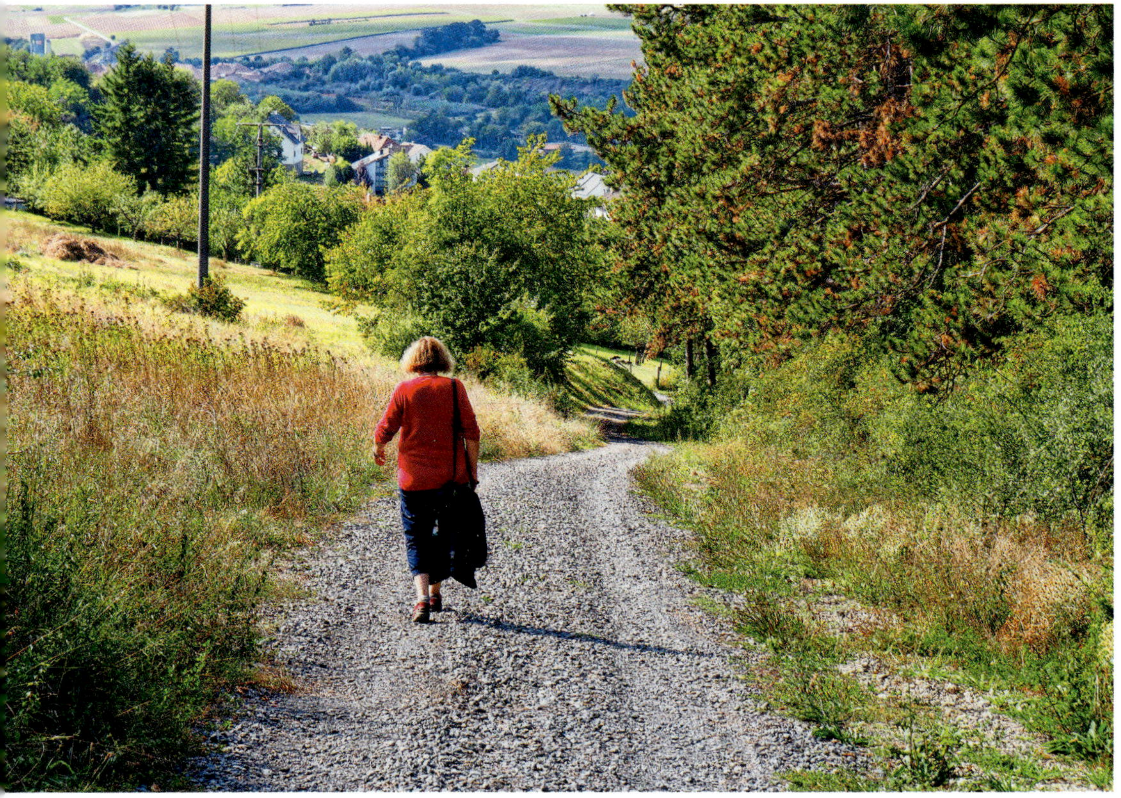

Der Abstieg nach Holzkirchen lohnt den vorherigen Anstieg allemal.

Zurück nach Homburg Zurück geht es über Wüstenzell. Der Ort erhielt diesen Namen, weil ein Mönch des Klosters in Holzkirchen sich in dieser wüsten Gegend eine Einsiedelei baute. Biegen Sie vom Benediktushof kommend links in die Brückenstraße ab und dort hinter der Biegung links in den Waldweg. Sie folgen diesem bis zur Mühle Wüstenzell. Dahinter geht es rechts ab, bis zur Aalbachtalstraße. Linker Hand folgen Sie dieser Straße bis zum Ortsausgang und biegen dort rechts in die Klosterbergstraße ein. Diese führt in einem Bogen aus dem Ort heraus. Hinter dem Bogen dann links abbiegen und immer geradeaus weiter bis Homburg am Main. Ab Wüstenzell dominieren wieder die Weinlagen. Sie gehen aber auch ein gutes Stück an einem Waldrand entlang und zwischen Feldern hindurch. Das letzte Stück des Weges ist vom Hinweg bekannt, Sie kommen über die Straße Zeller Tor wieder in den Ort.

Wichtiges zur Tour

Tourencharakter
Anspruchsvoll. Nicht unerheblicher Anstieg, wenn auch in Etappen. Trittsicherheit erforderlich, Wege sind nicht immer befestigt.

Ausgangspunkt
Parkplatz in Homburg am Main

Anfahrt
Bus: Von Marktheidenfeld mit der Linie 8051, von Würzburg mit der Linie 8050 bis Lengfurt, dann weiter mit der Linie 8051
Auto: A3 aus Richtung Frankfurt: Abfahrt Marktheidenfeld, in Altfeld abbiegen Richtung Lengfurt, über den Main, St2299 nach Homburg am Main. A3 aus Richtung Würzburg: Ausfahrt Wertheim Lengfurt, nächste Möglichkeit rechts Richtung Marktheidenfeld, Lengfurt, 4 km bis Homburg.
Von Wertheim kommend in Bettingen Richtung Marktheidenfeld abbiegen

Einkehr
Weinhaus Zum Ritter, Rittergasse 2, 97855 Triefenstein-Homburg, Tel. 09395/1506
Schlossschenke Homburg, Julius-Echter-Platz 1, 97855 Triefenstein-Homburg, Tel. 09395/1025
Gasthaus Zum güldenen Rößlein, Burkardusplatz 1, 97855 Triefenstein-Homburg, Tel. 09395/997864
Troand – Cafe & Restaurant, Klosterstraße 10, 97292 Holzkirchen, Tel. 09369/983850

Karte
ATK25-E03 Marktheidenfeld, 1:25000, ISBN 978-3-89933-346-6

Informationen
Gemeindeverwaltung Markt Triefenstein, Rathausstraße 2, 97855 Triefenstein-Lengfurt Tel. 09395/9701-12, www.tourismus-triefenstein.de

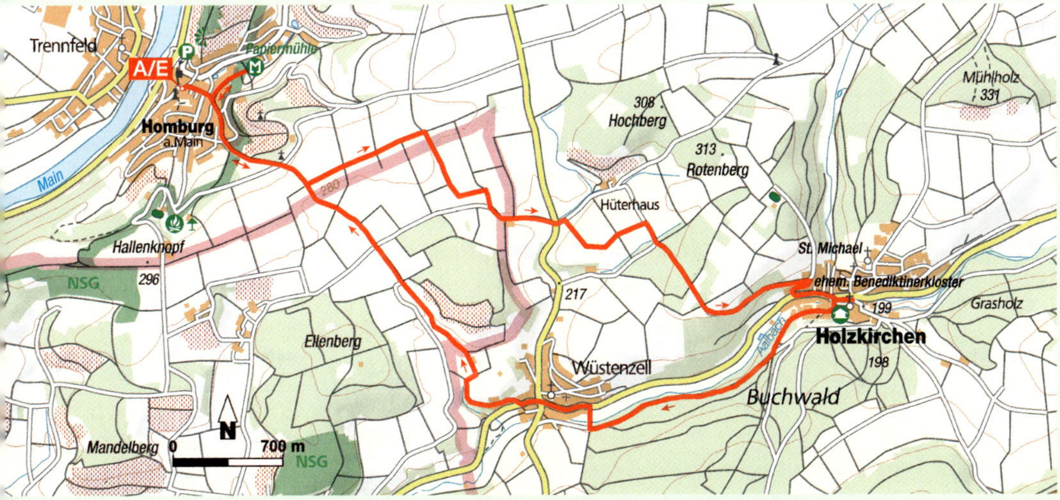

10 Zum Steinernen Haus

Von Lohr am Main in den Spessart

mittel

2 Std.

210 Hm

7,5 km

Heute gilt Lohr als die Schneewittchenstadt und überall – im Schlossmuseum, in der Stadt selbst und auch außerhalb auf einem Wanderweg, der Schneewittchen gewidmet ist – trifft man auf diese Märchenfigur samt ihren sieben Zwergen. Ein Stück weit folgt diese Tour dem Schneewittchenweg. Das Schloss ist ein guter Standort, um die Wanderung zu beginnen.

Aus der Stadt hinaus Zunächst muss man aus der Stadt hinauskommen, was auf den ersten Blick gar nicht so einfach scheint. Doch es ist weniger schwierig als gedacht. Wenden Sie sich am Schloss links, bis Sie auf die Hauptstraße stoßen. Der folgen Sie rechts bis zum Ende. Das letzte Stück heißt Ludwigstraße. Die B26 muss überquert werden, was dank Ampeln gefahrlos möglich ist. Von der B26 zweigt die B276 ab, der Sie nun folgen, selbstverständlich auf dem Gehweg, bis links der Linsengrain abzweigt. In der Biegung wird daraus der Heegweg, und wenn Sie diesem folgen, sind Sie auch fast schon aus der Stadt heraus. Nicht länger als 15 Minuten haben Sie bis dahin gebraucht. Sie biegen links in die Klapper ab, einen alten Handelsweg, was an den stellenweise noch vorhandenen Pflastersteinen zu erkennen ist. Dieser Hohlweg verläuft wie eine halbe Röhre, beide Seiten sind baumbestanden und sehr schattig. Diese Tour kann deshalb auch an heißen Sommertagen gut gegangen

Lohr hat sich selbst zur Schneewittchenstadt erklärt.

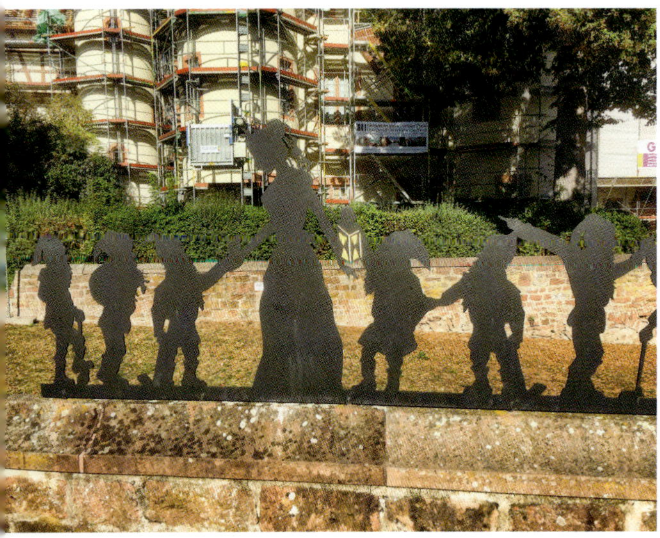

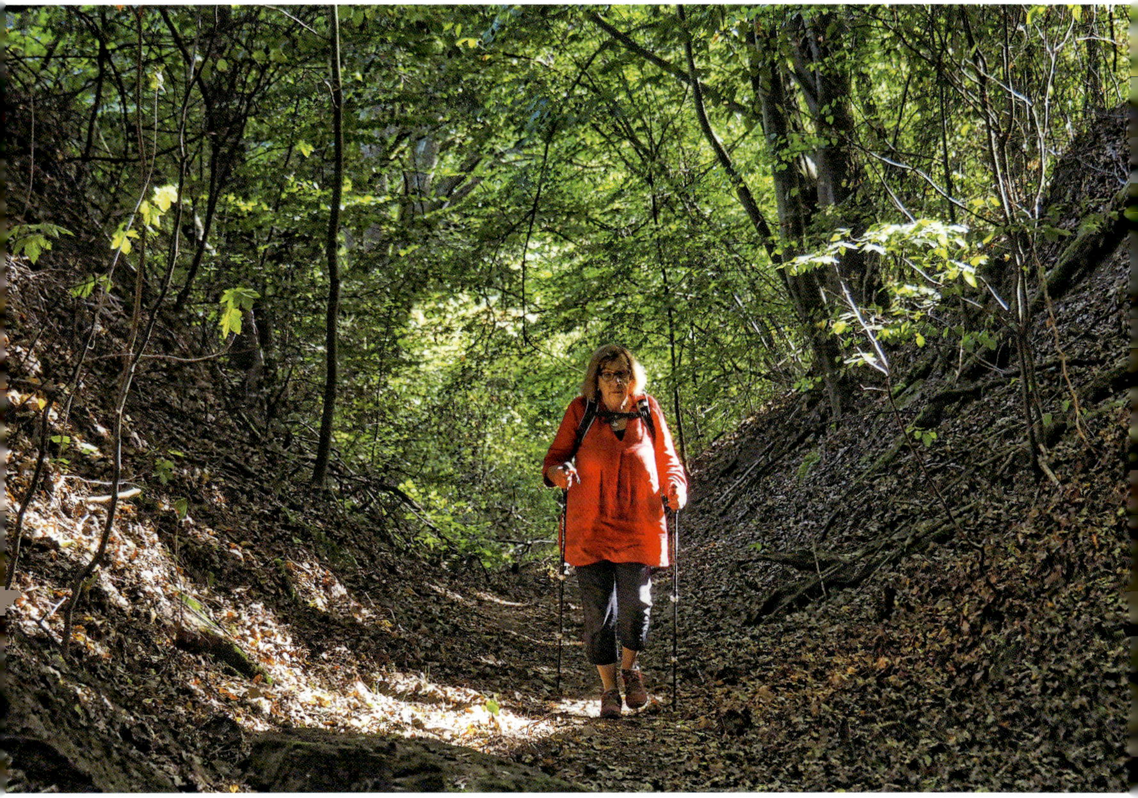

Ein alter Hohlweg führt von Lohr aus in den Spessartwald hinauf.

werden. Stellen Sie sich vor, während Sie den Hohlweg hinaufmarschieren, wie vor Ihnen ein schwerbeladener Ochsenkarren den Weg hinaufrumpelt. Besser kann man sich kaum ins Mittelalter zurückversetzen.

Durch dichten Wald Dem Weg, auf den Sie stoßen, folgen Sie ein Stück weit, bis ein Schild darauf hinweist, dass zum »Steinernen Haus« links abzubiegen ist. Sie müssen dann noch einmal links ab. Überwiegend geht es durch dichten Wald. Sorge, das Steinerne Haus zu übersehen, müssen Sie aber nicht haben.

Woher kommt der Name?

Der Name »Klapper« stammt vermutlich von dem auf die Speichen schlagenden »Klaffelholz« der Fuhrwerke. Das waren Äste, die bei der Abwärtsfahrt zum Bremsen in die Speichen gesteckt wurden und dadurch ein klapperndes Geräusch erzeugten. Die Äste stammten von den Bäumen am Rande des Hohlweges. Viele junge Bäume gingen dabei ein und das fehlende Wurzelholz verstärkte die Erosion. Der Bremsschuh kam erst im 17. Jahrhundert auf.

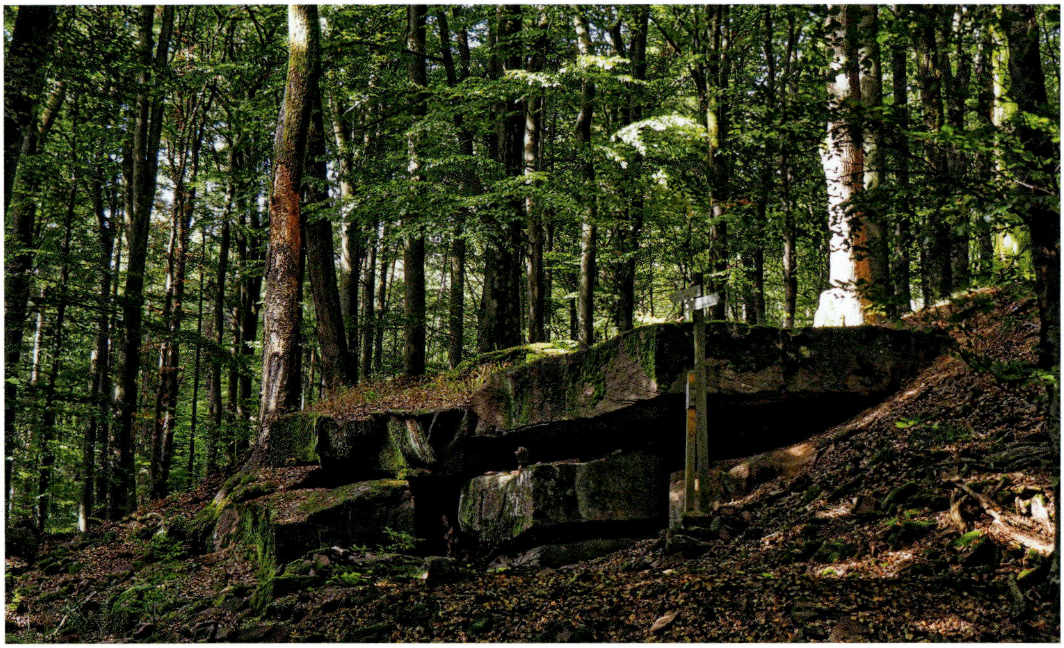

Das Steinerne Haus

Es wird rechtzeitig darauf hingewiesen, und es ragt auch eindrücklich zwischen den Bäumen hervor. Ob natürlichen Ursprungs oder künstlich angelegt, darüber streiten sich die Gelehrten noch. Wald- und Steinbrucharbeitern diente es aber schon seit alter Zeit als Unterstand. Haben Sie die Sandsteinformation ausreichend begutachtet und Fotos gemacht, gehen Sie hinter dem Steinernen Haus rechts herum, bis Sie auf einen Weg stoßen, dem Sie wiederum rechts folgen. Es ist für ein gutes Stück schon der Weg, dem Sie auf dem Hinweg gefolgt sind.

Zurück nach Lohr Erst geht es links wieder die Klapper hinunter, dann folgen Sie dem Weg geradeaus weiter. Dabei müssen Sie nach 100 Metern links von der Straße hoch, damit es auch tatsächlich ein Weg bleibt. Sie kommen so

Verlängern der Tour

Wenn Sie die Tour verlängern möchten, biegen Sie auf dem Weg links ab und gehen bis Rechtenberg weiter. Dort können Sie vor dem Ort oder im Ort rechts abbiegen, bis Sie auf den Weg stoßen, der Sie rechts nach Lohr zurückführt. Gegen Ende mündet er auf den Weg, den Sie aus der Klapper gekommen sind, und Sie können ihm, wie weiter in dieser Tour beschrieben, folgen. Für diese Strecke müssen Sie noch einmal fünf Kilometer sowie eine Stunde hinzurechnen.

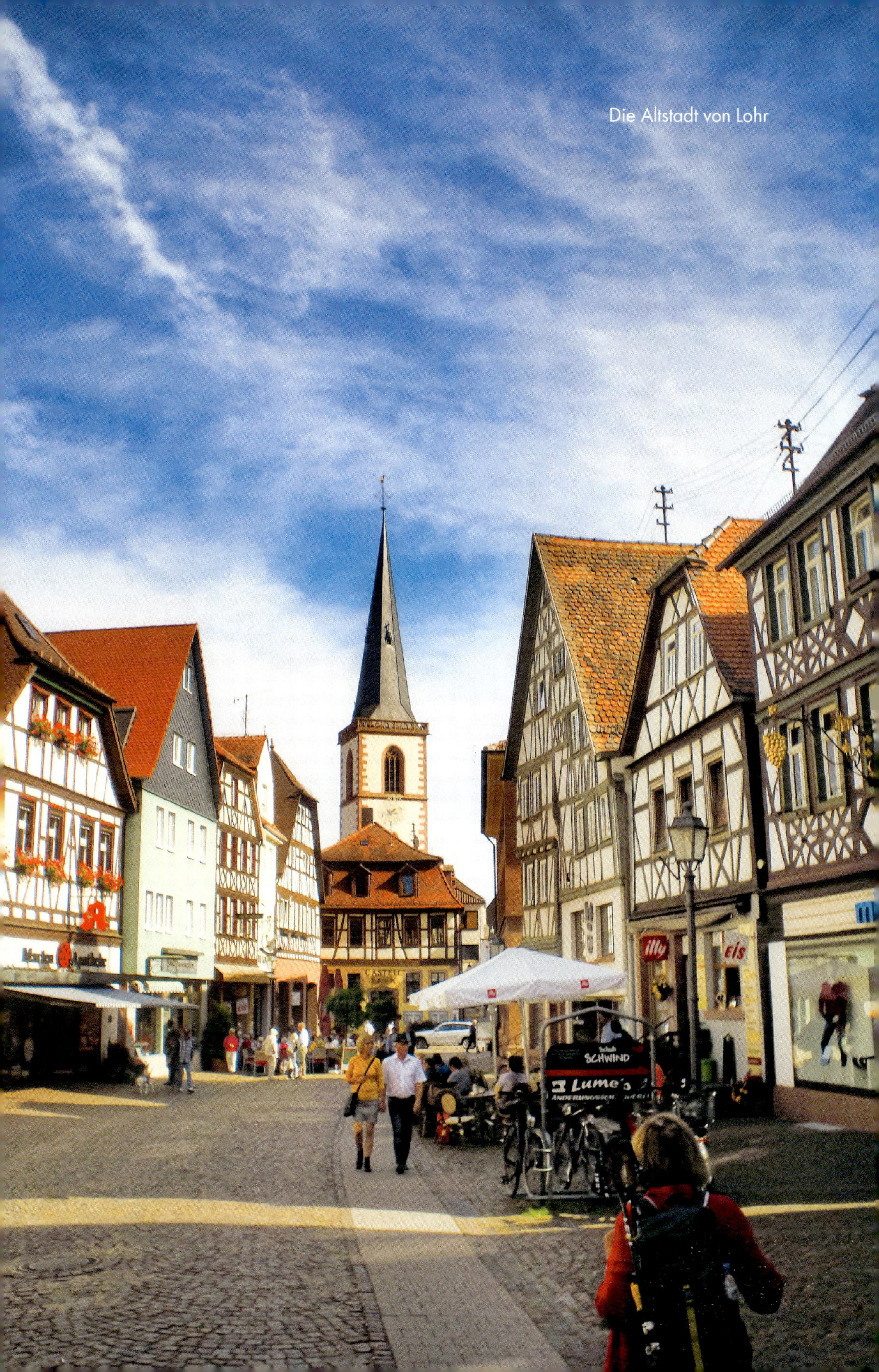

Die Altstadt von Lohr

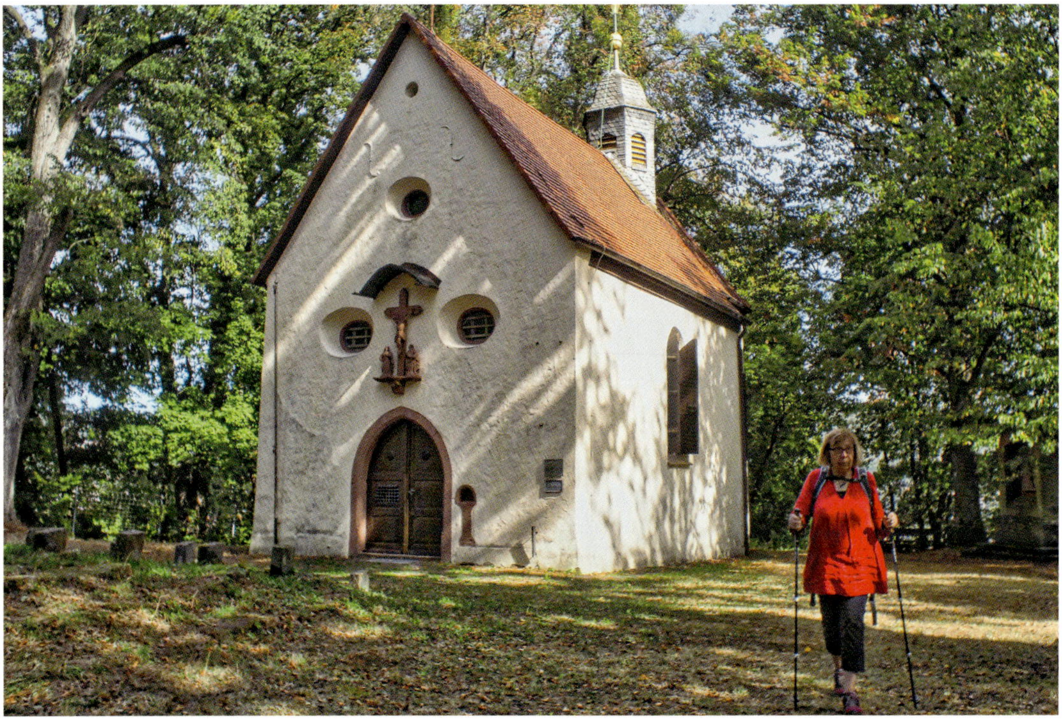

Die Valentiuskapelle steht auf einer Lichtung.

zur Valentiuskapelle, die in den Jahren 1660 bis 1664 errichtet wurde, vermutlich als Ersatz für eine Vorgängerkapelle. Alljährlich zieht eine Prozession am Rochustag, dem 16. August zur Kapelle hinauf. Zur Kapelle führt ein Kreuzweg hoch, den Sie für den weiteren Abstieg und die Rückkehr nach Lohr benutzen. Sie stoßen wieder auf die B216, die Sie überqueren, und kommen über die Ludwigstraße zurück in die Altstadt.

Es ist ratsam, sich nach einer Rast bei einer Tasse Kaffee oder einem Restaurantbesuch noch ein wenig in Lohr umzusehen. Die sehenswerte Altstadt allein lohnt das schon. Beachten Sie vor allem das Alte Rathaus, ein Renaissancebauwerk mit großen Arkaden im Erdgeschoss. Früher war dort eine offene Markthalle. Vielleicht besteigen Sie auch den Bayersturm, der direkt am Fischerviertel liegt. Er gehörte ehemals zur Stadtbefestigung, trägt den Namen nach einer früheren Türmerfamilie und gilt als Wahrzeichen der Stadt Lohr. 140 Stufen führen bis ganz nach oben, wo er Ihnen einen guten Ausblick auf Lohr, den Spessart und den Main bietet.

Wichtiges zur Tour

Tourencharakter
Mittelschwer, vor allem durch den Anstieg. Trittsicherheit erforderlich

Ausgangspunkt
Lohrer Schloss

Anfahrt
Bahn: Mit der Main-Spessart-Bahn aus Richtung Frankfurt/Aschaffenburg oder Würzburg
Auto: Über die B 26, die B 276 oder die St 2435 und St 2315

Einkehr
Rose Osteria 47, Hauptstraße 47, 97816 Lohr am Main, Tel. 093 52/603 55 22
Gaststätte Schönbrunnen, Hauptstraße 28, 97816 Lohr am Main, Tel. 093 52/93 41, www.schoenbrunnen-lohr.de
Lohrtorstüberl, Lohrtorstraße 3, 97816 Lohr am Main, Tel. 093 52/708 87

Karte
ATK25-D03 Lohr am Main, 1:25 000, ISBN 978-3-89933-331-2

Informationen
Stadt Lohr am Main, Schlossplatz 3, 97816 Lohr am Main, Tel. 093 52/848-0, www.lohr.de
Touristinformation, Schlossplatz 5, 97816 Lohr am Main, Tel. 093 52/848 84 65

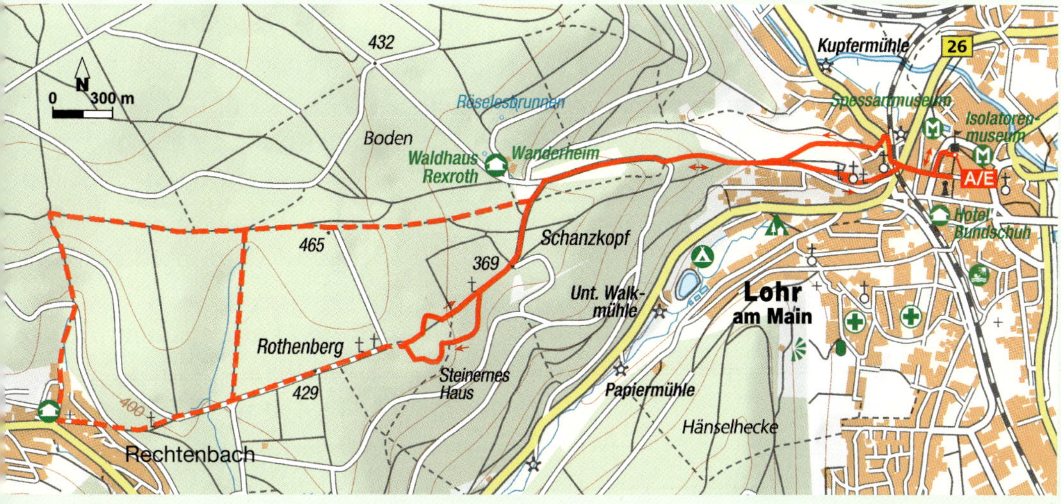

11 Räuberpfad im Spessart

Wandertour bei Rothenbuch

- mittel
- 4 Std.
- 350/340 Hm
- 13,2 km

Diese Wandertour mitten im Spessart ist ambitioniert, kann aber – auch spontan – etwas abgekürzt werden. Sie folgt dabei auch einem Wanderweg, der als »Räuberpfad« ausgeschildert ist.

Rothenbuch verlassen Gehen Sie aus der Gemeinde über den Ölberg hinaus, der von der Schlossstraße abzweigt. Sie haben zunächst offenes Gelände vor sich, gehen einen baumbestandenen, sonst aber freien Weg, bis Sie auf den Wald stoßen. Gehen Sie aber nicht gleich hinein, sondern noch ein Stückchen den Waldrand entlang. Genießen Sie die Sonne oder zumindest den freien Himmel noch ein bisschen länger, denn sobald Sie im Wald sind, wird es duster, und das direkte Sonnenlicht ist selten zu sehen.

Mitten durch den Wald Der Weg führt bis zum Niklaskreuz gegenüber der Straße. So weit gehen Sie aber nicht. Nach rechts knicken drei Wege im spitzen Winkel ab. Sie nehmen den mittleren. Hinter einem kleinen Weiher biegen Sie rechts ab und gehen gleich wieder links und geradeaus weiter. Wenn der nächste Weiher kommt, der ein bisschen größer ist als der erste, bietet es sich an, die Brotzeit aus den Rucksäcken zu holen und eine erste Rast zu machen.

Abkürzen der Tour

An dieser Stelle ist eine Abkürzung der Tour möglich. Im spitzen Winkel geht es zurück durch den Wald. Sie verpassen damit aber das Hafenlohrtal.

Hinter dem Weiher biegen Sie nach rechts ab und gehen etwa 150 bis 200 Meter. Sie müssen genau hinschauen, um den Pfad zu sehen, der, links abzweigend, hinunter ins Tal der Hafenlohr und auf den Weg nach Lichtenau führt.

Die Ortschaft gehört zu Rothenbuch und war früher ein Gestüt. Im 19. Jahrhundert befand sich dort ein Eisenhammer. Immerhin hat diese Ansammlung von wenigen Häusern zwei Gasthöfe zu bieten. Die beiden Gasthöfe Hoher Knuck und Gasthaus im Hochspessart sind auch von unserer Wanderroute aus gut zu erreichen.

Hafenlohr

In Rothenbuch entspringt die Hafenlohr, ein etwa 26 Kilometer langer Zufluss des Mains. Die Quelle befindet sich am Schloss und ist durch eine Tafel gekennzeichnet. Das Hafenlohrtal ist gutes Wandergebiet und ein wenig folgt auch diese Route dem kleinen Fluss. Oberhalb von Lichtenau liegt das Naturschutzgebiet Hafenlohrtal. Das Verlassen der Wege ist in diesem Gebiet verboten.

Auf den Spuren des Räubers Hasenstab Zurück geht es am Weiher auf dem linken Weg. Dabei können Sie feststellen, dass ein grünes Wanderzeichen mit einer finsteren Gestalt im Mittelpunkt diesen Pfad markiert als Hasenstabweg. Dieser Weg führt von Rothenbuch über Schollbrunn, Wildensee und Weibersbrunn zurück zum Ausgangspunkt und

Kleine Weiher im sonst dichten Wald laden zur Rast ein.

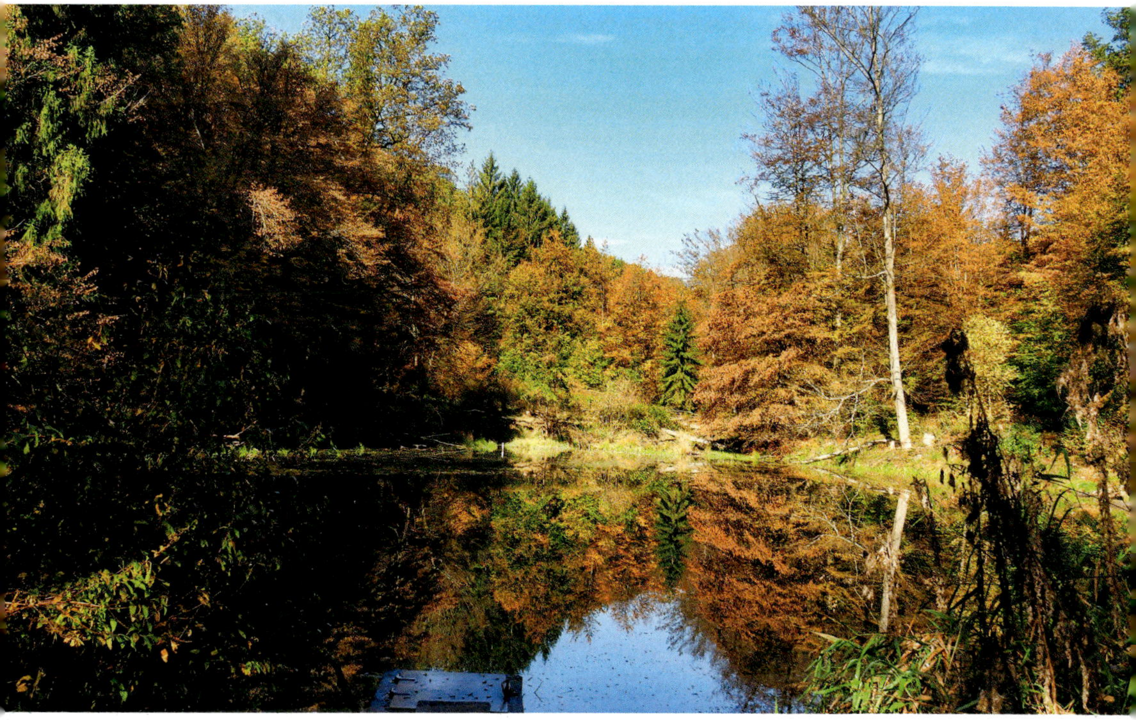

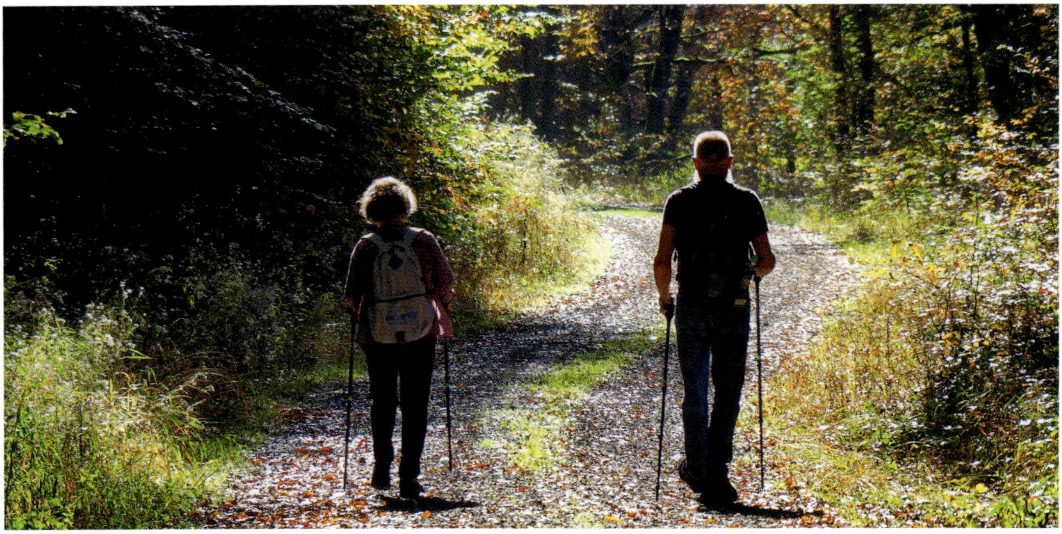

Nicht immer sind die Wanderwege so deutlich ausgebaut wie auf diesem Bild.

Mit deutlichen Wegmarkierungen folgen wir dem Weg des berühmten Räubers.

markiert Orte, die mit dem Räuber Hasenstab in Verbindung gebracht werden können. Rothenbuch und Lichtenau sind die Punkte 1 und 2. Diese Strecke können Sie sich nun durch die Räuberwegmarkierungen führen lassen.
Der letzte Teil der Strecke führt wie beim Hinweg über freies Gelände. Sie steigen nach Rothenbuch hinab und können diesen Teil des Weges wieder im Licht der Sonne genießen.

Johann Adam Hasenstab

Johann Adam Hasenstab wurde am 21.9.1716 in Rothenbuch geboren und am 3.6.1773 im Kropfbachtal erschossen. Er war zunächst Jagdgehilfe, musste aber seinen Dienst wegen Wilderei aufgeben. Von da ab wechselte er häufig das Gebiet, war zwischen Spessart und Taubertal unterwegs. Ab 1749 wurde er als vogelfrei erklärt, und ein Kopfgeld war auf ihn ausgesetzt. Zwar fing man ihn, verurteilte ihn zu Zwangsarbeit und Zuchthaus, doch kam er wieder frei und wilderte weiter, teilweise durch die Bevölkerung unterstützt. Ein kurmainzischer Revierjäger erschoss in schließlich.

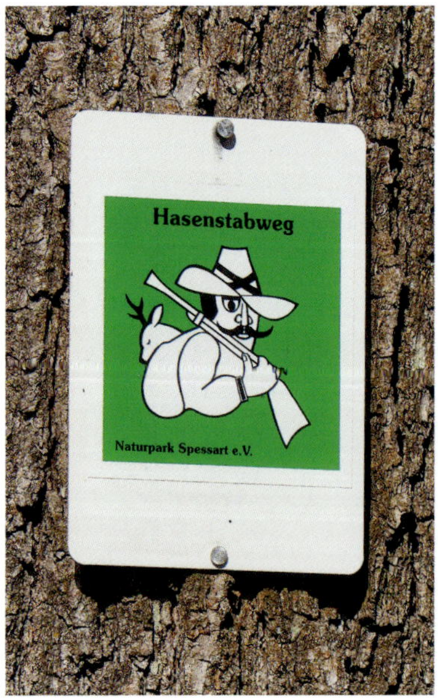

Wichtiges zur Tour

Tourencharakter
Mittelschwer (leicht bei Abkürzung), Trittsicherheit erforderlich

Ausgangspunkt
Rothenbucher Schloss

Anfahrt
Bus: Mit der Line 43 von Aschaffenburg oder der Line 8046 von Lohr am Main
Auto: Über die A3, Abfahrt Weibersbrunn oder die B26 von Aschaffenburg oder Würzburg

Einkehr
Genusswerkstatt, Wächterstraße 2, 63860 Rothenbuch
Gaststätte Zum Löwen, Schloßstraße 5 63860 Rothenbuch, Tel. 06094/984994, www.gasthof-zumloewen.de
Gasthof Hoher Knuck, 97840 Rothenbuch (Lichtenau), Tel. 09352/1320
Gasthaus im Hochspessart, Lichtenau 3, 97840 Rothenbuch, Tel. 09352/1228

Karte
ATK25-D02 Laufach, 1:25000, ISBN 978-3-89933-330-5

Informationen
Gemeinde Rothenbuch, Schloßplatz 1, 63860 Rothenbuch, Tel. 06094/9400, www.rothenbuch.de

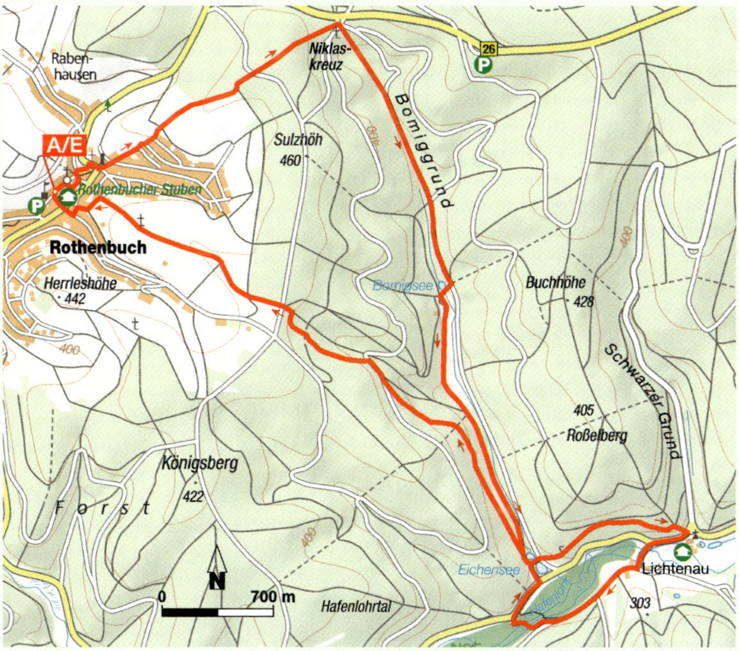

12 Kloster Einsiedel im Spessart

Runde von Ruppertshütten

- mittel
- 2.30 Std.
- 200/210 Hm
- 8,1 km

Der Rundweg durch den Spessart zum ehemaligen Kloster Einsiedel ist auch ein Rundweg durch die Geschichte und die Lebensbedingungen im Spessart.

Ausgangspunkt Ruppertshütten Um nach Ruppertshütten zu kommen, müssen Sie Lohr in nördlicher Richtung verlassen und dann links abbiegen und tief in den Spessartwald hinein. Man sollte meinen, dass hier der Fuchs dem Hasen gute Nacht sagt und sonst nichts zu melden ist. Ruppertshütten entstand aus einer Glasmachersiedlung im 16. Jahrhundert. Bis ins 18. Jahrhundert bestand die Glashütte, dann wurde sie aufgegeben. Armut prägte das Leben in diesem Dorf bis weit ins 19. Jahrhundert hinein.

Römer im Spessart

Die Bewohner des Ortes Ruppertshütten wurden von den Nachbargemeinden »Römer« genannt, weil Sie während der Gegenreformation zum katholischen Glauben zurückkehrten.

Von der den Ort durchquerenden Sindersbachstraße biegen Sie in die Forsthausstraße ab. Direkt vor Margit's Pizza. Wo der Weg sich gabelt, folgen Sie dem linken. An der übernächsten Wegkreuzung nehmen Sie den rechten Weg. Aber keine Sorge – der Weg zum Kloster Einsiedel ist ausgeschildert. Sie können sich fast nicht verlaufen. Es ist ein langer, einsamer Weg durch den Wald. Es mag sein, dass Ihnen andere Wanderer begegnen, aber so viele, dass dieser Weg überlaufen wäre, kommen in dieses Fleckchen abseits von allen wichtigen Wegen nicht hin, sicher auch nicht durch dieses Buch.

Kloster Einsiedel Dieses Prämonstratenser-Kloster zwischen Ruppertshütten und Rieneck wurde auch Kloster

Elisabethenzell genannt. Erwähnung gab es schon im 11. Jahrhundert, aber erst im 13. Jahrhundert erbauten die Grafen von Rieneck dort eine Kirche. Die Führung dieses Klosters war jedoch nur mit Schwierigkeiten möglich. Anfang des 15. Jahrhunderts wurde es zwei Dominikanern auf Lebenszeit geschenkt, doch ist nicht bekannt, was aus ihnen wurde.
Seit der Reformation verfiel das Kloster. Die Grundmauern sind noch zu sehen. Ausgrabungen im Jahr 2012 brachten eine Zisterne und Reste einer Altstraße zum Vorschein. So mitten im Wald und entfernt von allem scheint das Kloster damals nicht gelegen zu haben, sondern war eher ein Stützpunkt an der sogenannten »Birkenhainer Straße«. Mit vielen großen Tafeln ist die Geschichte des Klosters und das Leben darin dokumentiert. Der Platz lädt zum Verweilen und Lesen ein. Tisch und Bänke motivieren zu Rast und Brotzeit.

Die Prämonstratenser

Der Orden wurde im 12. Jahrhundert von Norbert von Xanten (1180–1134) gegründet. Ursprünglich lebten in den Klöstern Nonnen und Mönche, weshalb man von Doppelklöstern sprach. Später gab es einen eigenen Zweig der Prämonstratenserinnen.

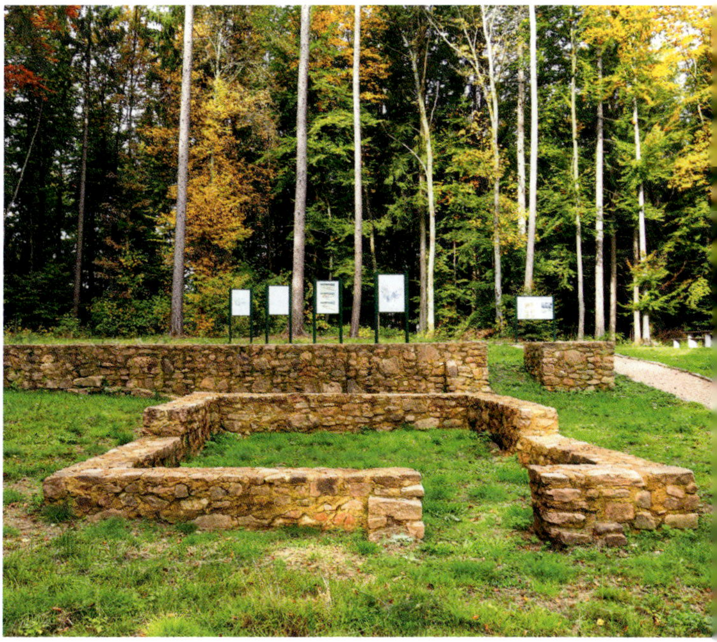

Vom ehemaligen Kloster sind heute nur noch die Grundmauern zu sehen.

Zurück nach Ruppertshütten Direkt hinter dem Kloster geht es zurück nach Ruppertshütten. Passen Sie auf, dass Sie die Abzweigung nach links nicht verpassen, sonst kommen Sie ganz weit ab. Diesem Weg folgen Sie, bis er auf einen Weg, der von scharf links kommt, stößt. Auf diesem finden Sie zurück in den Ort. Sie können auch vorher schon über einen Schleichweg, der von links abgeht, auf diesen

Hexenverfolgung

Im Jahr 1617 gestanden 17 Frauen bei einer hochnotpeinlichen Befragung, also unter der Folter, am Ort des ehemaligen Klosters Elisabethenzell einen Hexentanz aufgeführt zu haben. Das Kloster war also noch im Bewusstsein der Bevölkerung, was den Frauen jedoch in diesem Fall nur zum Schaden gereichte.

Weg stoßen, er ist aber nicht gut zu erkennen, deshalb empfehle ich ihn nicht. Falls Sie ein Navigationsgerät bei sich haben, können Sie ihn aber getrost nehmen. Bei einer Wegkreuzung gehen Sie rechts, bis sie aus dem Wald kommen. Links hinunter geht es in den Ort. Beachten Sie die Tafeln, die dort am Wegrand aufgestellt sind. Sie erzählen vom Leben in dieser Region in vergangenen Zeiten.

Falls Sie die Wanderung am frühen Nachmittag begonnen haben und nun im beginnenden Abend herabsteigen, vielleicht noch bei einer leichten Rötung des Himmels, was gut im Frühjahr oder Herbst möglich ist, dann kommen Sie in einer ganz besonderen Stimmung zurück. Die lange Wanderung durch den Wald, der geschichtsträchtige Ort des ehemaligen Klosters und nun das abendliche Farbenspiel sorgen für einen fast schon meditativen Zustand. Fast zu schade, um nun in die Zivilisation zurückzukehren.

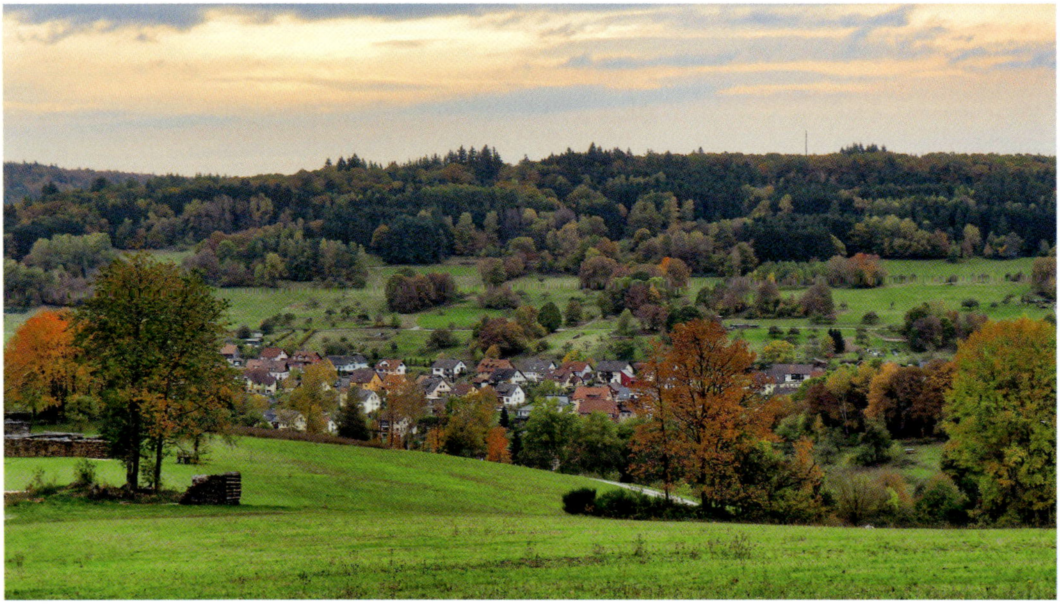

Die Wanderung an einem Herbstabend zu beenden, lässt eine ganz besondere Stimmung erleben.

Wichtiges zur Tour

Tourencharakter
Mittelschwer, Trittsicherheit erforderlich

Ausgangspunkt
Ruppertshütten

Anfahrt
Bus: Mit der Linie 8049 von Lohr am Main
Auto: Von Lohr über die B 26, dann Am Sünderbach bis Ruppertshütten

Einkehr
Margit's Pizza, Forsthausstraße 10, 97816 Lohr am Main (Ruppertshütten), Tel. 09355/352

Römer Weinstube, römische Küche, Ruhgrund 8, 97816 Lohr am Main (Ruppertshütten)

Karte
ATK25-D03 Lohr am Main, 1:25000, ISBN 978-3-89933-331-2

Informationen
Touristinformation, Schlossplatz 5, 97816 Lohr am Main, Tel. 09352/848465, www.lohr.de/leben-und-arbeiten/leben-in-lohr/meine-stadt/stadtteile/ruppertshuetten

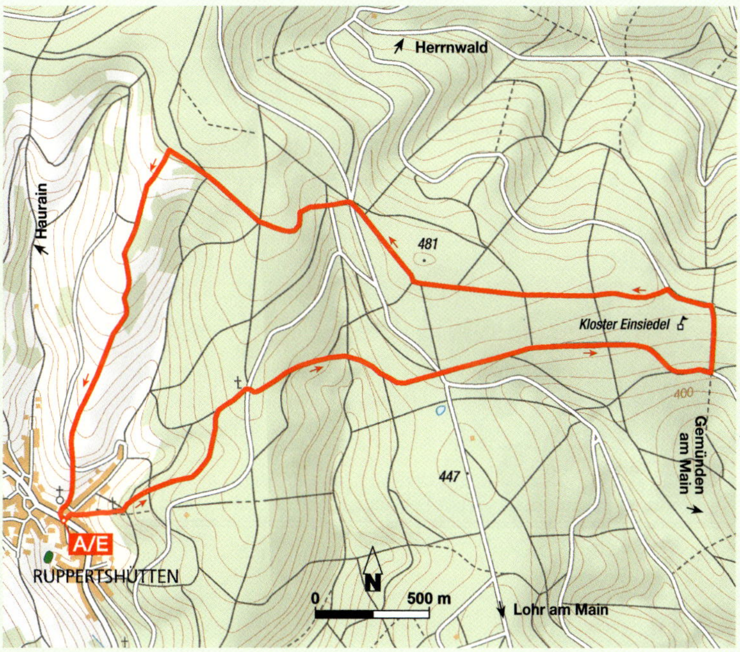

13 Das Schloss im Spessart

Kleine Rundwanderung bei Mespelbrunn

leicht

1 Std.

80/70 Hm

3 km

Diese Wandertour ist kurz geplant, keine vier Kilometer lang, damit Sie ausreichend Gelegenheit haben, das Schloss zu besichtigen.

Im Räuberschloss des Spessarts Wurde mal wieder »Das Wirtshaus im Spessart« im Fernsehen gezeigt und ist man danach irgendwo im Spessart unterwegs, trifft man garantiert jemanden, der fragt: »Geht's hier nach Mespelbrunn?« Besser gehen Sie diese Tour, wenn eine Ausstrahlung länger zurückliegt, denn auch so ist dieses Schloss schon gut besucht. Aber es lohnt sich, denn das Wasserschloss ist wirklich sehenswert und eine Führung sollten Sie auch nicht auslassen. Dafür allein ist eine Stunde einzuplanen, die in der Wanderzeit noch nicht gerechnet ist.

Echter von Mespelbrunn

Tatsächlich stammt das Schloss aus dem 16. Jahrhundert. Bereits hundert Jahre zuvor hatte der kurfürstliche Forstmeister Hamann Echter dort ein Haus gebaut, das seine Nachkommen zu einem befestigten Haus mit Mauern und Wassergraben ausbauten, weil der Spessart zu jener Zeit schon eine wilde Gegend war. Peter Echter von Mespelbrunn baute dieses Haus schließlich zwischen 1551 und 1569 zu der heutigen Form aus. Mit seiner Frau Gertraud von Adelsheim ließ er sich über dem Turmportal des Nordflügels verewigen.

Der berühmteste dieser Familie ist Julius Echter von Mespelbrunn (1545–1617), von 1573 bis zu seinem Tod Fürstbischof von Würzburg. Er war ein überzeugter Vertreter der Gegenreformation und eröffnete im Jahr 1582 die Universität Würzburg neu. Sie wurde zwar schon 1402 gegründet, 1430 aber bereits wieder geschlossen. Er initiierte viele Bauprojekte in Franken, die gotische Formelemente aufgriffen. Dieser Renaissancestil wird deshalb heute auch »Echtergotik« genannt. Man begegnet seinem Namen und Wirken in ganz Franken.

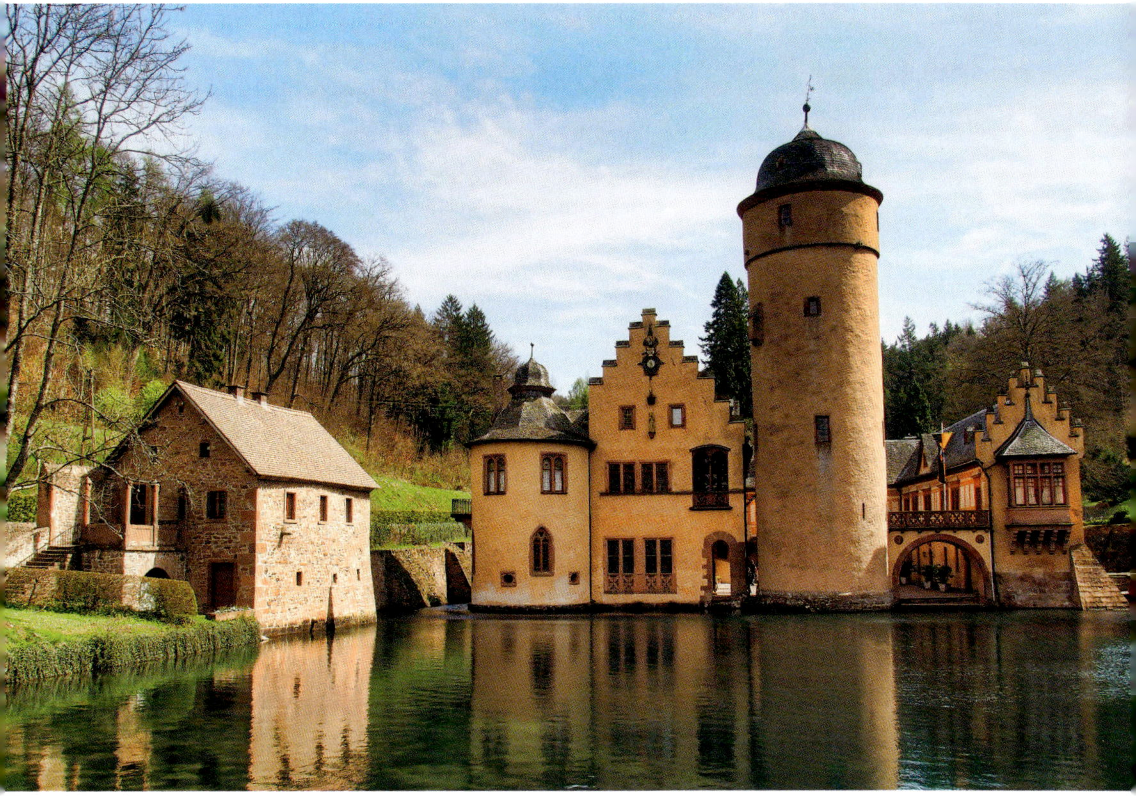

Schloss Mespelbrunn – ehemals Kulisse für einen berühmten deutschen Film

Los geht es am Parkplatz vor dem Schlosshotel. Der Weg ist gut ausgeschildert und schon nach kurzer Gehzeit können Sie das Wasserschloss sehen. Es ragt so prächtig aus dem Weiher hervor, dass man den Eindruck gewinnt, es wäre erst kürzlich gebaut worden.

Zur Gruft derer von Ingelheim Nach der Schlossbesichtigung ist es ratsam, nicht gleich zum Parkplatz zurückzugehen. Allzu kurz wäre die Strecke, die man zu Fuß zurückgelegt hätte, und der Bezeichnung Wanderung nicht würdig. Folgen Sie dem Krebsbach noch eine Weile, bis ein Weg in einer Biegung nach rechts abzweigt und am Ende noch einmal nach rechts. Sie gehen jetzt für eine Weile durch den Wald und können sich überlegen, wie hilfreich der Spessart in alten Zeiten als Versteck für Räuber und andere Ausgestoßene der Gesellschaft war. Der Spessart als Räuberwald war jedoch nicht alleiniger Rückzugsort für Gesetzlose, immerhin durch

Verlängern der Tour

Haben Sie nach der Schlossbesichtigung Lust auf eine längere Wanderung, so folgen Sie dem Weg weiter und biegen erst ab, wenn ein Weg scharf nach rechts abknickt. Die Tour ist dann insgesamt etwa sechs Kilometer lang und Sie sind, Schlossbesichtigung nicht eingerechnet, eine Dreiviertelstunde unterwegs.

das Märchen von Wilhelm Hauff am populärsten seit dem 19. Jahrhundert. In einer Linkskehre des Weges folgen Sie einem Pfad nach rechts.

Vielleicht haben Sie es schon bei der Ankunft gesehen, rechter Hand über dem Tal thronend: ein kleines Kirchlein mit zwei Türmen. Tatsächlich ist es jedoch eine Gruft, nämlich die der Grafen von Ingelheim. Zu dieser kommen Sie nun und können das Gebäude von außen besichtigen, geöffnet ist es jedoch nicht. Albrecht Graf von Ingelheim, genannt Echter von und zu Mespelbrunn (1944–2006), war Bürgermeister von Mespelbrunn, saß im Kreistag des Landkreises Aschaffenburg und war auch sonst vielfältig in der Region aktiv. Seine Tochter, Marie Antoinette Gräfin von Ingelheim, genannt Echterin von und zu Mespelbrunn, hat das Familienerbe nach seinem Tod übernommen. Nähere Familiendetails erfahren Sie bei der Schlossführung.

Ein leichter Rundweg führt vom Schloss aus durch den Wald.

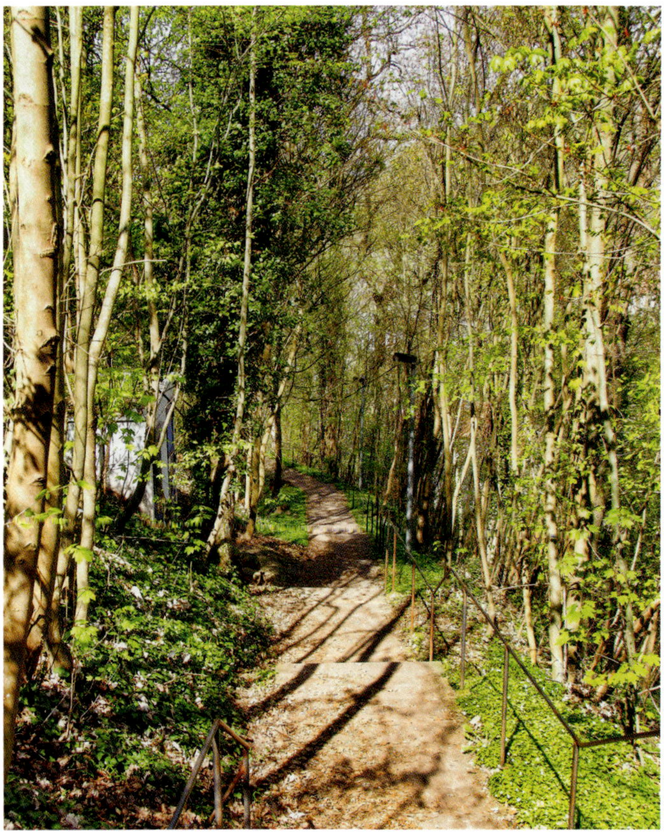

Zurück zum Parkplatz kommen Sie, indem Sie dem Weg rechts zum Schloss folgen und vor diesem nach links abbiegen. Alternativ können Sie auch links von der Gruft dem Weg zur Straße und dieser in den Ort hinein folgen, für den Fall, dass Sie dort noch einkehren möchten.

Wichtiges zur Tour

Tourencharakter
Leicht, keine besonderen Anforderungen

Ausgangspunkt
Parkplatz vor dem Schlosshotel

Anfahrt
Auto: Auf der A3 bis Abfahrt Rohrbrunn, dann die St2312 über Echtespfahl nach Mespelbrunn

Einkehr
Restaurant im Schlosshotel Mespelbrunn, Schloßallee 25, 63875 Mespelbrunn, Tel. 06092/6080, www.schlosshotel-mespelbrunn.de/gastronomie
Ristorante Mia, Hauptstraße 263, 63875 Mespelbrunn, Tel. 06092/8246678

Karte
UK50-6 Naturpark Spessart nördlicher Teil, 1:50000, ISBN 978-3-89933-706-8

Informationen
Gemeinde Mespelbrunn – c/o Touristikverband e.V. RÄUBERLAND – Das Herz im Spessart, Hauptstraße 16, 63872 Heimbuchenthal, Tel. 06092/1515, www.frankentourismus.de/orte/mespelbrunn-317

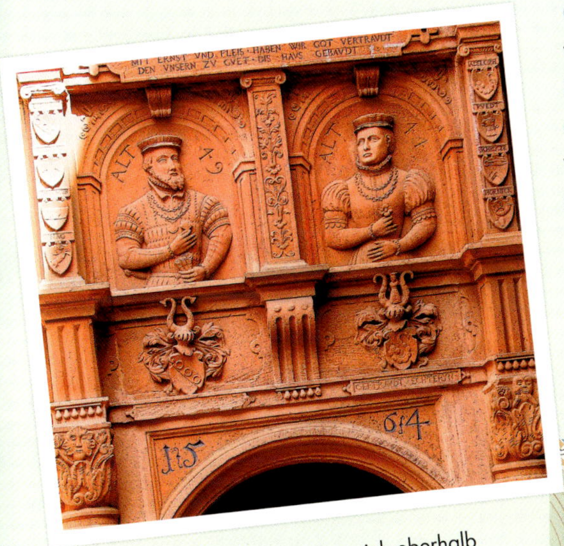

Die Erbauer des Schlosses haben sich oberhalb der Tür verewigen lassen.

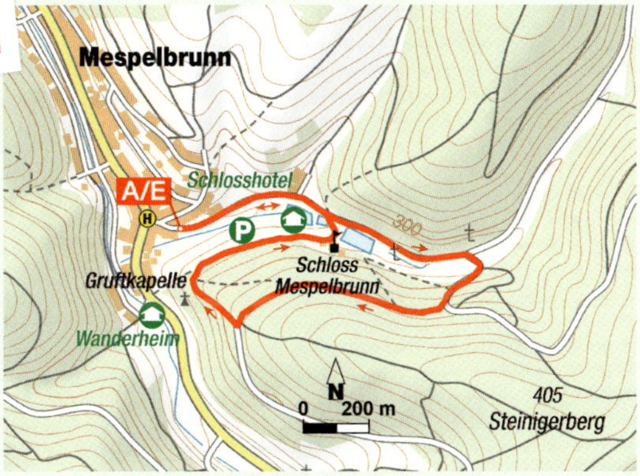

Von der Karlsburg aus sieht die Karlstadt so prächtig aus wie von unten die alte Burgruine.

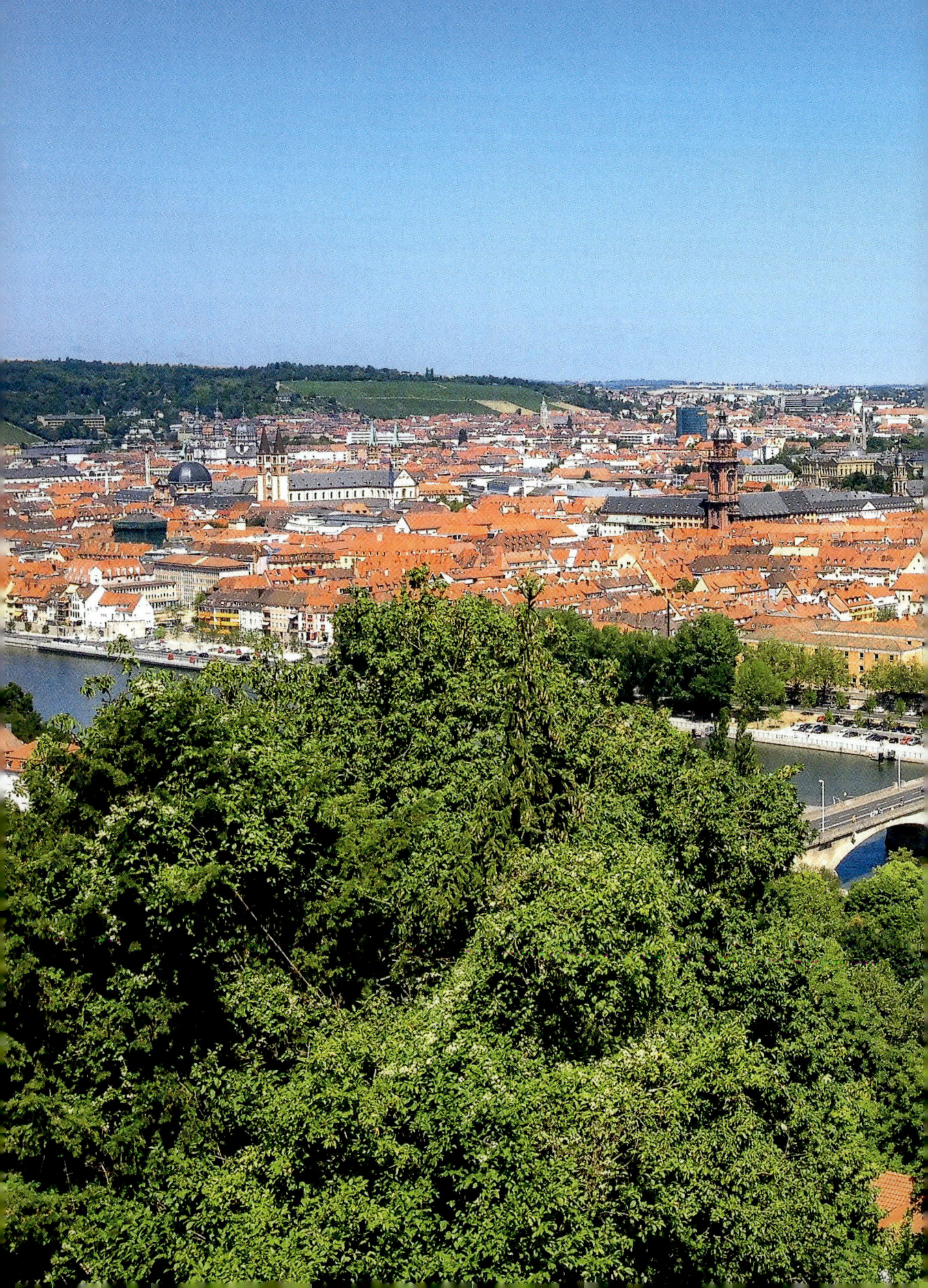

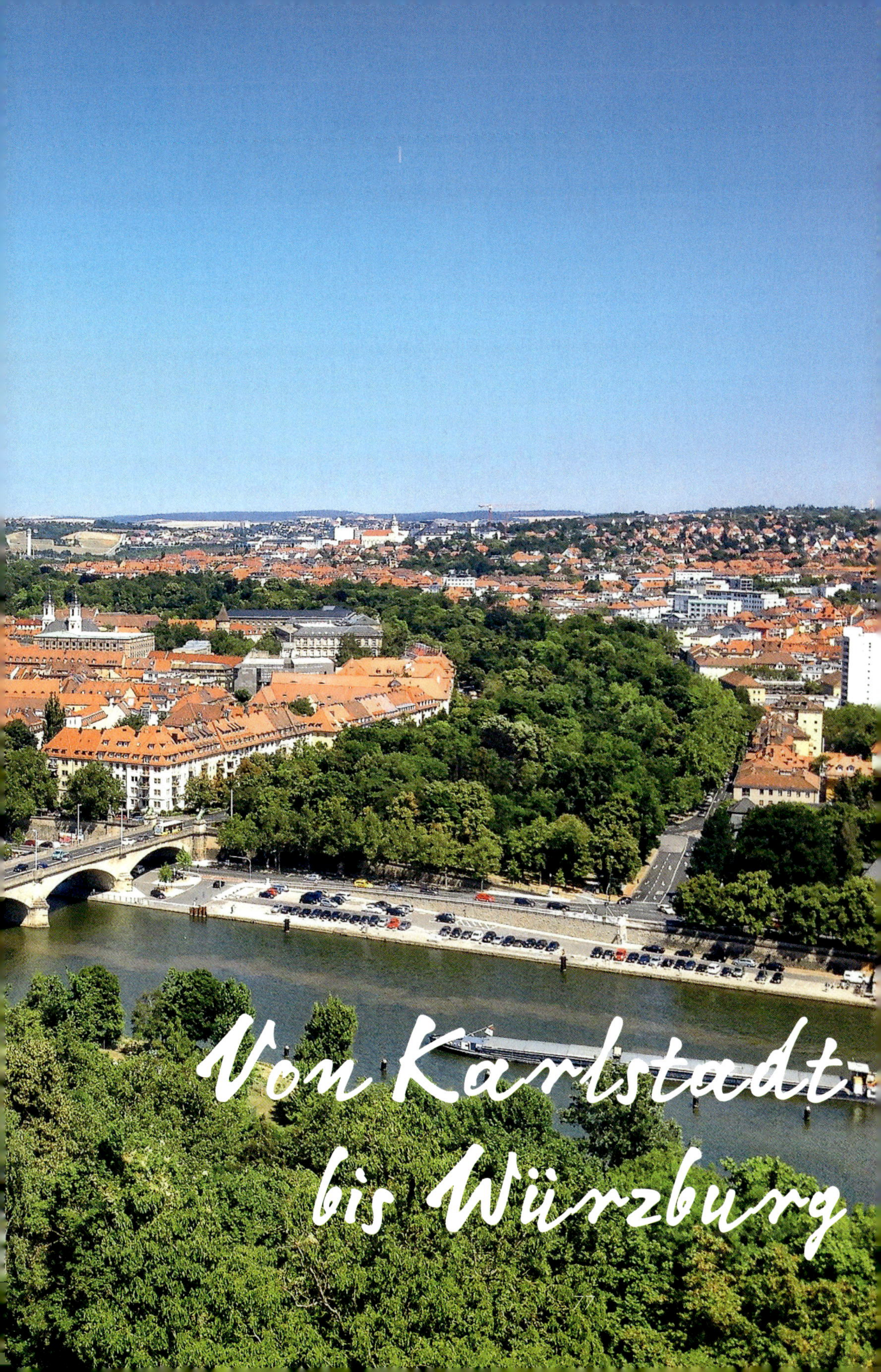
Von Karlstadt
bis Würzburg

14 Von der Karlsburg in den Spessart

Am Main bei Karlstadt

- mittel
- 2.15 Std.
- 160 Hm
- 7,1 km

Dies ist eine vielfältige Wandertour. Sie beginnt in der Stadt, führt über den Main hinauf zur alten Burgruine und anschließend tief in den Spessart hinein. Nach und nach verschwindet aller Lärm und Stille umgibt Sie. Wenn Sie dann zurück sind und das fröhliche Treiben am Main erleben, haben Sie das Gefühl, von einer weiten, stillen Reise zurückgekommen zu sein.

Von der Karlstadt zur Karlsburg Vom Bahnhof aus wenden Sie sich links. Über die Neue oder etwas weiter die Alte Bahnhofstraße können Sie zu einer parkähnlichen Anlage wechseln, in der es sich leichter gehen lässt, als an der belebten Ringstraße. Sie kommen so zur Brückenstraße, auf der Sie den Main überqueren. Hoch oben sehen Sie schon die Ruine Karlsburg über dem Main thronen.

Für den Aufstieg können Sie den Burgweg benutzen. Dafür müssen Sie ein gutes Stück nach links gehen. Sie können aber direkt gegenüber der Brücke zwischen den Häusern durchgehen. Nutzen Sie den Burgweg für den Rückweg. Am Ende dieses Hohlweges zweigen Sie rechts in die Anlage zur Ruine ab. Sie ist sehr weitläufig, baumbestanden und fast schon ein kleiner Park. Man kann sich lange darin aufhalten. Von der Ruine selbst hat man einen wunderbaren Ausblick ins Maintal. So wenig davon noch erhalten ist, so zeigt sie doch, wie mächtig die Anlage einmal war.

Karlsburg

Die Burgruine liegt auf einem breiten Felssporn gegenüber der Stadt Karlstadt und oberhalb des Stadtteiles Karlburg. Die erste Bauphase kann auf die Mitte des 8. Jahrhunderts datiert werden, die letzte, vierte Phase begann Anfang des 13. Jahrhunderts. Der Bauernkrieg setzte ihr 1525 wie vielen anderen Burgen auch ein Ende.

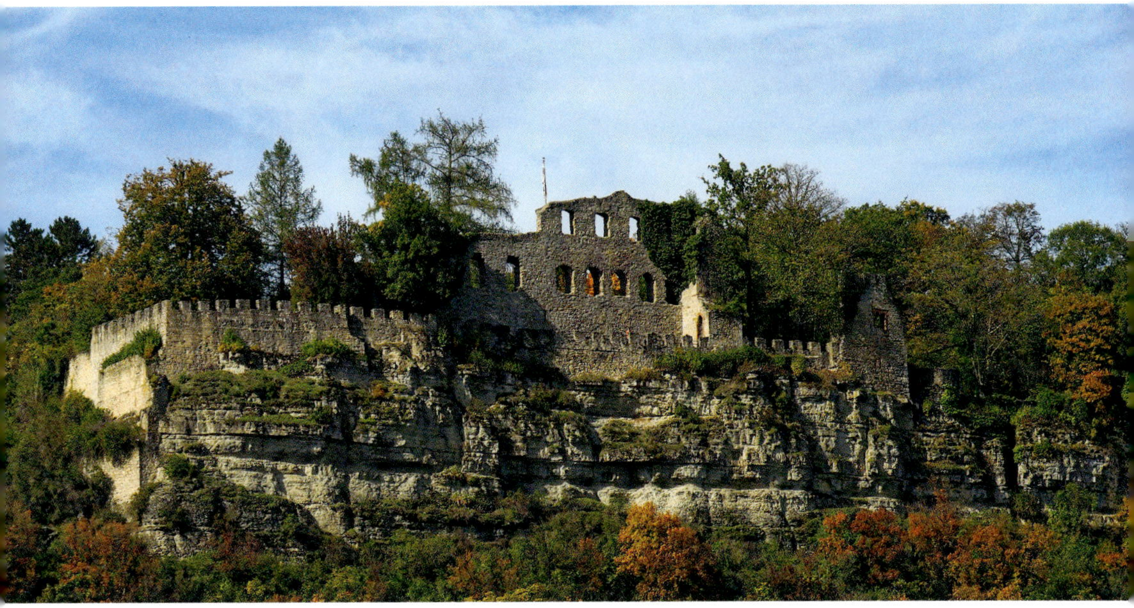

Nur noch Reste der alten Burg zeigt die Ruine heute dem Besucher.

Einmal Spessart und zurück Mit der Karlsburg im Rücken gehen Sie direkt auf das Waldgebiet des Schlossberges zu. Sobald Sie die freie Fläche überwunden haben und in den Wald eingetreten sind, verzweigt sich der Weg. Gehen Sie rechts, können Sie den ganzen Schlossberg umrunden. Die Tour wird, je nachdem wie Sie gehen, um 1,5 bis 2 Kilometer länger. Ich empfehle, geradeaus weiterzugehen, weniger der Abkürzung wegen, sondern weil Sie auf diesem Weg direkt durch den Wald den Spessart pur erleben. Da Sie jedoch über den Schlossberg müssen, ist diese Route auch ein bisschen anspruchsvoller. Der zuvor beschriebene Umweg ist diesmal die leichtere Variante.

Gehen Sie die Tour im Herbst, können Sie den Pilzen fast beim Wachsen zusehen. Immer neue »eukaryotische Lebewesen« tauchen links und rechts im Wald auf und verführen dazu, den Weg zu verlassen. Aber Vorsicht, lassen Sie sich nicht zu weit vom Weg weglocken. Haben Sie beispielsweise die Spessart-Sagen von Valentin Pfeifer gelesen, dann wissen Sie, dass es dort verwunschene Wälder, verzauberte Ecken und vielleicht auch noch einen vergessenen Räuber geben könnte. Am Ende des Weges über den Schlossberg halten Sie sich links, auch wenn sich der Weg

Märchen und Sagen

Valentin Pfeifer (1886–1964) war ein Volkskundler und Heimatschriftsteller, der vor allem Märchen und Sagen aus dem Spessart sammelte. Seine 1948 erstmals veröffentlichten Spessart-Sagen (ISBN 978-3-920410-02-9) werden immer wieder neu aufgelegt.

gabelt. Kommt allerdings dann eine Abzweigung nach rechts, folgen Sie dieser. Damit verlassen Sie den Wald und gehen oberhalb der Weinlagen entlang. Der Abstieg am Ende zum Burgweg ist allerdings sehr schmal und abschüssig, erfordert deshalb gute Trittsicherheit. Trauen Sie sich das nicht zu, zweigen Sie links ab, um auf einem Umweg zum Burgweg zurückzukommen.

Karlstadt am Mainufer Überqueren Sie den Main wieder über die Brücke, gehen Sie aber am Ende der Brücke links die Treppe zum Main hinunter und folgen Sie dem Weg neben der alten Stadtmauer bis zur Maingasse. Über diese stoßen Sie direkt auf den Marktplatz. Hier können Sie sich vor einem der Cafés eine Tasse Kaffee gönnen oder sich innerhalb der Stadt zur Stärkung ein Restaurant suchen. Links vom Marktplatz ein Stück die Hauptstraße entlang stoßen Sie bald auf die Neue Bahnhofsstraße, die Sie zurück zum Karlstädter Bahnhof bringt.

Durch den Wald, am Waldrand entlang und am Schluss durch die Weinberge führt diese Wanderung.

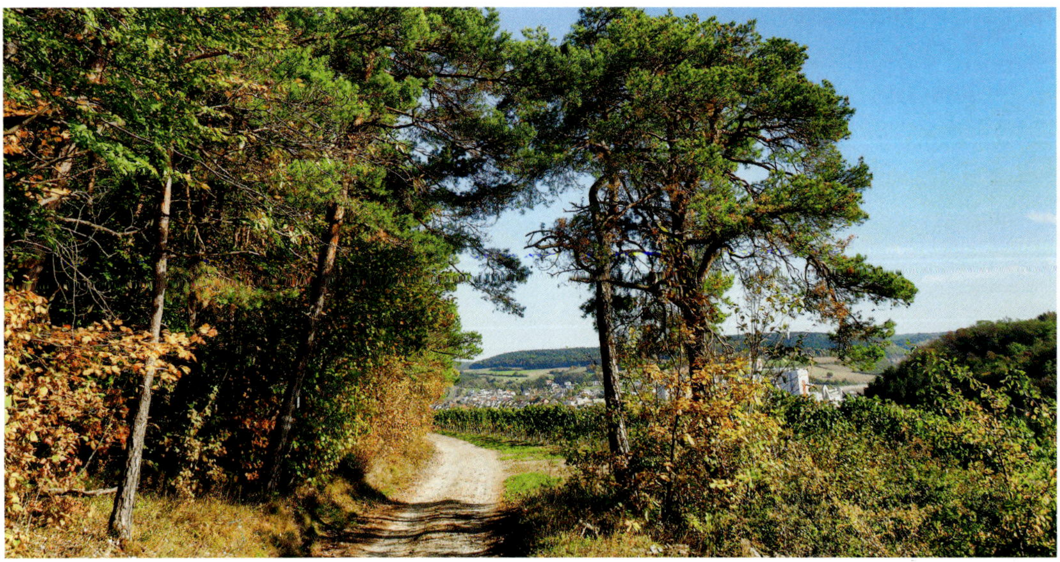

Wichtiges zur Tour

Tourencharakter
Mittelschwer, Trittsicherheit erforderlich

Ausgangspunkt
Bahnhof Karlstadt

Anfahrt
Bahn: Von Würzburg oder Gemünden
Auto: Über die B 27 von Hammelburg oder Würzburg, über die B 26 von Schweinfurt oder Gemünden, A 7 Abfahrt Werneck, dann B 26a Richtung Arnstein

Einkehr
Wirtshaus Zur Rose, Marktplatz 6, 97753 Karlstadt, Tel. 093 53/985 45 44, www.zur-rose-karlstadt.de
Petras Batzenärrle, Hauptstraße 6, 97753 Karlstadt, Tel. 093 53/30 98, www.petrasbatzenaerrle.de

Karte
ATK25-D04 Karlstadt, 1:25 000, ISBN 978-3-89933-332-9

Informationen
Stadt Karlstadt, Zum Helfenstein 2, 97753 Karlstadt, Tel. 093 53/79 02-0, www.karlstadt.de

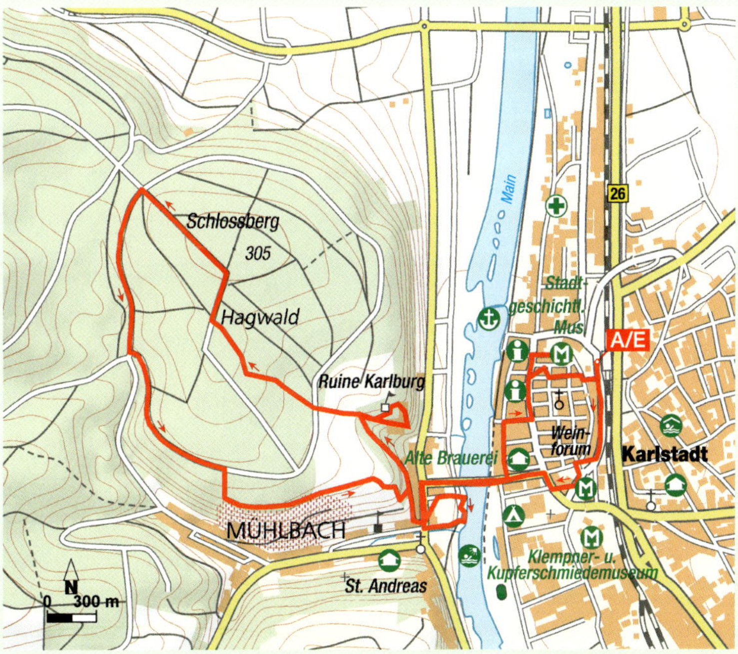

15 Panoramaweg durch die Weinberge

Wanderung bei Thüngersheim

- mittel
- 1.30 Std.
- 150/130 Hm
- 4,8 km

Diese Wanderung durch die Weinberge führt zu einem phänomenalen Panoramablick und zu der Erkenntnis, dass etwas, was so schön ist, durchaus auch getrunken werden darf.

Vom Main zum Wein Main und Wein sind nicht zu trennen, und so sind Wanderungen durch die Weinberge eine Option, die man keinesfalls ausschlagen sollte, wenn man am Main unterwegs ist. Zweihundert Hektar Rebfläche machen Thüngersheim zu einer der größten Weinbaugemeinden in Franken. Da das Städtchen mit Auto oder Bahn gut zu erreichen ist, bietet es sich als Ausgangspunkt an.

Beginnen Sie die Wanderung an der Kirche. Direkt gegenüber gehen Sie in die Hintere Gasse hinein und durchqueren am Ende das alte Stadttor. Zunächst wandern Sie geradeaus weiter durch die Hönigsbergstraße, biegen schließlich in die Steigstraße ab, der Sie bis zum letzten Weingut folgen. Dort schlagen Sie den Weg ein, der zunächst unterhalb der Weinberge entlangführt.

Verlängern der Tour

Möchten Sie länger unterwegs sein, dann zweigen Sie kurz vorher in die Steigstraße ab, folgen dieser in die Hönigsbergstraße und umgehen so das ganze Weingebiet weiträumig. Nach einem langen Weg folgt ein scharfer Rechtsknick und darauf eine Gabelung, bei der Sie sich nach links wenden und bei nächster Gelegenheit erneut links. Sie stoßen auf einen Weg, dem Sie wiederum links folgen, und biegen bei nächster Gelegenheit nochmal links ab. So kommen Sie auf die beschriebene Route zurück, bevor sie sich zur Panoramasicht über die Weinberge wendet. Sie gehen über diese Verlängerung gut drei Kilometer mehr als bei der beschriebenen Route.

Aufstieg zum Panoramaweg Folgen Sie diesem Weg bis zum Ende, das es genau genommen nicht gibt, denn in einer großen Schleife führt der Weg hinauf, zunächst ein Stück über die Weinlage hinaus und dann oberhalb wieder zurück. Sie haben nun zur rechten Hand Trockenhänge, an denen Sie Schmetterlinge, Käfer und manche interessante Pflanze entdecken können. Linker Hand schauen Sie über die Weinreben weit ins Tal.

Abkürzen der Tour

Haben Sie nicht so viel Zeit oder Kondition, können Sie sich schon bei der ersten Gabelung nach links wenden. Sie kommen dann schneller in den Ort zurück, denn die Wanderung ist dann um gut zwei Kilometer kürzer als die hier geschilderte Hauptroute.

Der Weg gabelt sich am Ende, Sie nehmen die rechte Abzweigung und bei der kurz darauf folgenden Gabelung noch einmal die rechte. Nun kommt noch einmal ein Anstieg und dann der Höhepunkt

Überwiegend durch Weinlagen führt die Wanderung bei Thüngersheim am Main.

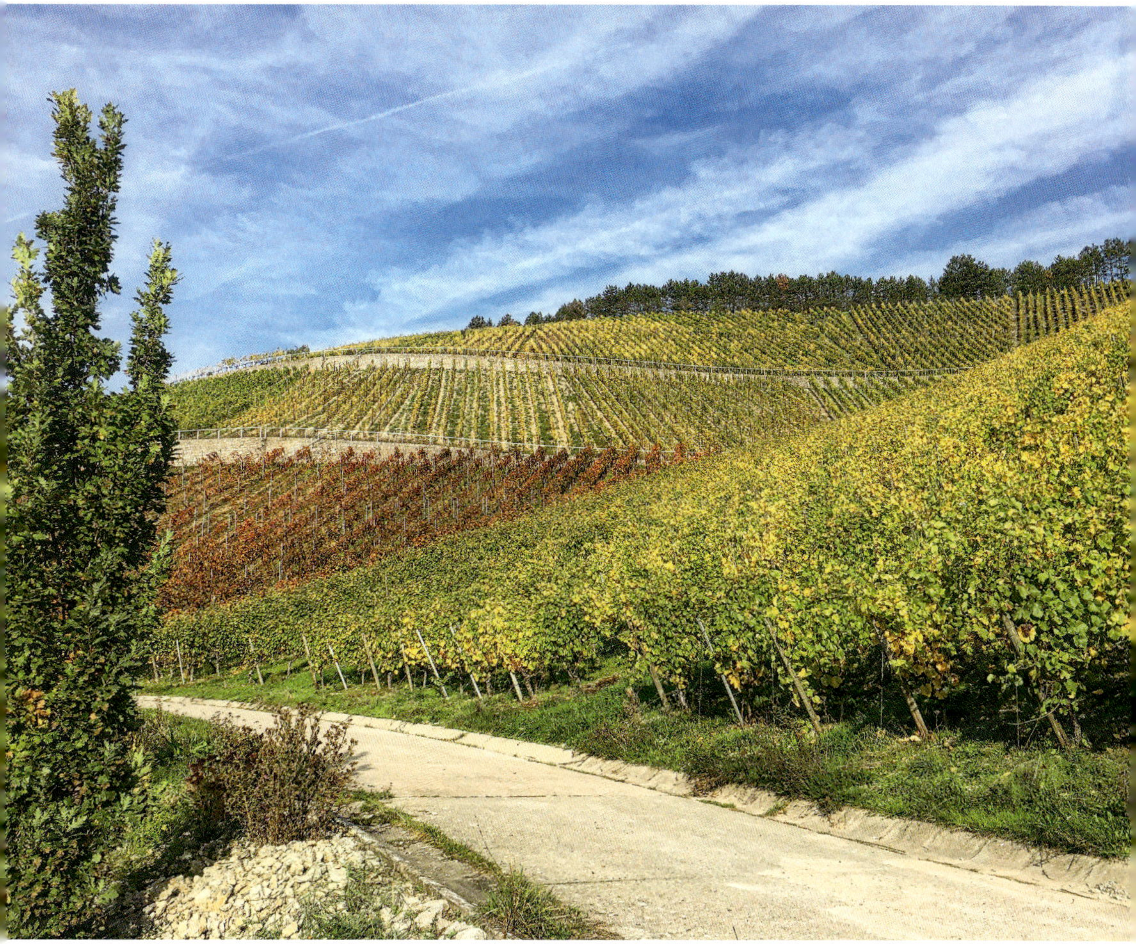

Schutzpatronin der Franken

Etwas rechts abseits vor der St.-Michaels-Statue steht eine Madonnenstatue auf einem Podest. Sie wurde am 16. März 1945 beim Bombenangriff auf Würzburg in einem Bombentrichter versenkt und erst 65 Jahre später wieder ausgegraben. Zur Mahnung hat man die Patronin der Franken hier aufgestellt.

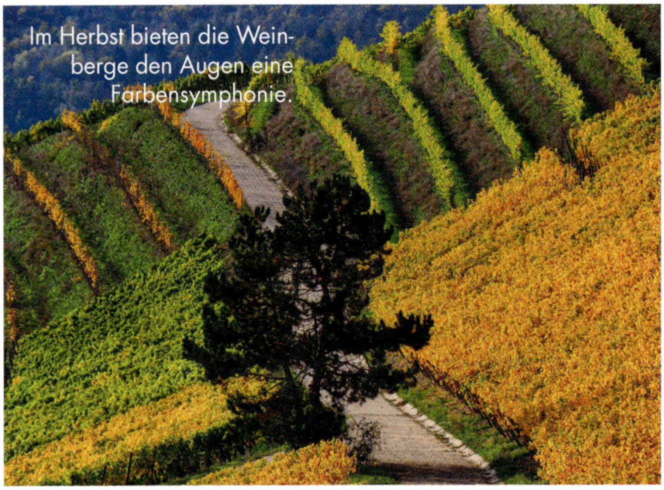
Im Herbst bieten die Weinberge den Augen eine Farbensymphonie.

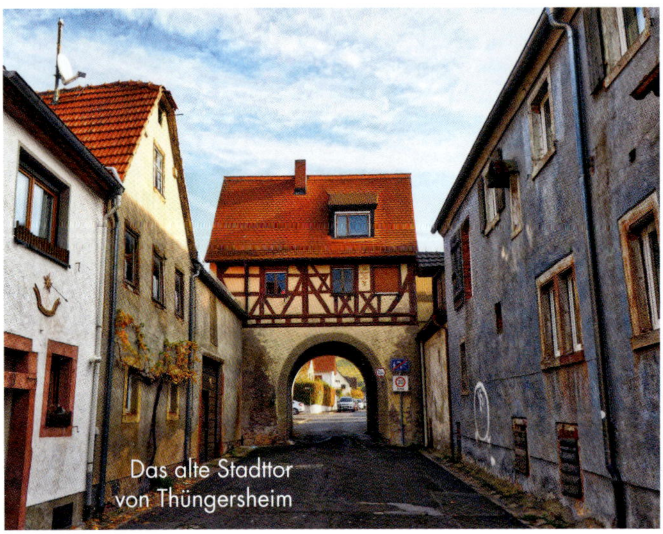
Das alte Stadttor von Thüngersheim

der Tour. Die Panoramaaussicht über die Weinlagen und das darunterliegende Gebiet ist eindrucksvoll. Deshalb gibt es auch ein paar Bänke als Ruhepunkte, damit Sie diesen Blick nicht nur für einen Augenblick im Vorübergehen genießen können, sondern etwas länger. Besonders wenn der Herbst seine Farben spielen lässt, ist diese Wanderung mit drei Sternen zu bewerten.

Sie folgen dem Weg bis zu der St.-Michaels-Statue, die dort oben ein wenig verloren steht, aber ein guter Wegweiser ist, weil es hier scharf herumgeht und damit auch der Rückweg angetreten wird.

Noch aber geht es durch die Weinlagen zurück. Vielleicht merken Sie sich einige der Namen, die auf Schildern die Rebsorten und Winzer nennen. Sie können im Ort bei vielen Winzern direkt den Wein kaufen, durch dessen Lagen Sie gerade wandern. Das letzte Stück des Weges kennen Sie schon vom Hinweg. Sie kehren durch das gleiche alte Stadttor in die Thüngersheimer Innenstadt zurück, durch das Sie zwei Stunden zuvor hinausgegangen sind.

Wichtiges zur Tour

Tourencharakter
Mittelschwer, Trittsicherheit von Vorteil

Ausgangspunkt
Kirche in Thüngersheim

Anfahrt
Bahn: Von Würzburg oder Gemünden
Auto: Über die B 27 von Würzburg oder Karlstadt

Einkehr
Easy27, amerikanisches Restaurant, Unterer Graben 10, 97291 Thüngersheim, Tel. 093 64/817 43 00, https://easy-27.jimdofree.com

Landgasthof zum Bären, Kirchgasse 1, 97291 Thüngersheim, Tel. 093 64/72 67, https://zum-baeren.franken-regio.de

Karte
ATK25-D04 Karlstadt, 1:25 000, ISBN 978-3-89933-332-9

Informationen
Gemeinde Thüngersheim, Untere Hauptstraße 14, 97291 Thüngersheim, Tel. 093 64/81 35-0, www.thuengersheim.de

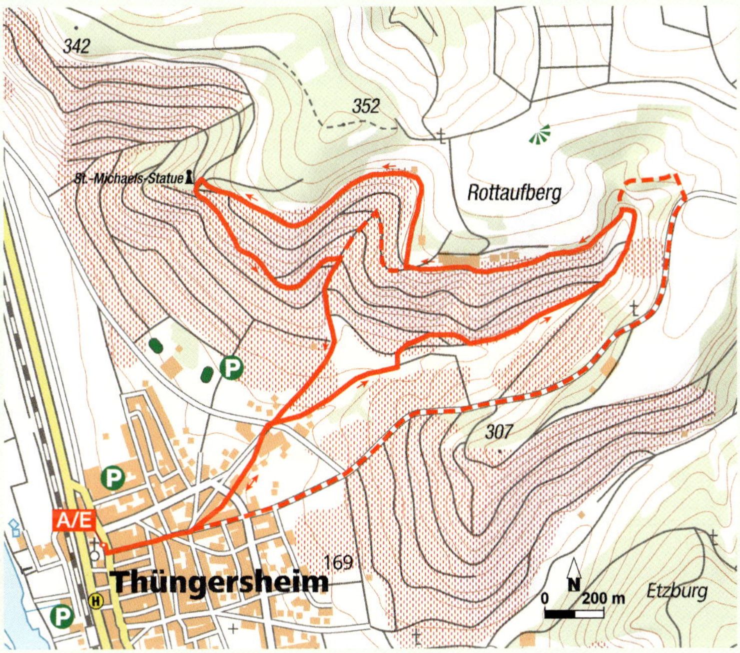

16 Hin durch die Weinberge, zurück auf dem Main

Von Würzburg nach Veitshöchheim

- mittel
- 2.30 Std.
- 210/220 Hm
- 8,5 km

Über die Würzburger Weinlagen am Schenkenturm vorbei nach Veitshöchheim und von dort zurück mit dem Schiff auf dem Main – das ist eine Wandertour, bei der man nach dem anstrengenden Hinweg die Rückkehr genießen kann.

Anstieg in Würzburg Wenn Sie mit dem Auto nach Würzburg kommen, parken Sie am besten am Main gegenüber dem Congresshotel. Gehen Sie die Pleichtorstraße entlang und überqueren Sie mit ihr die Kreuzung. Dann rechts in die Bismarckstraße hinein bis zur Rotkreuzstraße. Sind Sie mit der Bahn gekommen, gehen Sie vom Bahnhof aus nach

Zunächst geht es hoch zur Weinlage Würzburger Stein.

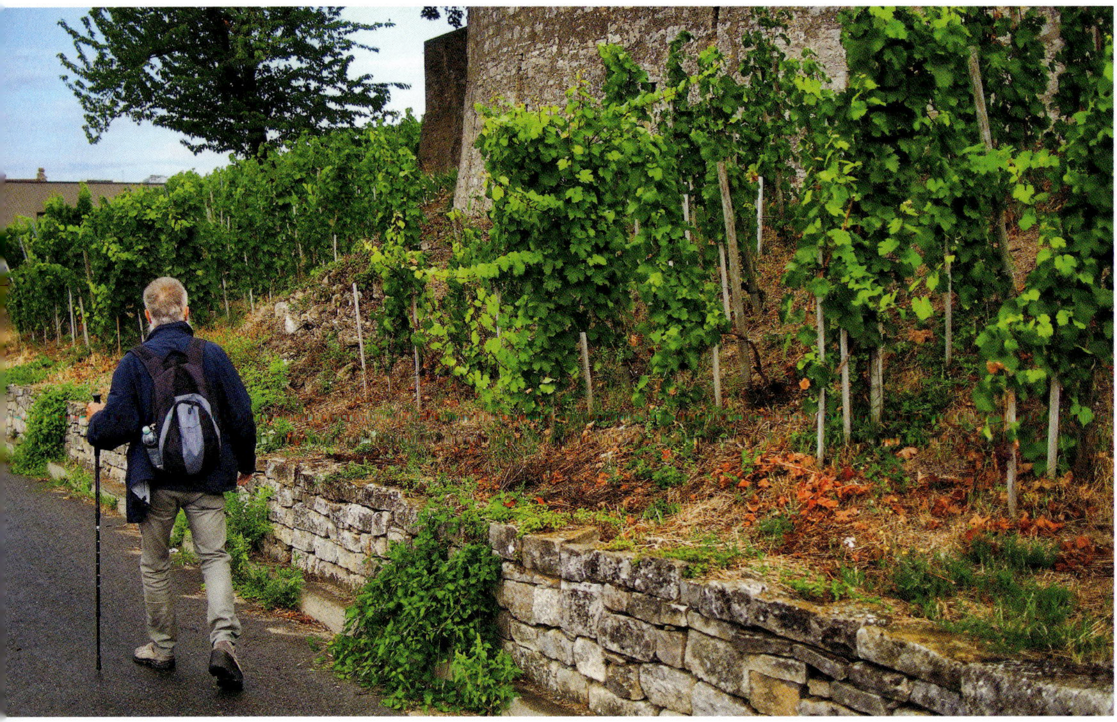

rechts. So kommen Sie ebenfalls in die Bismarckstraße. Biegen Sie jedoch in die Schönleinstraße ab, müssen Sie links in die Harfenstraße, die ebenfalls die Rotkreuzstraße kreuzt. Mittels der Rotkreuzstraße unterqueren Sie die Bahn. Dahinter müssen Sie auch noch die Ständerbühlstraße unterqueren, bevor Sie auf die Rotkreuzsteige stoßen. Hier beginnt der Aufstieg in die Weinlage Würzburger Stein.

Würzburger Stein

Die Weinlage liegt nicht nur auf dem typischen Muschelkalkboden dieser Region, sondern erstreckt sich im Südhang muschelförmig um das nördliche Würzburg herum. Dies ist die größte zusammenhängende Einzellage Deutschlands. Ende des 17. Jahrhunderts wurde hier erstmals die Silvanerrebe angepflanzt. Seit 1726 wird dieser Steinwein in den Fränkischen Bocksbeuteln abgefüllt. Den Würzburger Stein teilen sich mehrere Traditionsweingüter. Den größten Teil besitzen das Bürgerspital, das Juliusspital und die Staatliche Hofkellerei.

Das Weingut am Stein Erst im Mittleren Steinbergweg biegen Sie nach links ab. Hier beginnt auch gleichzeitig der Stein-Wein-Pfad, der über verschiedene Lagen über diese Weinlage und seine Rebsorten informiert sowie Gedanken berühmter Personen zur Weinlage Stein bietet. Wenn Sie Schloss Steinburg, ein elegantes Hotel und Nobelrestaurant passiert haben, verlassen Sie den Steinbergweg und biegen in den kleinen Weg, der leicht abwärtsgehend rechts abzweigt und ein wenig versteckt zwischen den Bäumen liegt. Nehmen Sie nicht die Straßen, die führen Sie alle woanders hin!

Der nächste Anstieg Durch ein kleines Wäldchen kommen Sie hinunter nach Unterdürrbach. Sie ahnen sicher schon, dass dieser Abstieg einen neuen Aufstieg bedingt. Unten angekommen überqueren Sie die Straße und folgen dem Heinrichsleitenweg. Er führt Sie wieder aus dem Ort hinaus. Achten Sie auf die Abzweigung, die schräg links durch ein Wäldchen hinaufführt. Sie stoßen auf einen Weg, dem Sie links folgen und dann rechts, am Schenkenturm vorbei. Dieser Turm ist der Rest einer Burganlage, von der sonst nur noch der Burgfried erhalten ist. Hinter dem Schenkenturm liegt der Flugplatz Würzburg. Neben dem

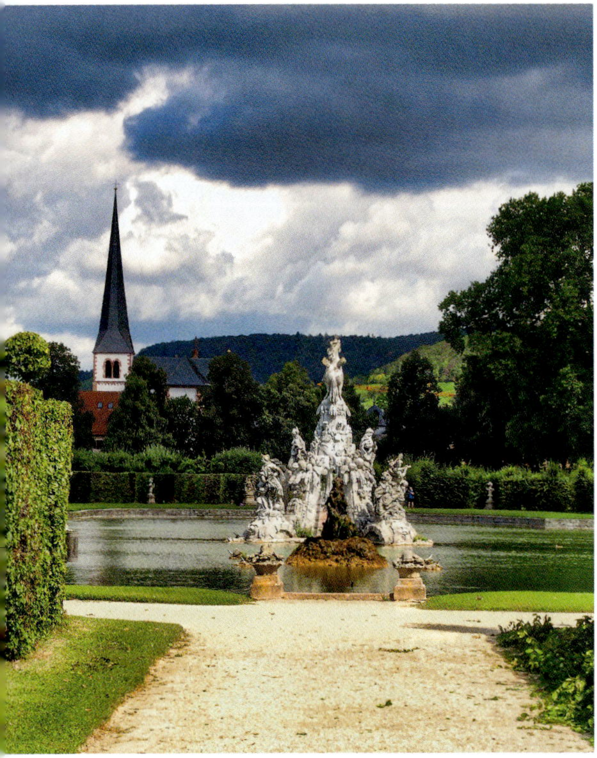

Schenkenturm ist das italienische Restaurant mandino zu finden.
Am Schenkenturm vorbei geht es nun auf Veitshöchheim zu. Sie können sich entscheiden, ob Sie direkt auf den Weg oberhalb der Weinlagen einbiegen, oder dem Weg weiterfolgen und zunächst noch ein wenig durch offene Landschaft und durch ein kleines Wäldchen gehen. Sie sollten sich dabei aber immer links halten, sonst kehren Sie zum Flugplatz zurück.
Der für diese Tour empfohlene Weg führt nicht oberhalb der Weinlage entlang, sondern unterhalb, und ist damit etwas kürzer. Sie biegen hinter dem Schenkenturm links ab und gehen den dritten in die Weinlage leitenden Weg rechts hinein. Dieser Weg führt Sie am Ende hinunter nach Veitshöchheim.

Der Hofgarten lohnt die Mühe der letzten Wegstrecke in die Stadt hinein.

Veitshöchheim Der Weg in die Stadt ist nicht so schön, wie man sich das wünschen könnte. Man muss eine viel befahrene Straße überqueren und dann auch noch unter der Bahn hindurch, um in die Würzburger Straße zu kommen. Dafür gehen Sie nun aber auch direkt auf den barocken Hofgarten zu, in dem Sie sich von den Strapazen erholen können. Dort vor einem der Teiche mit Wasserspielen zu sitzen und seine Brotzeit zu verzehren, lässt dieses unangenehme letzte Wegstück, das ohnehin nicht länger als eine Viertelstunde Zeit in Anspruch nimmt, schnell vergessen.
Im Hofgarten liegt das Schloss Veitshöchheim, dessen Aussehen maßgeblich von Balthasar Neumann bestimmt wurde. Es diente als Sommerresidenz der Fürstbischöfe von Würzburg. Später bedienten sich seiner auch die Könige von Bayern. Falls Sie nach der Wanderung noch neugierig genug sind, lohnt eine Besichtigung allemal. Außerdem gibt es im Ort noch ein jüdisches Museum samt Synagoge, für die sich ein Besuch lohnt.

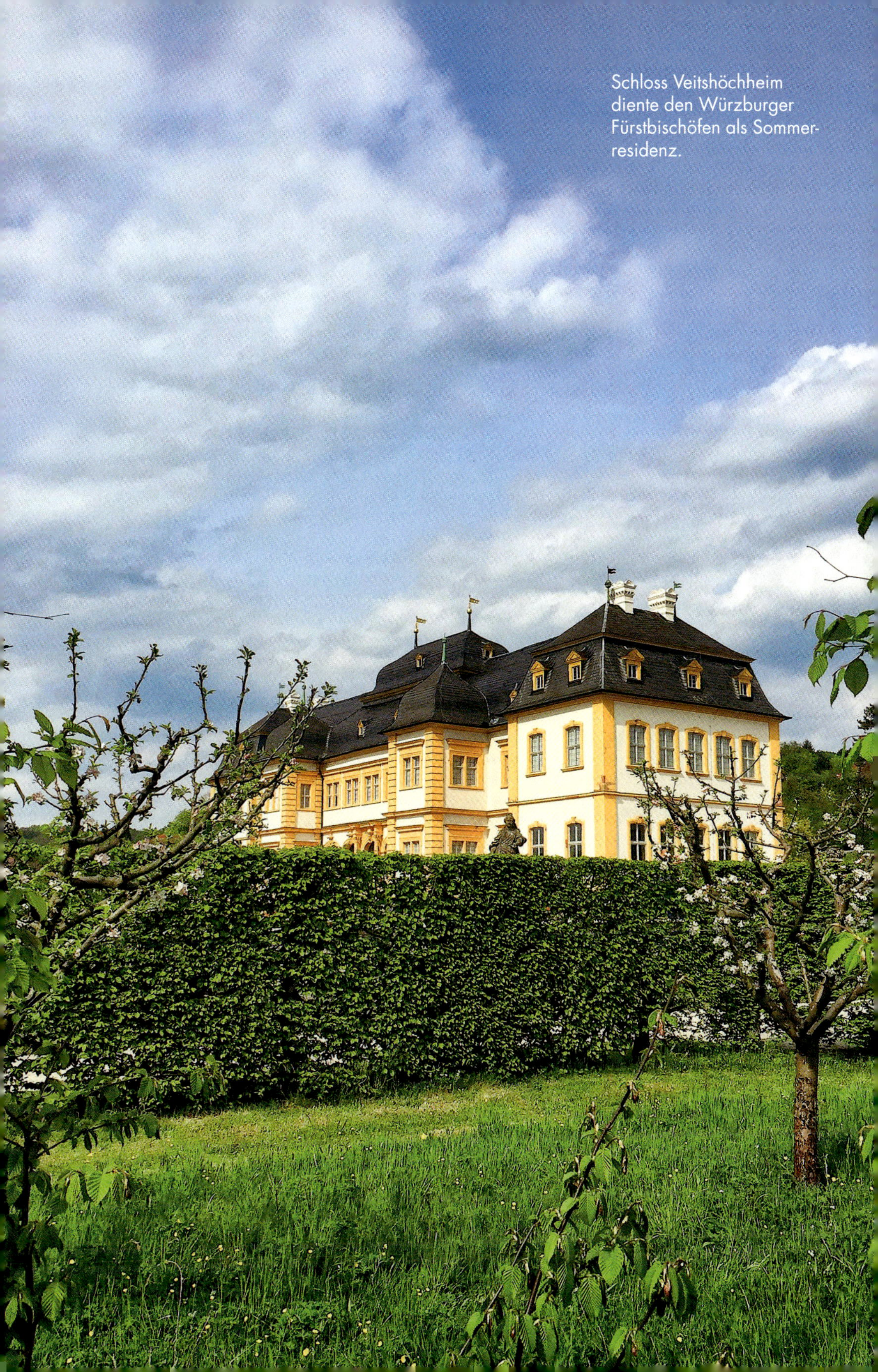

Schloss Veitshöchheim diente den Würzburger Fürstbischöfen als Sommerresidenz.

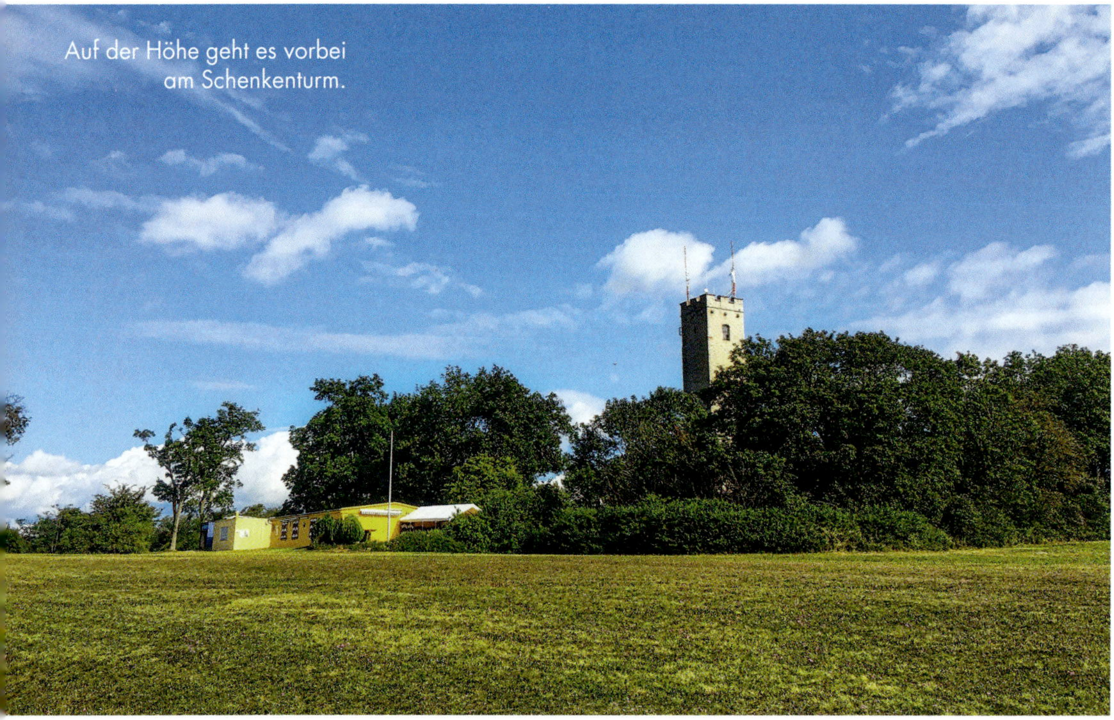

Auf der Höhe geht es vorbei am Schenkenturm.

Die Rückkehr mit dem Schiff schließt diese Wanderung ganz besonders ab.

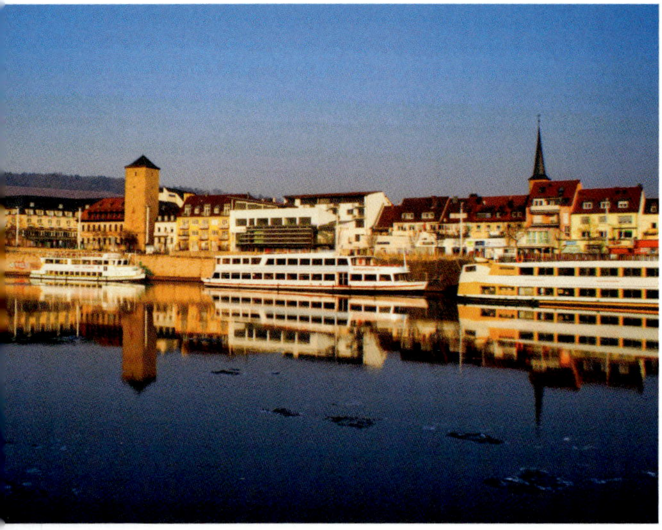

Zurück nach Würzburg Um nach Würzburg zurückzukommen, gehen Sie zum Main. Zwei Betriebe schicken Schiffe zwischen Würzburg und Veitshöchheim hin und her. Bevor Sie Ihre Tickets kaufen, fragen Sie nach: Mindestens einer der beiden gibt für Rentner einen kleinen Rabatt. Die Rückfahrt dauert etwa zwanzig Minuten und gibt Ihnen Gelegenheit, die Besonderheiten an beiden Ufern zu bewundern. Dort, wo das Schiff in Würzburg anlegt, haben Sie vielleicht Ihr Auto stehen. Wenn Sie mit der Bahn gekommen sind, müssen Sie zurück zum Bahnhof. Den schnellen Weg kennen Sie vom Hinweg. Vielleicht gehen Sie aber lieber den Umweg durch die sehenswerte Altstadt.

Wichtiges zur Tour

Tourencharakter
Mittelschwer, da mehrfach die Steigung überwunden werden muss. Trittsicherheit von Vorteil

Ausgangspunkt
Parkplatz am Main

Anfahrt
Bahn: Der Würzburger Bahnhof ist ein überregionaler Knotenpunkt und von fast überall erreichbar.
Auto: Die Stadt ist über die A 3, A 7 und A 81 sowie über die Bundesstraßen 8, 13, 19, 22 und 27 zu erreichen.

Einkehr
mandino, italienisches Restaurant, Am Schenkenturm, 97080 Würzburg, Tel. 0931/960899, www.mandinowuerzburg.de
Meegärtle, Biergarten (Reservierung empfohlen), Mainlände, 97029 Veitshöchheim, Tel. 0931/98521
Spundloch – das Hotel & Weinrestaurant, Kirchstraße 19, 97029 Veitshöchheim, Tel. 0931/900840, www.spundloch.com

Karte
ATK25-E04 Würzburg, 1:25000, ISBN 978-3-89933-347-3

Informationen
Gemeinde Veitshöchheim, Erwin-Vornberger-Platz 1, 97029 Veitshöchheim, Tel. 0931/780900-25 oder 26, www.veitshoechheim.de

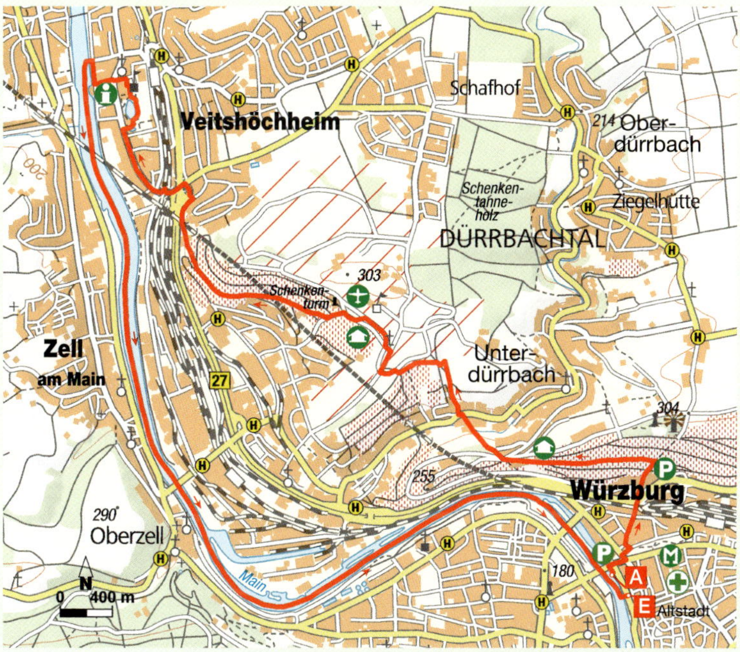

17 Zum Kreuz am Eichelein

Kleine Runde um Estenfeld

- leicht
- 1.15 Std.
- 60 Hm
- 5 km

Diese kleine Wandertour ist ein Beispiel dafür, wie Sie auch spontan an anderen Orten in Unterfranken und insbesondere im Umfeld von Würzburg eine kleine Wanderung unternehmen können.

Hinauf zum Kreuz Gehen Sie in Estenfeld vom Rathaus aus die Bäckerstraße hoch, biegen Sie rechts ab in die Untere Straße und von dort in die Schmiedgasse links hinein. Am Ende wieder links in die Straße Am Eichelein. Sie müssen dann nur ein paar Schritte gehen und sehen rechts die Treppen, die hinauf zum Kreuz am Eichelein führen. Oben angekommen haben Sie bei gutem Wetter einen prächtigen Ausblick über die Stadt und die umliegende Gegend.

Vom Kreuz aus hat man einen guten Blick über die Stadt.

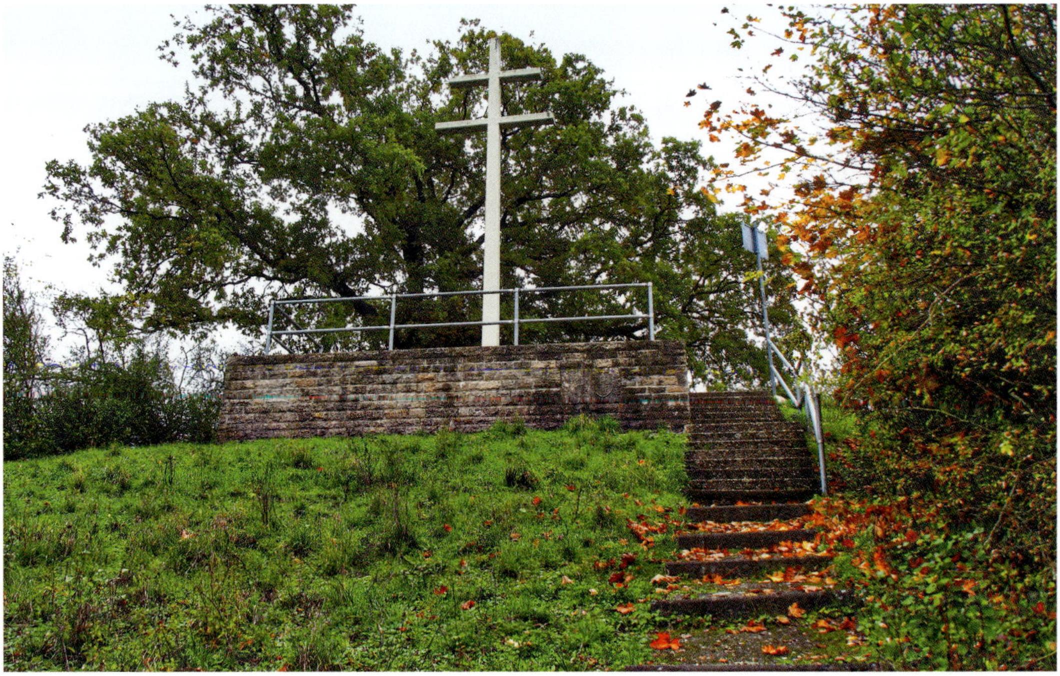

Über Land zum Friedhof

Zurück müssen Sie nicht. Vom Kreuz aus gehen Sie geradeaus weiter. An der Wegkreuzung biegen Sie links ab, auch wenn diese Abzweigung nicht deutlich als Weg zu erkennen ist. Sie befinden sich inmitten einer Landwirtschaft. Am Ende stoßen Sie auf den Friedhof, erkennbar an einem Steinkreuz und einer Figurengruppe. Gräber sehen Sie auf den ersten Blick nicht. Den Friedhof gehen Sie hinunter, verlassen ihn durch das Tor und wen-

Abkürzen der Tour

Wenn Ihnen das Treppensteigen Mühe macht, gehen Sie einfach geradeaus weiter und halten sich dabei immer rechts. Sie folgen ab dem Friedhof wieder dieser Tour.

Vorbei an verwunschenen Gärten wandert man auf dieser kleinen Tour.

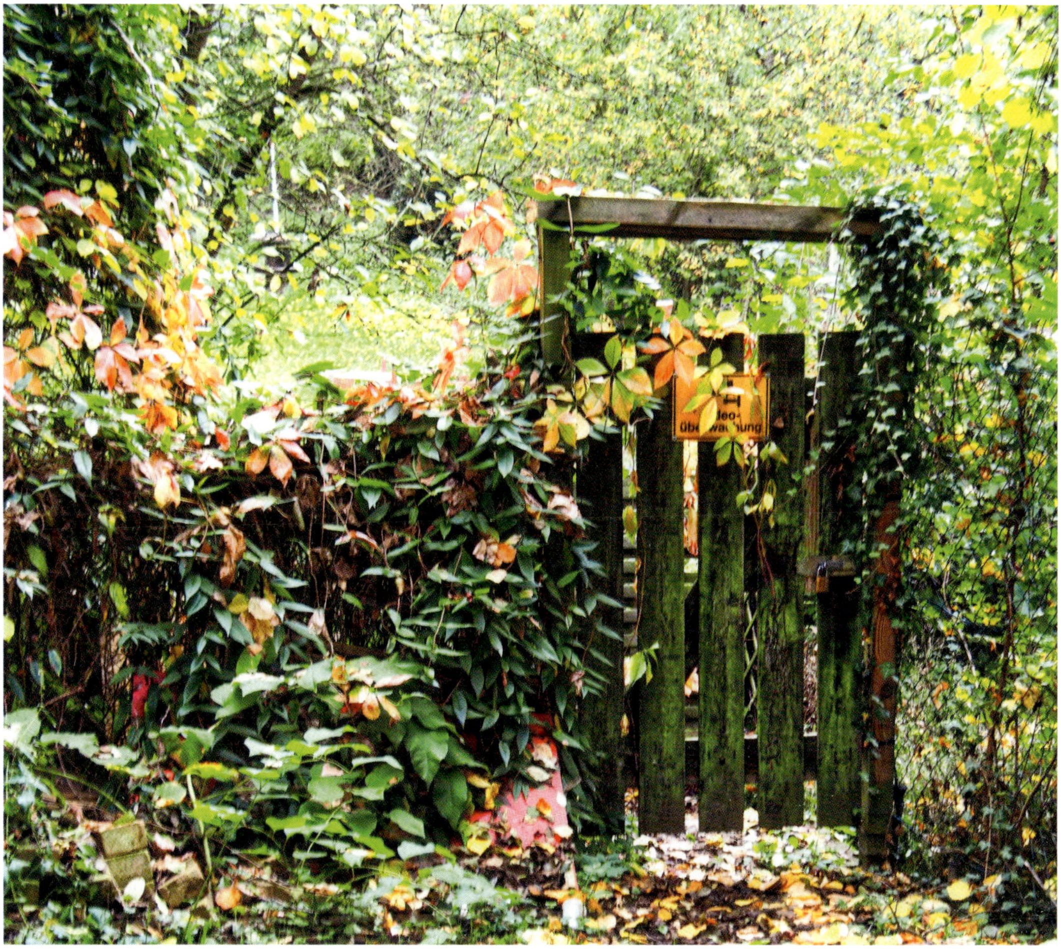

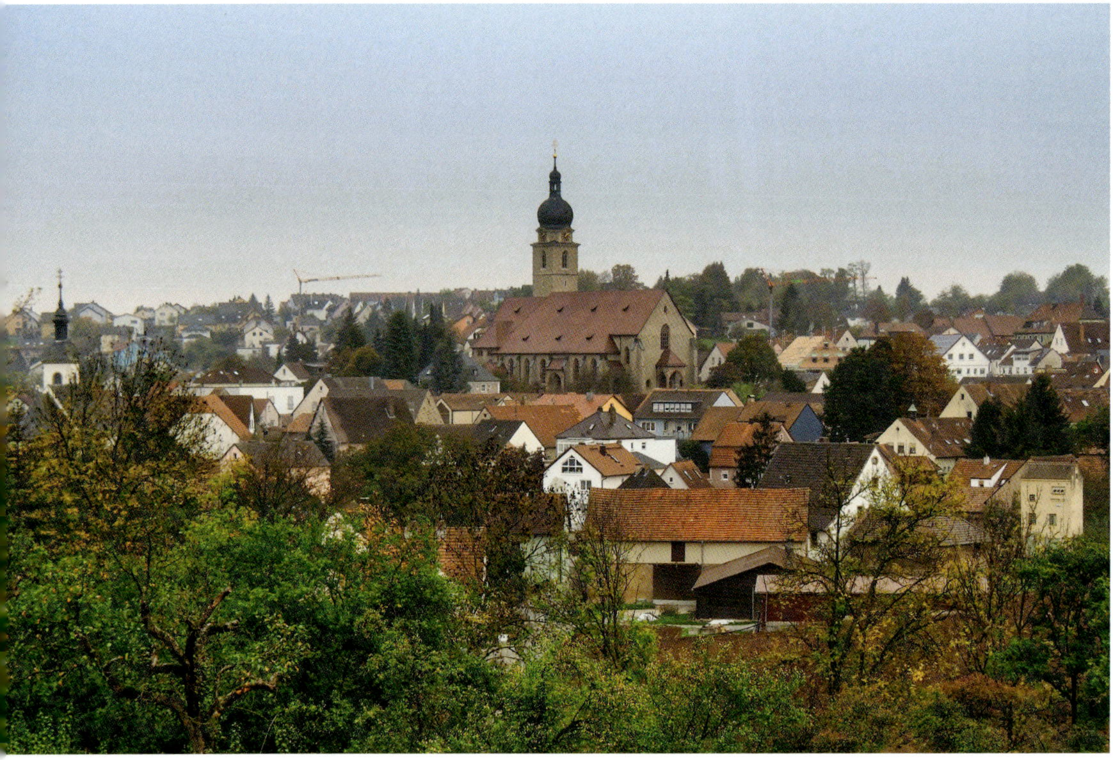

Estenfeld, wie man es vom Kreuz aus sieht

Ein alter Grenzstein mit interessanter Markierung

den sich rechts, gehen über den Ostring in die schmale landwirtschaftliche Straße hinein. Es ist ein schöner Weg, überschattet von Bäumen, auf der linken Seite Gärten und Schrebergärten mit teils origineller Ausgestaltung.

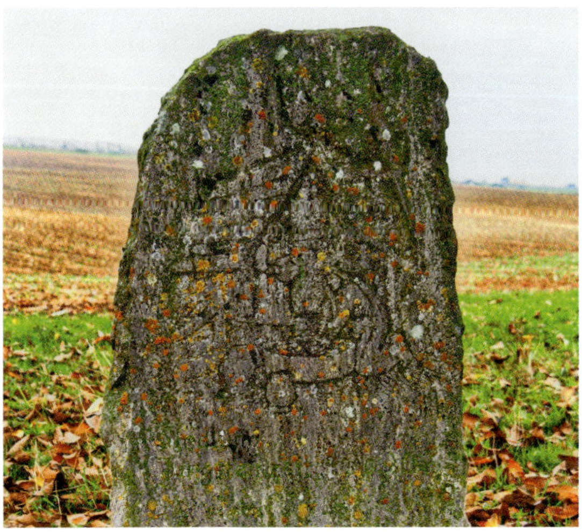

Schleife um Estenfeld Sie gehen nun sozusagen eine Schleife um Estenfeld. An einem Stein mit verwittertem Relief, der etwas versetzt an einer Biegung liegt, folgen Sie der Straße nach rechts. Biegen Sie rechtzeitig vor der Autobahn rechts ab, und wenden Sie sich auf der als Nächstes folgenden Landstraße zunächst rechts, dann wieder links. Über den Höllberggraben gehen Sie anschließend durch Estenfeld hindurch, bis Sie wieder den Ausgangspunkt erreicht haben.

Wichtiges zur Tour

Tourencharakter
Leicht. Wem der Treppenaufstieg zu schwer ist, umgeht ihn einfach.

Ausgangspunkt
Rathaus/Untere Ritterstraße, etwas neben dem Rathaus liegt ein Parkplatz.

Anfahrt
Bus: Mit den Linien 430, 431, 436 von Würzburg oder Kürnach (www.vvm-info.de)
Auto: Auf der A7, Abfahrt Würzburg/Estenfeld, oder über die B 19, die allerdings an Estenfeld vorbeigeht

Einkehr
Pizzeria Porto Bello, Obere Ritterstraße 12, 97230 Estenfeld, Tel. 09305/9883262
Rossini Ristorante, Röntgenstraße 5, 97230 Estenfeld, Tel. 09305/9885622, www.rossini-estenfeld.de

Karte
KOMPASS Wanderkarte Würzburg–Maindreieck, 1:50000, ISBN 978-3-85491-181-4

Informationen
Gemeindeverwaltung Estenfeld, Untere Ritterstraße 6, 97230 Estenfeld, Tel. 09305/888-0, www.estenfeld.net

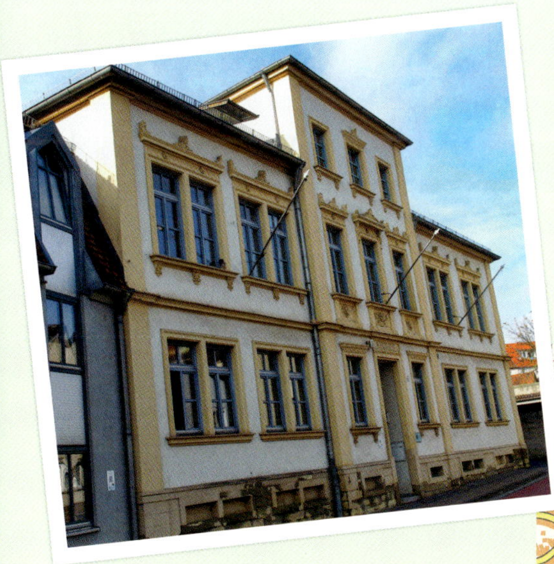

Das Rathaus von Estenfeld

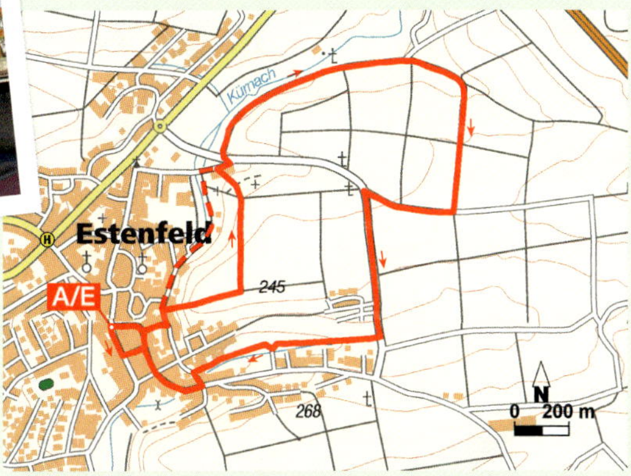

18 Über das Käppele zur Festung Marienberg

Würzburg von oben sehen

mittel

2.30 Std.

210 Hm

7,7 km

Es geht hoch hinauf, zweimal sogar, das ist wahr, aber man bekommt zwei Sehenswürdigkeiten auf einer Tour, dazu einen guten Überblick über die Stadt und die umliegenden Weinberge.

Weg durch die alte Stadt Der Start am Würzburger Bahnhof ist deshalb ein guter Ausgangspunkt, weil man so die Gelegenheit hat, Würzburgs Innenstadt kennenzulernen. Sie kommen am Juliusspital vorbei, können einen Blick auf den Dom werfen und streben dann zielgenau auf die Alte Mainbrücke zu, von der Sie schon einen prächtigen Blick auf die Wallfahrtskirche Käppele und die Festung Marienberg haben. Wenn Sie Wolfgang von der Vogelweide, dem wohl berühmtesten Minnesänger, ihre Referenz erweisen wollen, gehen Sie links am Dom vorbei und halten sich dann wieder links. So kommen Sie nach wenigen Metern zum Lusamgärtlein, wo das vermeintliche Grab des Sängers gelegen haben soll.

Die Alte Mainbrücke ist die älteste Brücke über den Main und war bis 1886 Würzburgs einziger Flussübergang. Wenn Sie hinübergehen, werden Sie feststellen, dass diese Brücke den Würzburgern keineswegs nur zum Überqueren des Mains dient.

Auf der Festung Marienberg

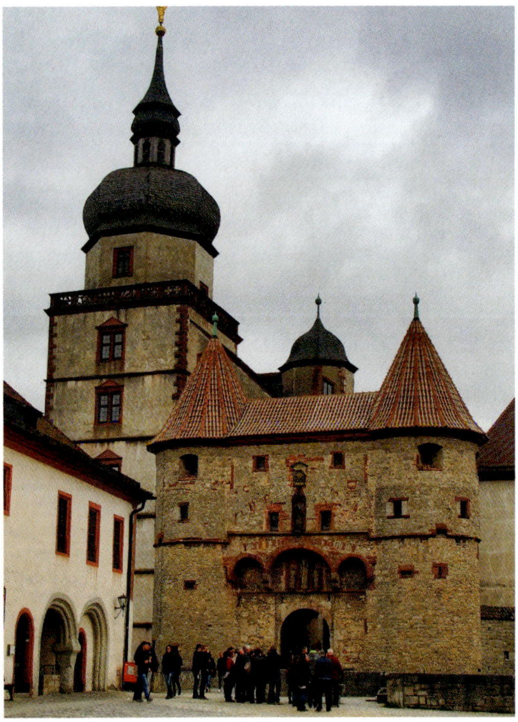

Hinauf zum Käppele Hinter der Mainbrücke wenden Sie sich auf der anderen Straßenseite nach links und folgen ihr bis zur Nikolausstraße, dort biegen

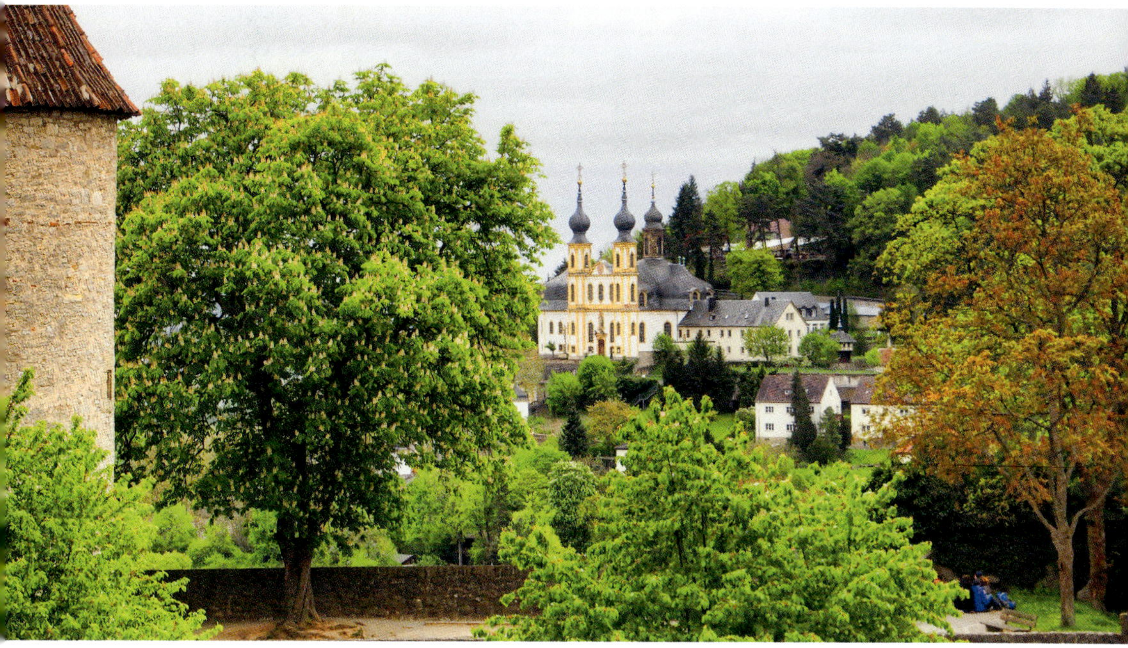

Das Käppele, wie es von der Festung aus zu sehen ist

Sie ab. Der Weg zum Käppele ist ausgeschildert, sollte aber auch mit unserer Route gut nachvollziehbar sein. Das letzte Stück führt über den Kreuzweg, der als Treppenaufgang mit mehr als 240 Stufen ausgelegt ist.

Hinüber zur Festung Der Weg zur Festung ist ein Weg durch Wald, über baumgesäumte Straßen und noch einmal hinauf durch die Weinberge. Bereits in der Bronzezeit befanden sich Siedlungen auf diesem Berg, bevor im 6. Jahrhundert die Franken kamen. Eine erste Burganlage entstand im 13. Jahrhundert. Von 1253 bis 1719 residierten dort die Würzburger Fürstbischöfe. In der Burg befindet sich das Museum für Franken, in dem Sie unter anderem mehr über die Geschichte der Festung und Würzburg erfahren können.

Das »Käppele«

Tatsächlich heißt sie »Wallfahrtskirche Mariä Heimsuchung«, aber im Volksmund wird diese Kirche auf dem Nikolausberg »Käppele« genannt. Erbaut wurde es nach Plänen von Balthasar Neumann in den Jahren von 1748 bis 1750. Wie verbunden die Würzburger mit dieser Kirche sind, zeigte sich am Ende des Zweiten Weltkrieges. Die SS wollte sie zerstören, doch der Gefreite am Flakgeschütz weigerte sich.

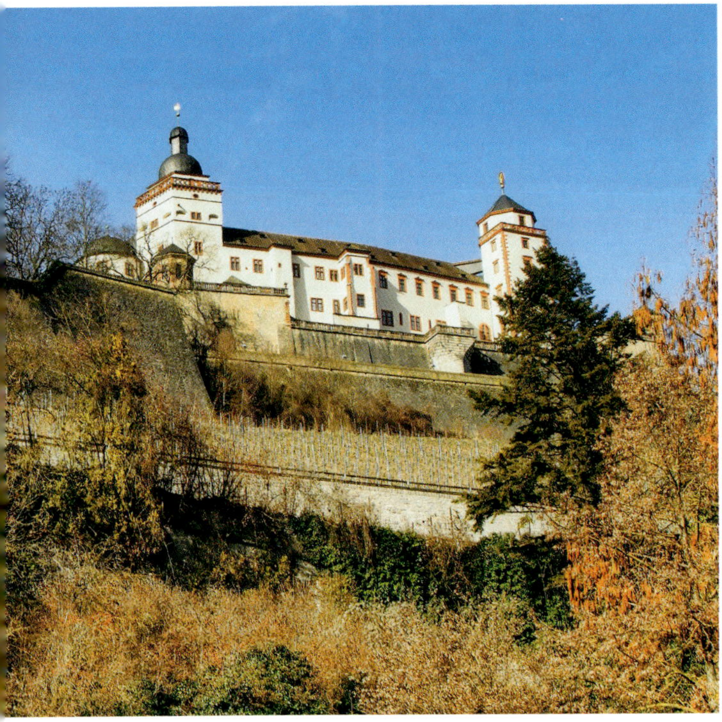

Auf dem Weg zum Käppele muss man zunächst unterhalb an der Festung vorbei.

Hinunter zum Main Zurück geht es dann bequem bergabwärts hinunter zur Alten Mainbrücke. Wenn Sie sich noch einen kleinen Umweg erlauben wollen, dann gehen Sie nicht die Tellsteige rechts ab, sondern weiter geradeaus in die Neydeckgasse hinein, dann aber gleich wieder links zwischen den Häusern durch. Sie stoßen so auf die Deutschhauskirche, ein gotisches Bauwerk aus dem 13. Jahrhundert, vom Deutschen Orden erbaut. Später, im 17. Jahrhundert, wurde das Konventsgebäude barock umgebaut. Die Kirche ist durch einen Schwibbogen mit dem angrenzenden Ordenshaus verbunden. Unter diesem Bogen kann man durchfahren.

Gehen Sie anschließend zurück über die Zeller Straße, die Sie zum Main führt. Hier kommen Sie an einer Tafel vorbei, die darauf hinweist, dass an dieser Stelle bis 1904 das Geburtshaus des aus Würzburg stammenden Schriftstellers Leonhard Frank (1882–1961) stammt. Zurück in der Stadt lohnt jetzt noch ein Umweg über den Marktplatz, an dem die Marienkapelle mit den Figuren von Adam und Eva von Tilmann Riemenschneider steht. Falls Sie im Museum auf der Festung waren, kennen Sie diese schon. Dort sind die Originale. An der Kapelle stehen Kopien. Oder Sie gehen zur prächtigen, ebenfalls von Balthasar Neumann erbauten Residenz, bei der nicht nur eine Besichtigung innen, sondern auch ein erholsamer Gang durch den Residenzgarten zu empfehlen ist. Durch den daran angrenzenden Ringpark kommen Sie zum Bahnhof zurück. Der Weg ist etwas länger, als wenn Sie durch die Theaterstraße direkt zum Bahnhof zurückgehen, aber dafür schöner.

Wichtiges zur Tour

Tourencharakter
Mittelschwer, Trittsicherheit erforderlich

Ausgangspunkt
Bahnhof Würzburg

Anfahrt
Bahn: Der Würzburger Bahnhof ist ein überregionaler Knotenpunkt und von fast überall erreichbar.
Auto: Die Stadt ist über die A3, A7 und A81 sowie über die Bundesstraßen 8, 13, 19, 22 und 27 zu erreichen.

Einkehr
Würzburger Ratskeller, Langgasse 1, 97070 Würzburg, Tel. 0931/13021, www.wuerzburger-ratskeller.de
Köhlers Vollkornbäckerei und Biorestaurant, Karmelitenstraße 1, 97070 Würzburg, Tel. 0931/571718, www.koehlers-vollkornbaeckerei.de
Laconda Würzburg – Pizza & Pasta, Kranenkai 1, 97070 Würzburg, Tel. 0931/46795180, www.locanda.de

Karte
ATK25-E04 Würzburg, 1:25000, ISBN 978-3-89933-347-3

Informationen
Touristinformation & Ticketservice, Im Falkenhaus am Markt, 97070 Würzburg, Tel. 0931/372335, www.wuerzburg.de

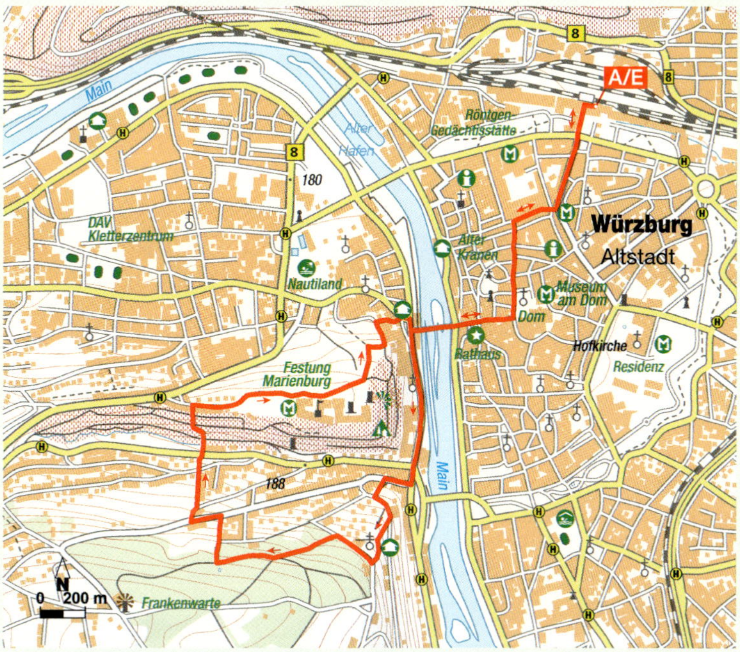

19 Wanderung zum Steinbruch

Zum Museumssteinbruch nach Lindelbach

- leicht
- 1.30 Std.
- 100 Hm
- 8,2 km

Die Wanderung zum Steinbruch ist unspektakulär, aber trotzdem interessant. Außerdem ist sie vielseitig, beginnt zwischen Feldern, führt durch Wald und am Schluss durch die Weinlagen des Ortes.

Ankunft im Nirgendwo Man muss über Randersacker oder Estenfeld fahren, wenn man nach Lindelbach kommen will. Der kleine Ort liegt zwar nahe der Autobahn aber so im Abseits, dass er direkt fast nicht zu erreichen ist. Das Auto kann am westlichen oder nördlichen Ortsrand geparkt werden und dann geht es zunächst durch die Felder hoch und schließlich links ab auf das Wäldchen zu, in dem sich auch der Museumssteinbruch befindet.

Einen alten Steinbruch in diesem Zustand bekommt man nicht oft zu sehen.

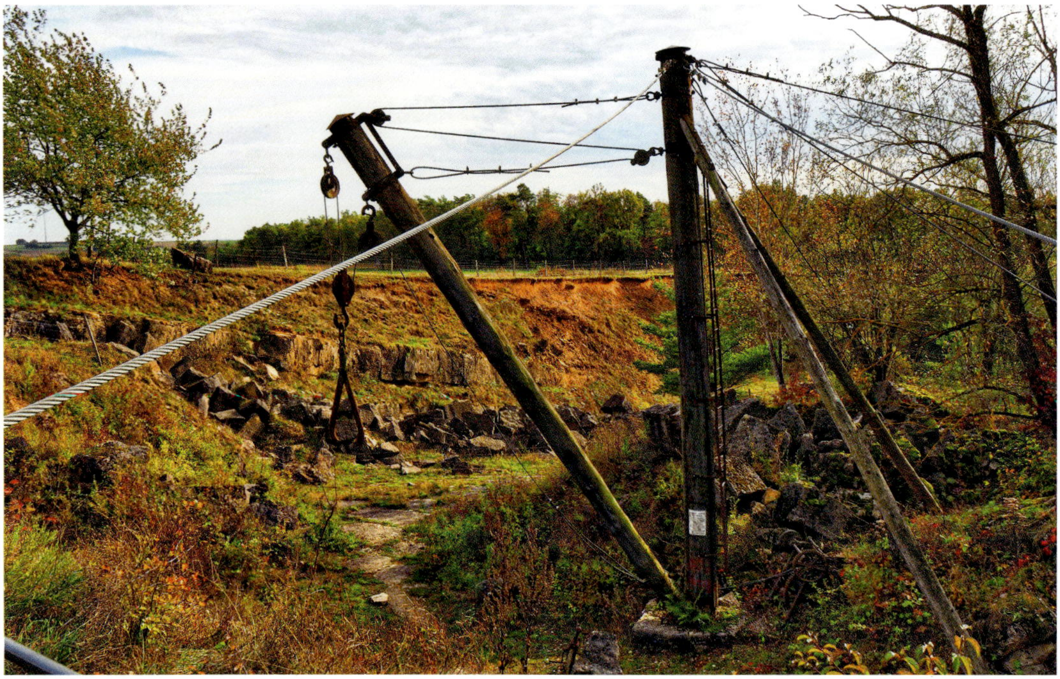

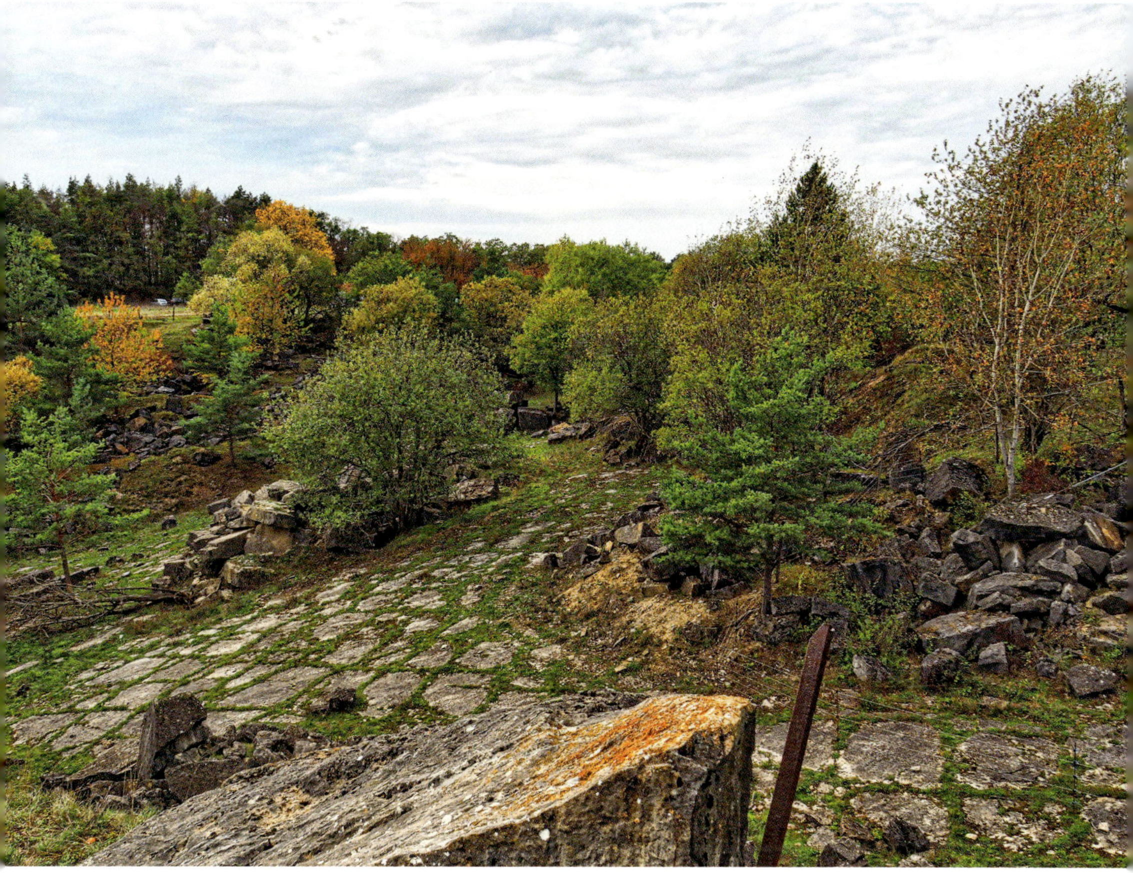

Randersacker Stein war schon im Mittelalter begehrtes Baumaterial. Der Museumssteinbruch bei Lindelbach ist nur ein kleiner Rest dessen, was in der Region über Jahrhunderte vorzufinden war. Der Steinbruch lässt sich auf unserer Wanderung gut umrunden. Tafeln informieren über das Handwerk der Steinhauerei in der Region. Die Wege sind gut abgesichert, aber es ist trotzdem Vorsicht geboten, damit man nicht einen unbedachten Schritt tut und abrutscht.

Randersacker Stein war über Jahrhunderte begehrt.

Die Zeit der Steinbrüche

Der »unterfränkische Quaderkalk« erlebte seine Blütezeit im 18. und 19. Jahrhundert. Bis in die 1950er-Jahre dominierten die Steinbrüche das Arbeitsleben in der Region. Erst 1985 schloss der Steinhauerbetrieb in Lindelbach. Das alte Würzburg bestand überwiegend aus Randersacker Stein. Er findet sich unter anderem auch im Berliner Reichstag, im Leipziger neuen Rathaus sowie im Kölner Polizeipräsidium.

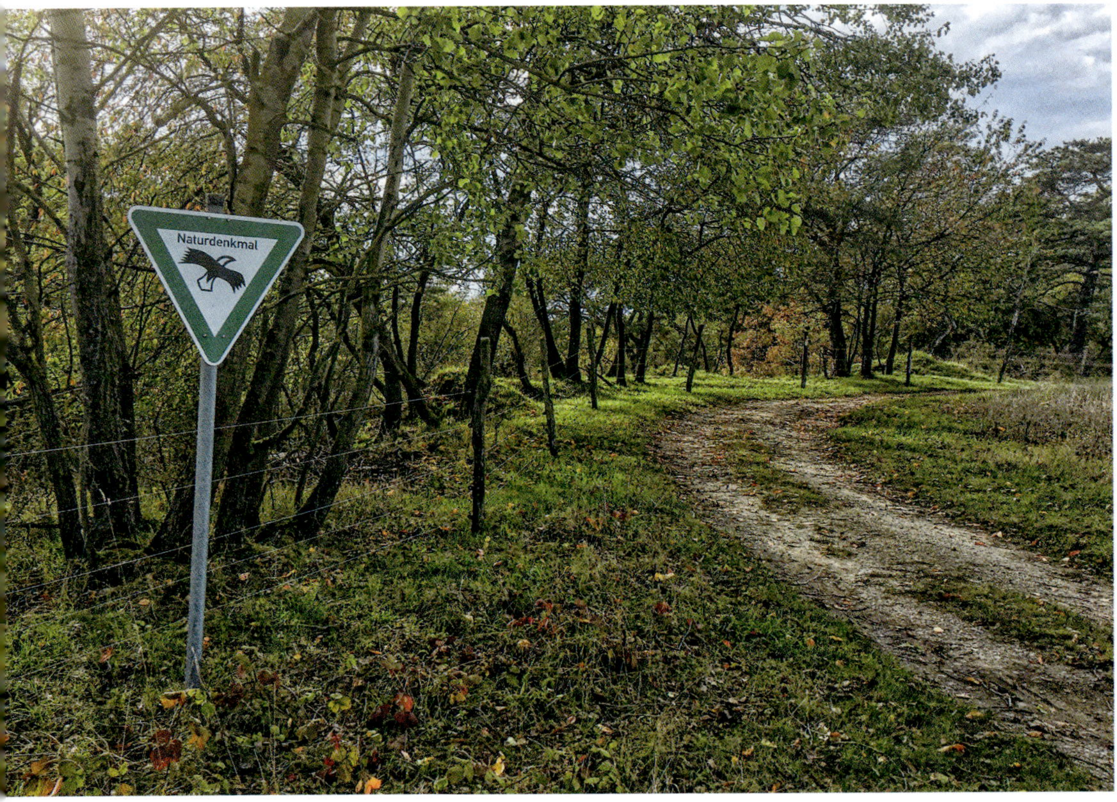

Oben und unten: Vom Stein zum Wein – so könnte diese Wanderung auch heißen.

Durch den Wald zum Wein Haben Sie den Steinbruch umgangen, kommen Sie wieder auf einen Weg. Folgen Sie diesem, sind Sie schnell wieder zurück, denn er führt nach einer Biegung oberhalb der Weinberge wieder auf Lindelbach zu. Besser ist es jedoch, Sie schlagen den schmalen Weg ein, der zu Beginn der Biegung schräg über die Wiese in den Wald führt. Damit nähern Sie sich fast bis an die Autobahn heran, bevor es anschließend links abwärts in die Weinberge und an diesen entlang unterhalb derselben nach Lindelbach zurück zu Ihrem Ausgangspunkt geht.

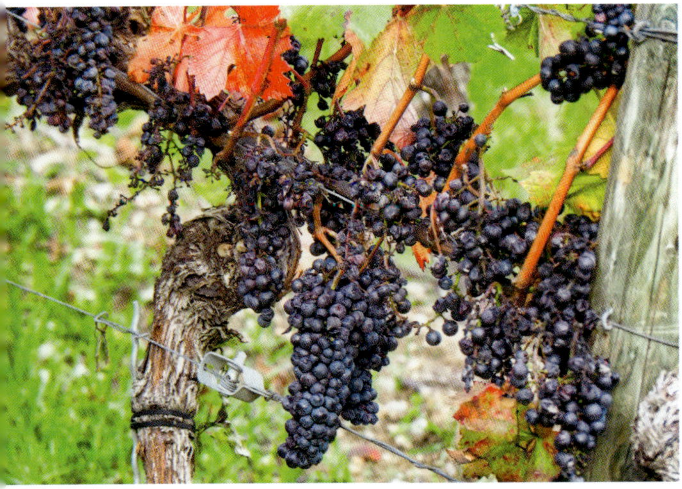

Wichtiges zur Tour

Tourencharakter
Leicht, Trittsicherheit im Umfeld des Steinbruches erforderlich

Ausgangspunkt
Westliches Ortsende von Lindelbach

Anfahrt
Auto: Über die A3, Abfahrt Randersacker

Einkehr
In den Nachbarorten Eibelstadt oder Randersacker

Karte
UK50-7 Fränkisches Weinland: Würzburg, Schweinfurt, Kitzingen, Maindreieck, 1:50 000, ISBN 978-3-89933-707-5

Informationen
Touristinformation, Rathaus, Maingasse 9, 97236 Randersacker, Tel. 09 31/70 53-17, www.randersacker.de/de/unser-ort/ueber-uns/ortsteil-lindelbach

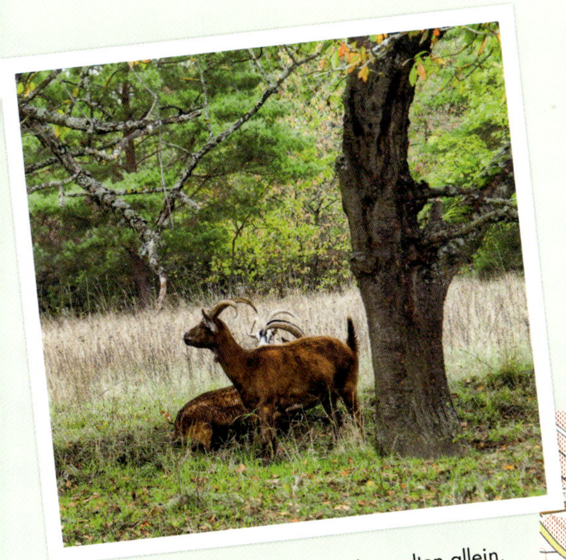

Man ist auf Wanderungen in Franken selten allein.

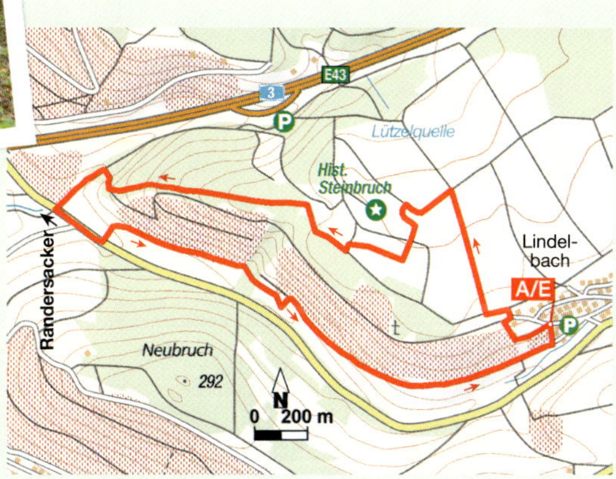

20 Wanderung zu St. Wolfgang

Von Ochsenfurt zur gotischen Wallfahrtskapelle

leicht

1.45 Std.

100/90 Hm

6,5 km

Vermutlich haben auf der Anhöhe, auf der die kleine Wallfahrtskapelle außerhalb der Stadt steht, bereits vor ihrem Bau Fernpilger gerastet, weil dort der Pilgerweg nach St. Wolfgang im Salzkammergut führte. Wallfahrten sind heute nicht mehr populär, finden aber noch statt. Alle zwei Jahre gibt es an Pfingsten den sogenannten »Pfingstritt«, eine Pferdewallfahrt mit Tiersegnung.

Durch die Altstadt Egal ob Sie mit der Bahn kommen oder Ihr Auto auf dem Parkplatz auf der anderen Schienenseite abgestellt haben, es empfiehlt sich, zunächst einen kleinen Schlenker durch die Altstadt von Ochsenfurt zu machen. Einmal sparen Sie sich ein Stück die sehr befahrene Straße entlang, und zum anderen erhaschen Sie wenigstens einen kleinen Blick des sehenswerten inneren Altstadtkernes.

In Ochsenfurt beginnt und endet die Tour.

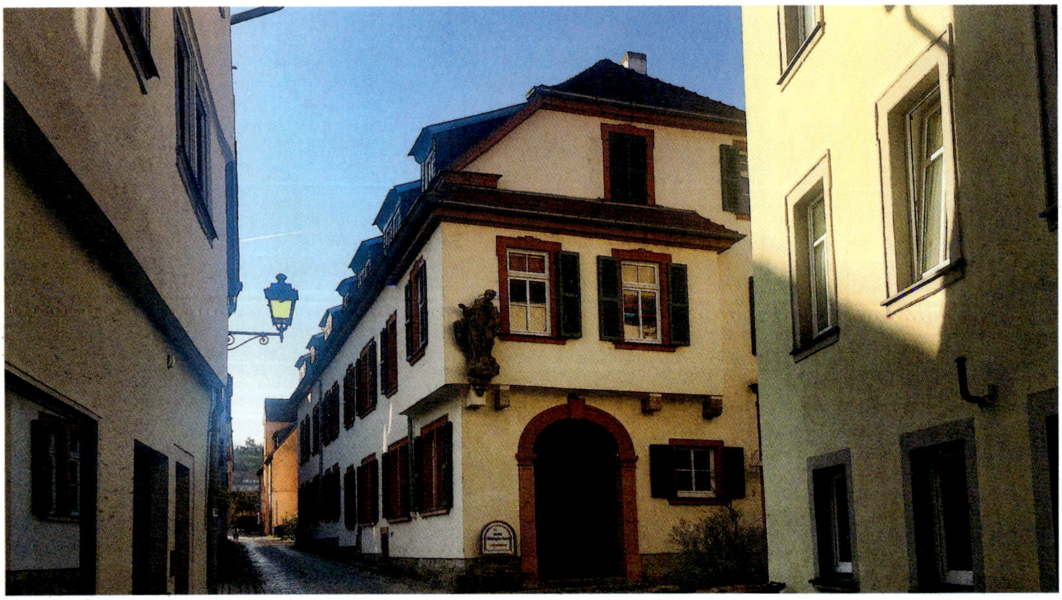

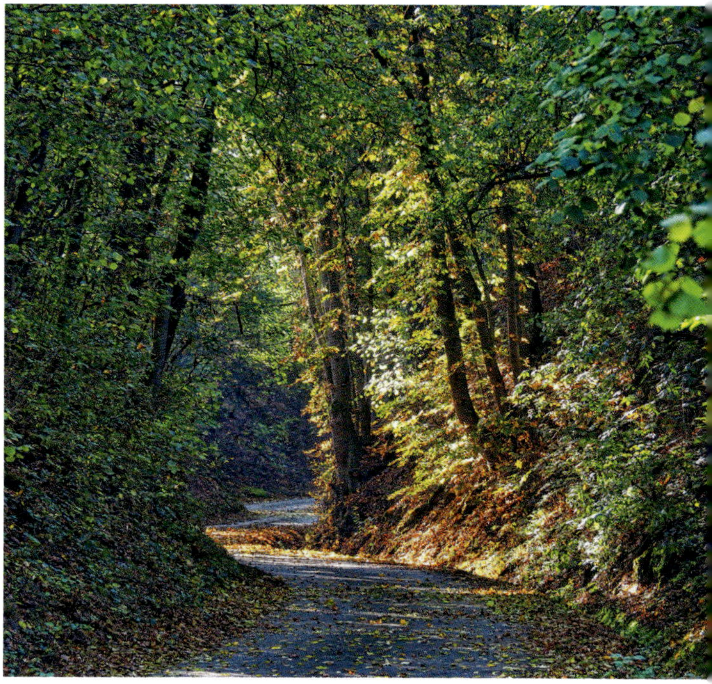

Hat man die Stadt hinter sich gelassen, beginnt der schöne Teil der Wanderung.

Von der Hauptstraße biegen Sie in die Roßmühlgasse oder etwas weiter in die Sterngasse links ab. Von da ab können Sie zunächst den Schildern »Zur St.-Wolfgangs-Kapelle« trauen. Wie überall in Franken begegnen Ihnen auf der ganzen Strecke Bildstöcke und Wegkreuze, die Zeugnis von der Frömmigkeit der Bevölkerung in vergangenen Jahrhunderten ablegen.

Schattig aus der Stadt hinaus

Auf der »Klinge« verlassen Sie dann die Stadt, zunächst auf baumbestandener Straße, was besonders im Hochsommer angenehm und im Herbst reizvoll ist. Wenn Sie dann auf halber Strecke die Bäume hinter sich lassen, dominieren Weide und Landwirtschaft das Bild. Es kann sein, dass Ihnen frei laufende Ziegen begegnen oder im Frühjahr und Herbst Traktoren, die über die Felder fahren. Sie folgen dem Weg bis zu der Stelle, an der in einem scharfen Knick der Weg umkehrt. Hier wechseln Sie die Richtung und folgen dem Weg bis kurz vor die St 2269. Dort biegen Sie wiederum links ab. An der nächsten Gabelung gehen Sie rechts und kommen so erneut zur St 2269. Dieser folgen Sie nun ein Stück, denn es ist die einzige Möglichkeit, die B 13 gefahrlos über eine Brücke zu überqueren.

Zur St.-Wolfgangs-Kapelle Hinter der Brücke gehen Sie den links abzweigenden Weg weiter. Er führt zunächst an der Kapelle vorbei, ermöglicht

Verlängern der Tour

Gehen Sie am Knick einfach weiter geradeaus und halten Sie sich am Ende links. Der Weg führt Sie auf die beschriebene Route zurück, Sie gehen aber etwa einen Kilometer mehr.

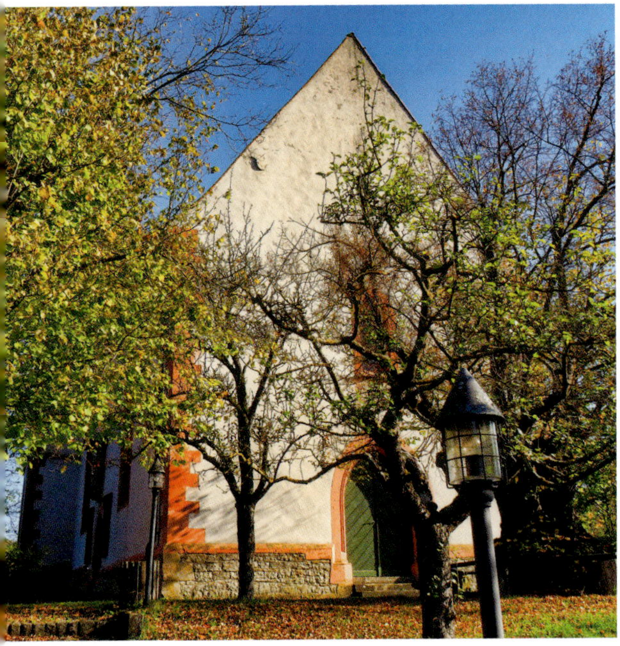

Ihnen aber auf einen abzweigenden Weg 100 Meter hinter der Kapelle zu dieser zurückzugehen. Das lohnt sich durchaus, selbst dann, wenn die Kapelle geschlossen ist. Auf einer Bank, die rund um einen knorrigen, alten Baum angelegt ist, lässt sich gut Rast machen und eine Brotzeit einnehmen. Die Kapelle wurde im Jahr 1463 erbaut, Kuppel und Laterne des Turmes wurden aber erst Anfang des 18. Jahrhunderts in der heutigen Form errichtet. Die Kanzel aus Sandstein wurde von Peter Dell dem Älteren (1490–1552), einem Schüler Tilmann Riemenschneiders, gefertigt. Das Altarblatt des Hochaltares schuf Oswald Onghers (1628–1706), ein flämischer Barockmaler, der seit 1658 in Würzburg lebte. Es lohnt sich also durchaus, die Tour für einen Sonntagnachmittag zu planen (Öffnungszeiten der Kapelle Mai–Sept. jeweils 1. Sonntag des Monats 14.00–17.00 Uhr oder nach Vereinbarung).

Die alte Wallfahrtskapelle liegt still und einsam am Wegrand.

Zurück nach Ochsenfurt Von der Kapelle gehen Sie den Weg zurück, der Sie hingeführt hat, biegen am Ende links ab und folgen dem Weg zurück nach Ochsenfurt. Es geht steiler abwärts, als es hinaufging. Die 100 Höhenmeter, die Sie in der ersten Hälfte des Weges aufgestiegen sind, haben Sie möglicherweise gar nicht bemerkt. Jetzt beim Rückweg fällt es auf, wird jedoch nirgends schwierig. Zurück in der Altstadt stehen Ihnen zahlreiche Gasthöfe und Restaurants zur Verfügung, um ein Mittag- oder Abendessen einzunehmen. Es ist keine schlechte Idee, sich auch das Rathaus und dessen Uhr anzuschauen, die nicht nur die Zeit, sondern auch Mondtage und Mondphasen zeigt. Die Ochsenfurter nennen sie deshalb liebevoll »Mondschein«. Vielleicht erzählt Ihnen auch ein Einheimischer, welchen Ärger es bei der Fertigung dieses Meisterwerkes gegeben hat.

Wie stellt man eine Sonnenuhr auf Sommerzeit um?

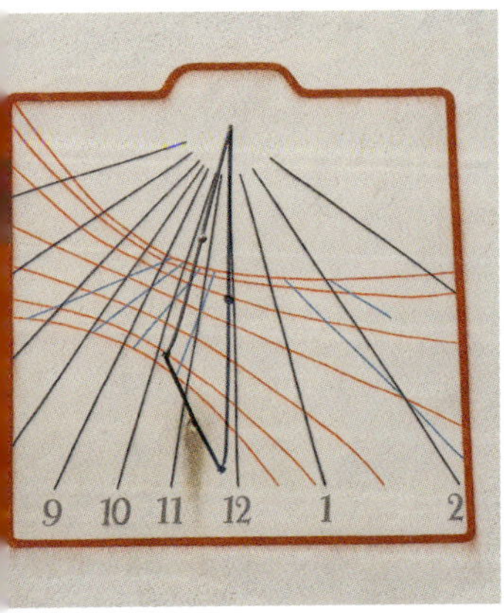

Wichtiges zur Tour

Tourencharakter

Leichter Wanderweg, die 100 Höhenmeter sind gut zu bewältigen, weil sanft ansteigend. Gut ausgeschildert, allerdings nicht dort, wo man in einer Kehre scharf links umkehren muss. Auch um die B 13 zu überqueren, darf man den Wegweisern nicht folgen.

Ausgangspunkt

Bahnhof Ochsenfurt, falls Sie mit Bahn oder Bus angereist sind, oder der Parkplatz auf der anderen Seite der Schienen

Anfahrt

Bahn & Bus: Ochsenfurt ist über die Bahnstrecke Treuchtlingen–Würzburg gut zu erreichen. Züge verkehren im Stundentakt. Die Stadt gehört zum Verkehrsverbund Mainfranken (VVM) und ist so auch mit Bussen aus dem Umland erreichbar.

Auto: Aus Richtung Würzburg über die A3 und B 13 bzw. aus Richtung Uffenheim über die A7 und B 13. Über die Südtangente in Ochsenfurt bzw. Dr.-Martin-Luther-Straße erreichen Sie den Parkplatz vor den Schienen gegenüber dem Bahnhof.

Einkehr

Gaststätte Purzl, Hauptstraße 20, 97199 Ochsenfurt, Tel. 093 31/23 27, www.purzl-ochsenfurt.de

Gasthof Zum Anker, Brückenstraße 10, 97199 Ochsenfurt, Tel. 093 31/74 09, https://anker-ochsenfurt.wixsite.com/anker-ochsenfurt

Karte

ATK25-F05 Ochsenfurt, 1:25 000, ISBN 978-3-89933-362-6

Informationen

Touristinformation, Hauptstraße 39, 97199 Ochsenfurt, Tel. 093 31/58 55, www.ochsenfurt.de

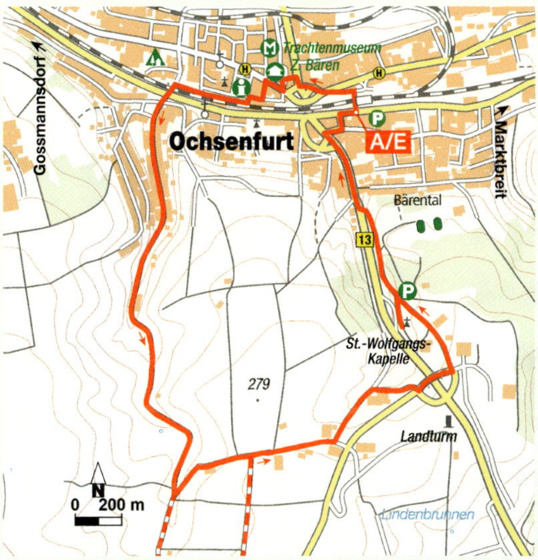

21 Von der Mariensäule zur Burg Reichelsberg

Um Aub herum in geschichtsträchtiger Landschaft

- leicht
- 1.20 Std.
- 50 Hm
- 5 km

Die Wanderung, von Aub ausgehend, ist auf vielfältige Weise interessant und abwechslungsreich. Natur und Kultur kommen gleicherweise zur Geltung.

Durch die alte Stadt Zunächst führt der Weg durch die Stadt, über den Marktplatz, an der Mariensäule vorbei. Sie ist nicht zu übersehen, denn das leuchtende Gold, mit der die Sandsteinskulptur überzogen ist, lässt sie sofort erkennen, selbst wenn nicht die Sonne scheint. Es ist allerdings eine Kopie, das Original steht im Rathaus. Gehen Sie daran vorbei über die Rathausstraße. Passieren Sie den alten Wehrturm, finden Sie wenige Schritte dahinter auf der linken Seite den alten jüdischen Friedhof. Die jüdische Gemeinde existierte seit dem 11. Jahrhundert und hat sich,

Altes Fachwerk ist in der Altstadt von Aub hier und da noch zu sehen.

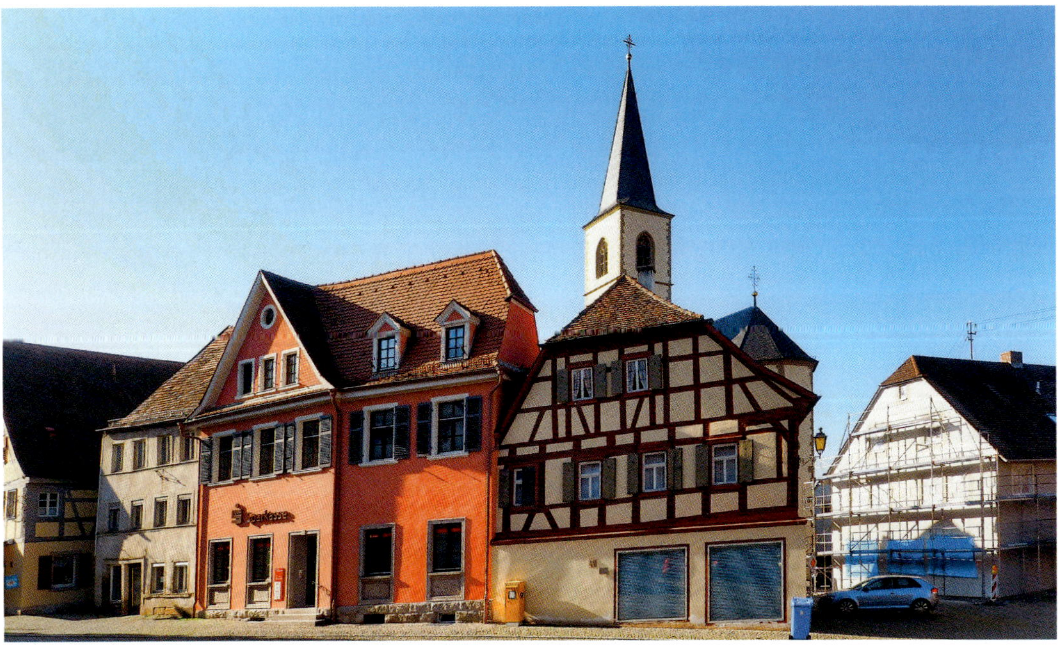

trotz Progromen und Vertreibung bis ins 20. Jahrhundert gehalten. Erst die Nationalsozialisten schafften es 1939, auch den letzten jüdischen Mitbürger aus Aub zu vertreiben. Stolpersteine in Aub erinnern noch daran.
Sie gehen ein wenig weiter, folgen dem Harbachweg auch noch über die Biegung, bis er auf den Lamm-Gottes-Weg stößt. Diesem folgen Sie nun wieder stadteinwärts bis zum alten Stadttor mit Turm, das Sie durchschreiten, und biegen dahinter in die Johannes-Bohm-Straße ein. Sie folgen auch dieser Straße, wechseln in die Hauptstraße nach links und folgen ihr auch noch, wenn sie schon Am Angersberg heißt. Von dieser Straße zweigt der Burgweg ab.

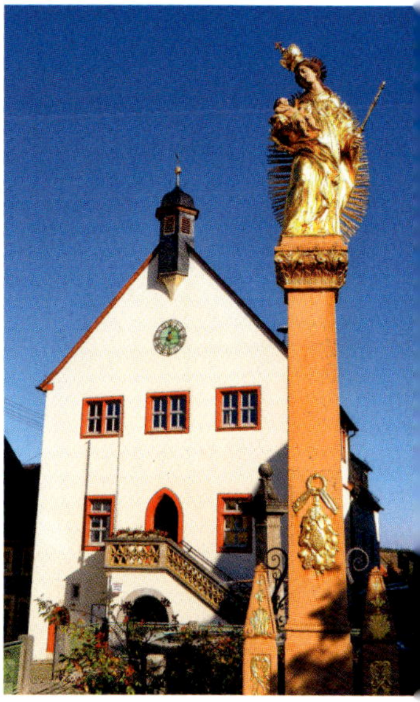

Die goldene Marienstatue auf dem Marktplatz ist eine Kopie.

Durch den Wald zur Burg Folgen Sie dem Burgweg und biegen Sie am Ende nach rechts ab. Der Weg führt Sie nun ein gutes Stück am Waldrand entlang, bevor er in diesem verschwindet. Halten Sie sich links und folgen Sie nicht den Schildern, die zur Burg weisen. Sie wären allzu schnell dort und hätten einiges verpasst. Zum Beispiel die Kneippanlage mitten im Wald, die gerade im Sommer für eine gesunde Erfrischung gut ist. Außerdem können Sie sich überlegen, die Wanderung zur Kunigundenkapelle hin zu verlängern.
Wenn Kunigunde Sie nicht reizt, biegen Sie frühzeitig nach rechts ab. Treten Sie dann aus dem Wald, liegt rechts die Ruine der Burg Reichelsberg. Links sehen Sie die Uhlenmühle, die auch ein Gartenlokal besitzt. Falls Sie noch keine Rast gemacht oder überhaupt Hunger haben, ist das eine gute Gelegenheit, dort einzukehren. Falls Sie die Burg zuvor besichtigen, können Sie anschließend den Weg links vorbei am kleinen Teich nehmen, um zurück nach Aub zu kommen.

Verlängern der Tour

Falls Sie Lust haben, können Sie die Wanderung nach Burgerroth verlängern und dort die Kunigundenkapelle besuchen. Sie haben etwa zweieinhalb Kilometer mehr zu gehen. Der Wanderweg ist gut ausgeschildert. Die Kapelle stammt aus der Zeit der Staufer. Auch diese Kapelle wurde von Fürstbischof Julius Echter von Mespelbrunn umgebaut und restauriert. Eine Legende besagt, dass die heilige Kunigunde vom Bamberger Schloss drei Schleier vom Wind forttragen ließ. Dort, wo die Schleier niedergingen, gelobte sie eine Kapelle zu bauen. Burgerroth ist einer dieser Plätze. Von Burgerroth folgen Sie der Gollach, um zur Burgruine zu kommen.

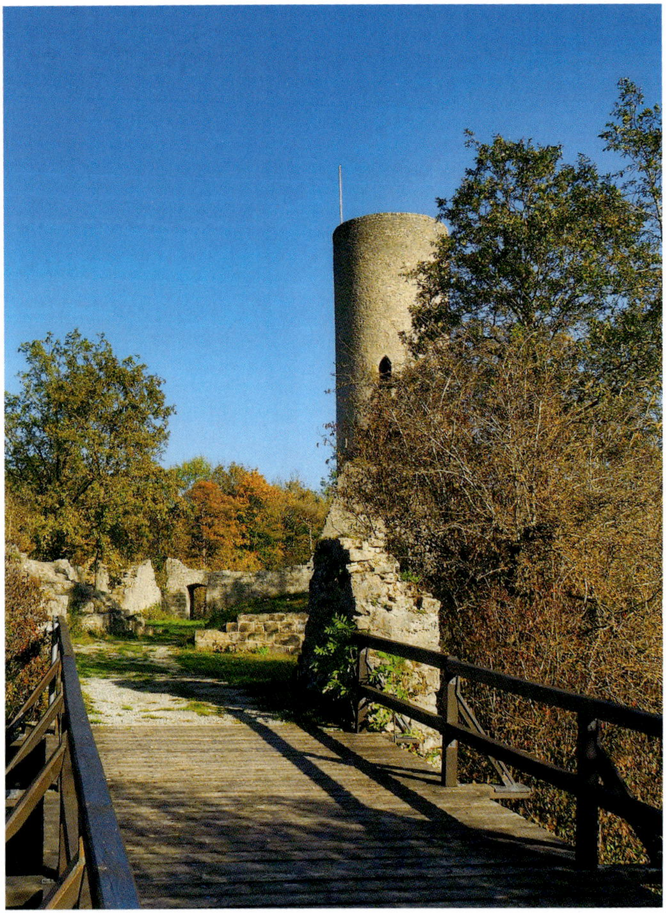

Die Ruine Reichelsberg zeigt noch sehenswerte Reste.

Zur Burg und zurück Erbaut wurde die Burg Reichelsberg um 1230 von den Brüdern Gottfried und Konrad von Hohenlohe-Brauneck. Lehensgeber war das Hochstift Bamberg, das nach dem Ende der Linie Hohenlohe-Brauneck das Lehen mit dem Hochstift Würzburg tauschte. Ab der Mitte des 18. Jahrhunderts war die Burg nicht mehr bewohnt und verfiel zur Ruine. Aus den umliegenden Orten nutzte man die Burg als Materiallieferant für Baustoffe. Das konnte erst um 1900 gestoppt werden, die vorhandenen Reste wurden gesichert und teilweise restauriert. Es ist reizvoll, in der Anlage herumzugehen, sich in dunkle Keller zu wagen und hinter eingefallene Mauern zu schauen. Den Turm darf man leider nicht besteigen. Links an der Burg vorbei geht der Weg zurück nach Aub. Wenn Sie sich nicht trittsicher genug fühlen, folgen Sie dem Tourenvorschlag am Ende nicht mehr, sondern gehen Sie die Strecke, die Sie am Waldrand für den Hinweg nutzten, zurück in die Stadt. Das Fränkische Spitalmuseum lohnt einen Besuch, falls Sie noch etwas Zeit und Lust auf ein wenig Geschichte und Kultur haben. Sie finden es am Rande der Altstadt.

Ritterspiele in Aub

Jährlich im Juli finden in Aub Ritterspiele statt, die weit über die Region hinaus bekannt und beliebt sind. Wenn Sie sehen möchten, wie in alter Zeit auf Turnieren gegeneinander geritten und mit Schwertern gekämpft wurde, dann ist Aub genau die richtige Stadt für Sie.

Wichtiges zur Tour

Tourencharakter
Leichte Wanderung. An manchen Stellen, etwa an der Burg oder auf dem Rückweg beim Abstieg im Wald, ist Trittsicherheit erforderlich.

Ausgangspunkt
Parkplatz an der Grundschule (Siedlungsweg)

Anfahrt
Auto: Über die A7, Abfahrt Gollhofen, auf die B 13 Richtung Würzburg (oder von dort kommend) Abzweigung nach Rodheim, über Gollachostheim und Hemmersheim nach Aub

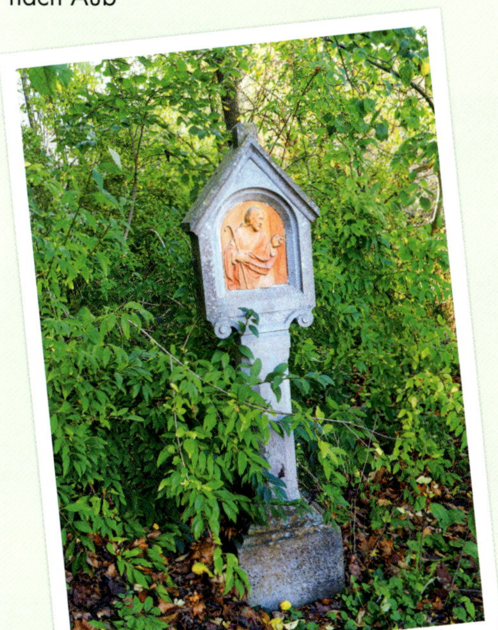

Mitten im Wald finden sich beeindruckende Bildsäulen.

Einkehr
Gartenwirtschaft Zum Turm, Etzelstraße 12, 97239 Aub, Tel. 09335/996863, www.gartenwirtschaft-zum-turm.de
Gasthof Goldenes Lamm, Marktplatz 6, 97239 Aub, Tel. 09335/4289999, www.goldenes-lamm.de
Uhlenmühle, Gollachweg, 97239 Aub, Tel. 01577/9255865, www.uhlenmuehle.de

Karte
ATK25-G05 Rothenburg ob der Tauber, 1:25000, ISBN 978-3-89933-373-2

Informationen
Stadt Aub, Marktplatz 1, 97239 Aub, Tel. 09335/9710, www.stadt-aub.de

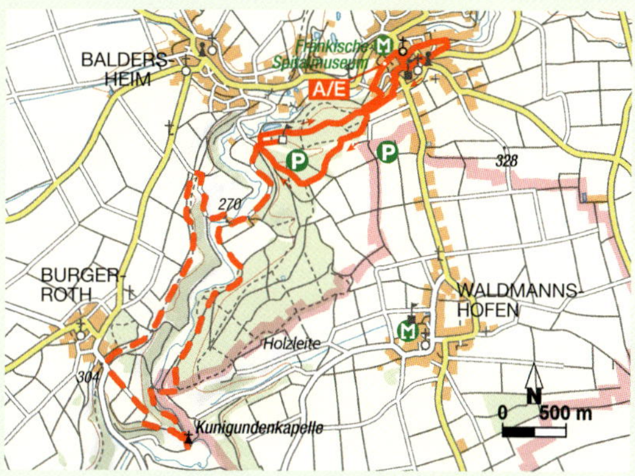

22 Von den Kartäusern in den Gau

Wanderung von Ochsenfurt nach Gaukönigshofen

mittel

2.15 Std.

110/30 Hm

8,2 km

Diese Wanderung ohne Rückweg führt südlich von Ochsenfurt an einem ehemaligen Kartäuserkloster vorbei zu einer typisch fränkischen Gemeinde auf dem Land.

Durch die Altstadt hinaus Ganz gleich, ob Sie mit der Bahn gekommen sind oder am Main parken, begeben Sie sich in die Altstadt von Ochsenfurt, um die Wandertour zu beginnen. Sie nehmen dann schon einen ersten Eindruck mit und können sich auf die Rückkehr und weitere Entdeckungen freuen. Wie Sie sich durch die Altstadt bewegen, ist eigentlich egal, nur auf die Brunnenstraße sollten Sie irgendwann stoßen, denn über diese unterqueren Sie die Gleise. Dann geht es ein gutes Stück die Straße entlang, die

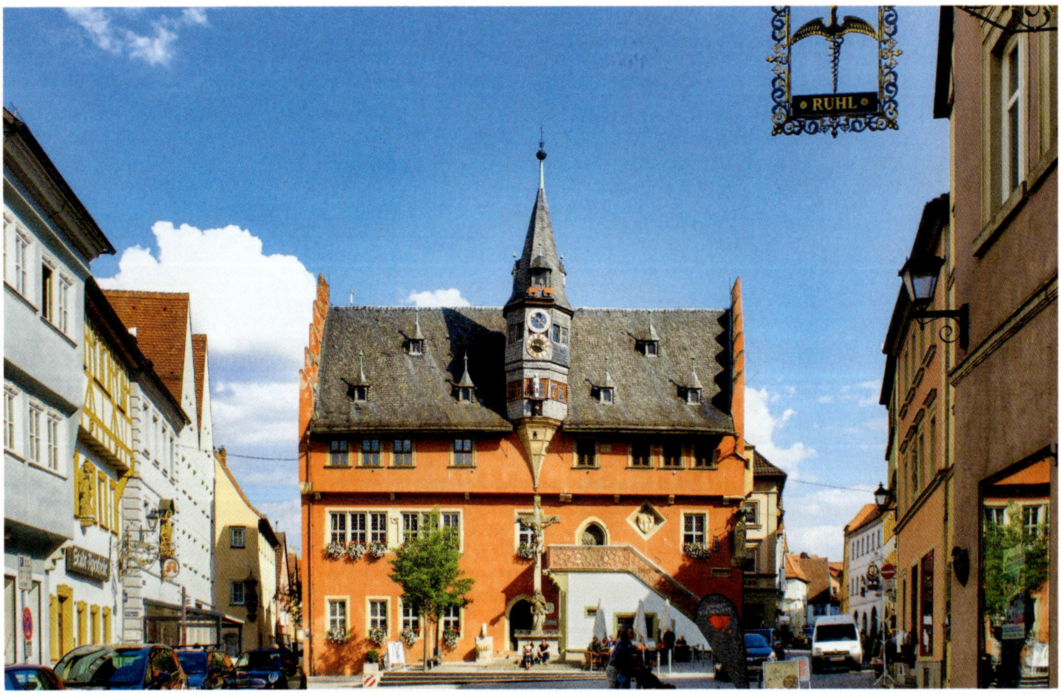

Das Ochsenfurter Rathaus

leider sehr belebt ist. Wenn Sie dies vermeiden möchten, biegen Sie von der Brunnenstraße in die Tückelhäuser Straße ab, bis der Gaubahnradweg links abzweigt und die Gleise unterquert. Sie stoßen damit wieder auf die beschriebene Wandertour. Von da ab geht die Wanderung nun durchs Grüne.

Zu den Kartäusern Der Gaubahnradweg führt an Tückelhausen vorbei. Es lohnt aber, dort einmal in den Ort zu gehen, denn es befindet sich das Kartäusermuseum darin. Die Kartause »Cella Salutis« wurde 1351 gegründet und bestand bis zur Säkularisation im Jahr 1803. Die Diözese Würzburg hat dort ein Museum eingerichtet, in dem Sie die Geschichte und Spiritualität des Kartäuserordens kennenlernen können. Geöffnet ist allerdings von Mai bis Oktober nur am Wochenende und an Feiertagen jeweils am Nachmittag. Außerdem werden im Museum Werke zeitgenössischer Künstler ausgestellt, die für die Diözese Würzburg tätig waren.

Burg Vogtsberg Der nächste Ort ist Acholdshausen. Der Gaubahnradweg führt dicht

Von Kartäusern und Kartausen

Die Kartäuser sind ein römisch-katholischer Orden, der die eremitische mit der zönobitischen Lebensweise verbindet. Damit wird der einzelne Mönch fast vollständig von der Außenwelt abgeschnitten. Als Gründer gilt der heilige Bruno von Köln (um 1030–1101). Mit der Säkularisation wurden in Deutschland alle Kartausen aufgehoben. Erst 1869 wurde in Unterrath bei Düsseldorf eine neue gegründet. Sie diente in der Zeit des Nationalsozialismus manchem Widerstandskämpfer als Versteck. Heute besteht noch die Kartause Marienau in Bad Wurzach.

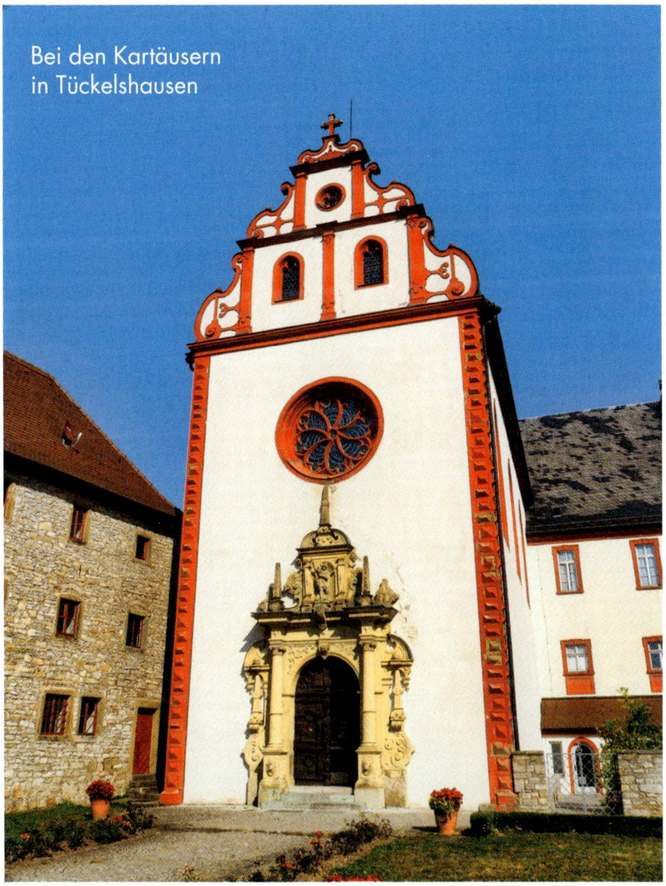
Bei den Kartäusern in Tückelshausen

daran vorbei. Am Ende des Ortes liegt zur linken Hand die abgegangene Höhenburg Vogtsberg. Viel mehr zu sehen als diese Erhebung gibt es nicht, die Burg wurde im Bauernkrieg vollständig zerstört und später nach und nach abgetragen, doch wenn Sie sich den noch erhaltenen Burgstall ansehen möchten, zweigen Sie in den Burgweg ab, über den Sie hinauf zur Burg Vogtsberg gelangen. Beim Rückweg gehen Sie den Burgweg weiter, bis Sie rechts abbiegen können und damit auf den Gaubahnradweg zurückkommen.

Ankommen in Gaukönigshofen Gaukönigshofen ist ein schöner Ort mit altem Hausbestand. Das 1607 erbaute Renaissancerathaus mit seinem Volutengiebel sieht prächtig aus. In der ehemaligen Synagoge wurde eine jüdische Kreisgedenkstätte eingerichtet, zur Erinnerung an die Opfer der nationalsozialistischen Verfolgung im Landkreis Würzburg. Am Ende des Ortes ist ein Streichelgehege mit dem Namen »Arche Noah« zu finden. Das ist nicht nur für Kinder interessant, weil hier alle Tiere wie in der Arche gemeinsam gehalten werden. Wenn Sie sich ausgiebig umgesehen haben, kommen Sie mit dem Bus zurück nach Ochsenfurt oder weiter nach Würzburg.

Der Main bei Ochsenfurt

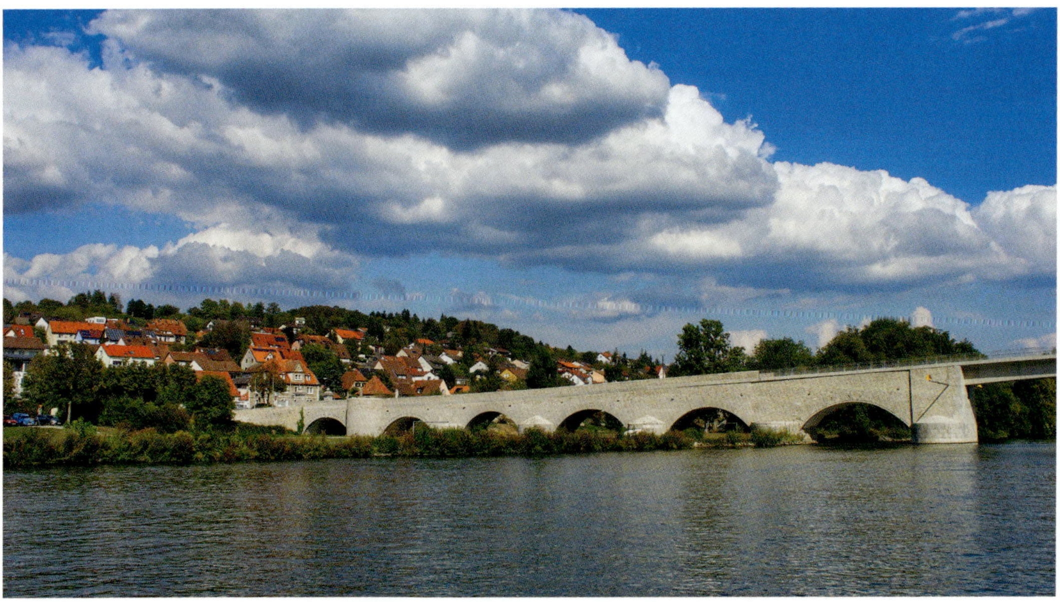

Wichtiges zur Tour

Tourencharakter
Mittelschwer, zwar leicht begehbare Wege, aber gute Grundkondition erforderlich

Ausgangspunkt
Altstadt Ochsenfurt

Anfahrt
Bahn & Bus: Ochsenfurt ist über die Bahnstrecke Treuchtlingen–Würzburg gut zu erreichen. Die Stadt gehört zum Verkehrsverbund Mainfranken (VVM). Busse von Gaukönigshofen nach Ochsenfurt mit der Linie 428, oder nach Würzburg mit der Linie 422
Auto: Aus Richtung Würzburg über die A 3 und B 13 bzw. aus Richtung Uffenheim über die A7 und B 13. Über die Südtangente in Ochsenfurt bzw. Dr.-Martin-Luther-Straße erreichen Sie den Parkplatz vor den Schienen gegenüber dem Bahnhof.

Einkehr
Hotel-Cafe-Zehnter, Julius-Echter-Straße 1, 97253 Gaukönigshofen, Tel. 093 37/ 971 00, www.hotel-cafe-zehnter.de
Gasthof Zum Gaugrafen, Mühlstraße 14, 97253 Gaukönigshofen, Tel. 093 37/623, www.gasthofgaugrafen.de

Karte
ATK25-F05 Ochsenfurt, 1:25 000, ISBN 978-3-89933-362-6

Informationen
Touristinformation, Hauptstraße 39, 97199 Ochsenfurt, Tel. 093 31/58 55, www.ochsenfurt.de
Gemeinde Gaukönigshofen, Hauptstraße 16, 97253 Gaukönigshofen, Tel. 093 37/ 97 19-0, www.gaukoenigshofen.de

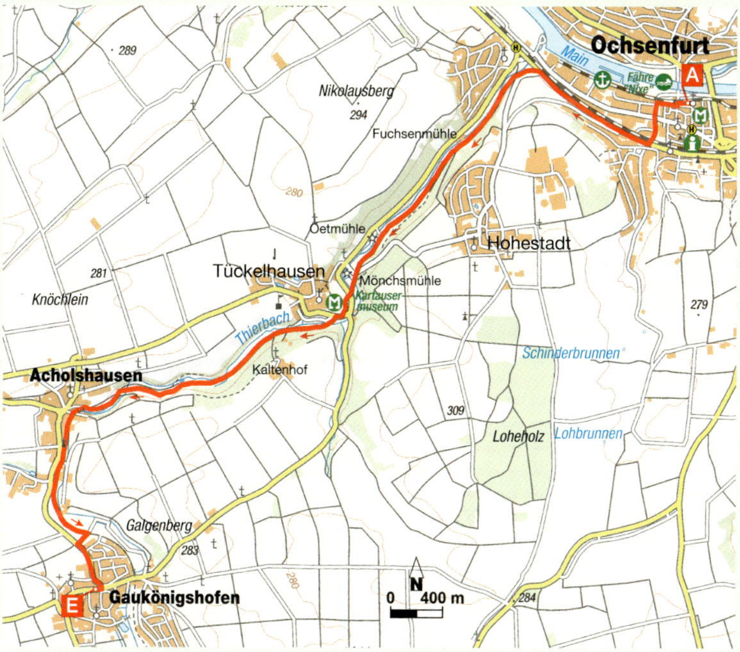

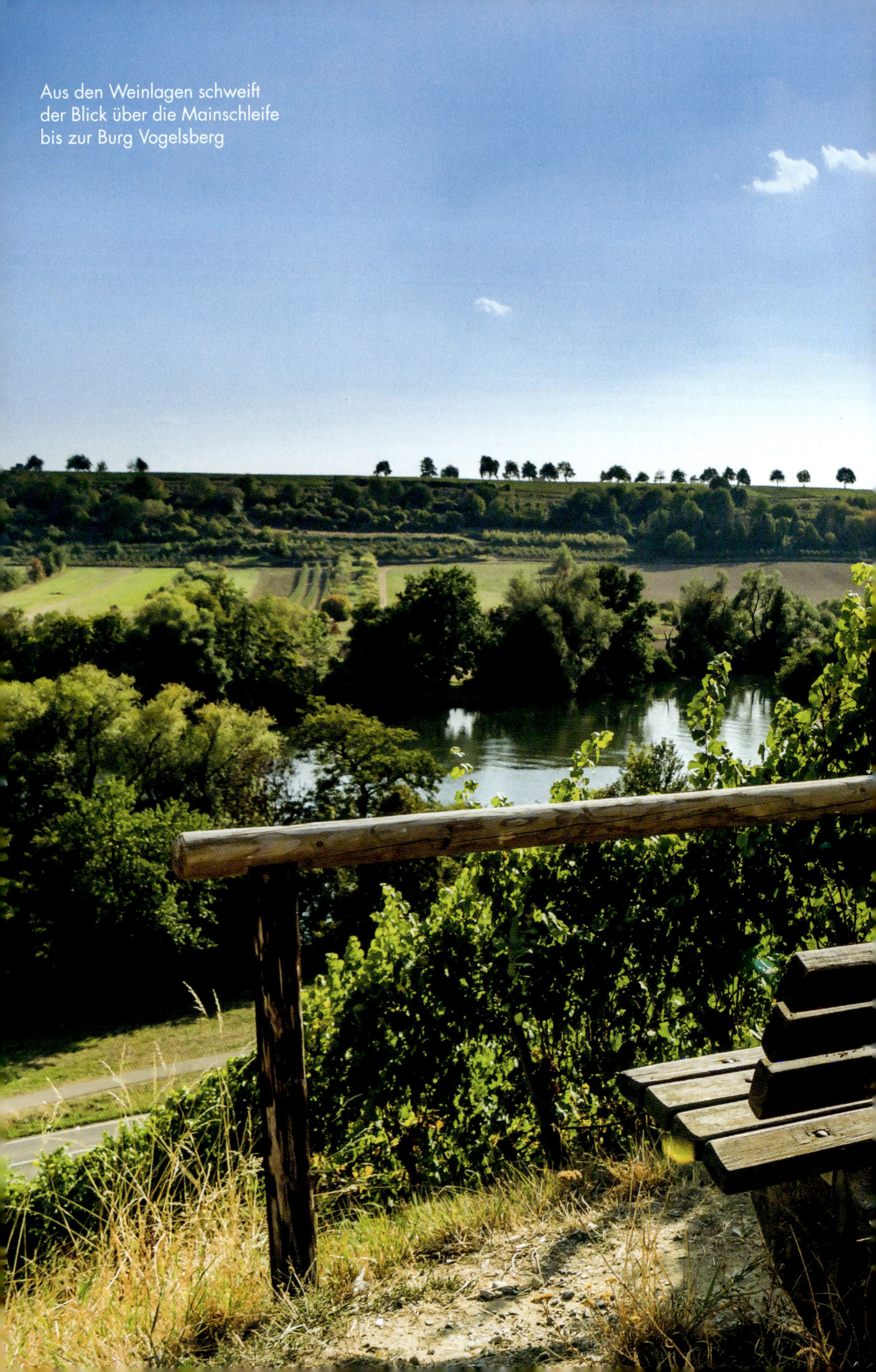

Aus den Weinlagen schweift der Blick über die Mainschleife bis zur Burg Vogelsberg

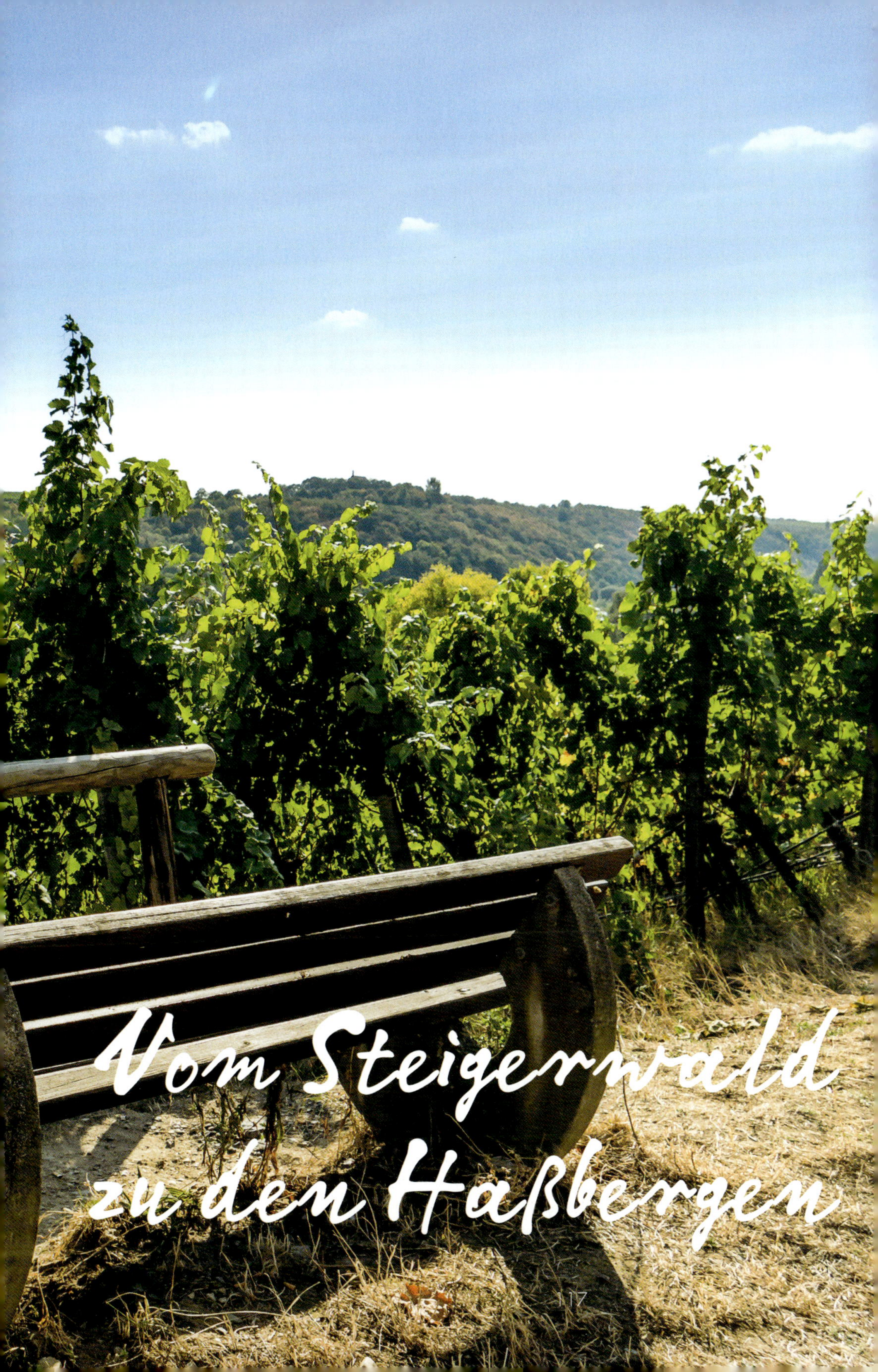

Vom Steigerwald zu den Haßbergen

23 Wein, Natur und Geschichte

Kleine Wanderung durch die Kitzinger Weinlage

leicht

1 Std.

60 Hm

4 km

Man hat am Ende nicht nur einiges über den Wein, die Arbeit im Weinberg und die Natur zwischen den Weinreben gelernt, sondern außerdem noch einen wunderbaren Ausblick auf die Landschaft zwischen Kitzingen und Repperndorf gehabt.

Mal unterhalb, mal oberhalb der Weinlagen entlang geht es bei dieser Wanderung.

Am Mühlbach entlang Beginnt man die Wanderung am Startpunkt Alemannenstraße, so begleitet man zunächst den Mühlbach ein Stück, der linker Hand neben dem Weg plätschert. Er wechselt dann kurz vor der Hinweistafel 4 auf die andere Seite der Bundesstraße. Nehmen Sie sich die Zeit, bis zum Pavillon die Tafeln zu lesen, wissen Sie schon

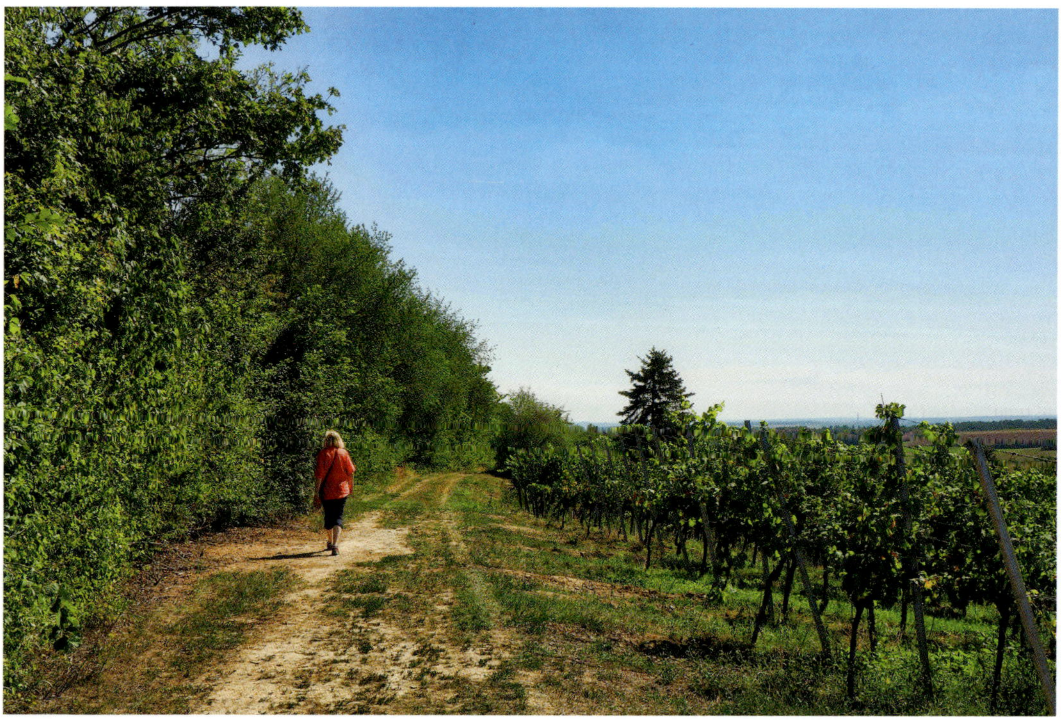

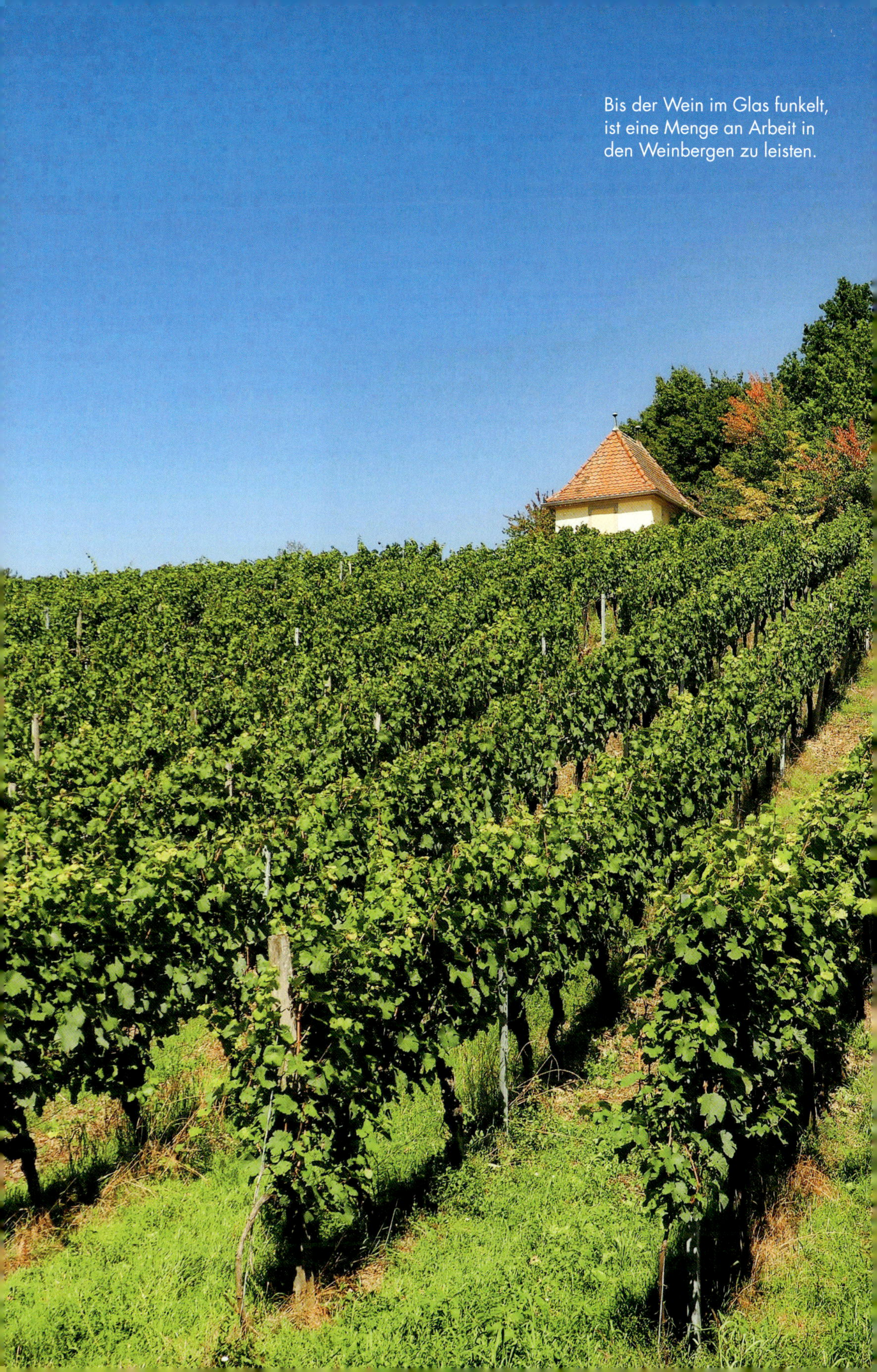

Bis der Wein im Glas funkelt, ist eine Menge an Arbeit in den Weinbergen zu leisten.

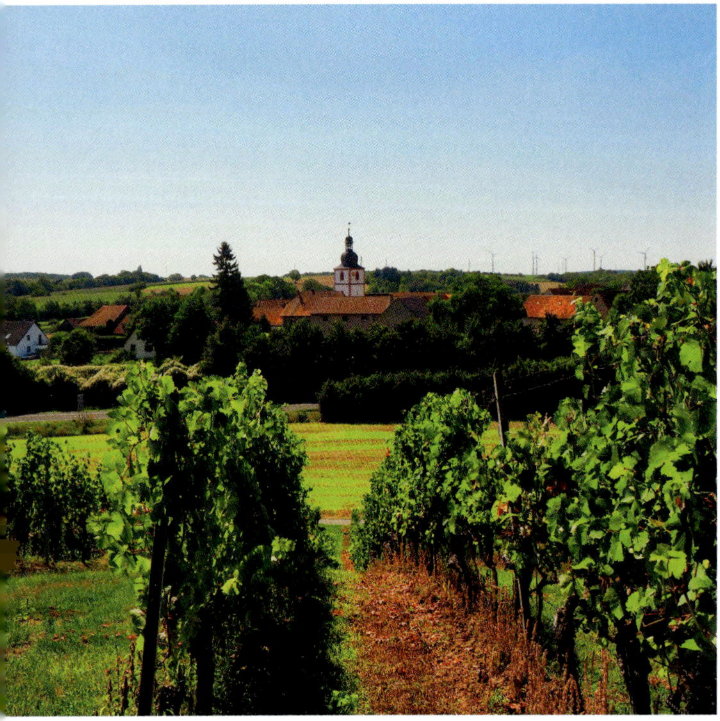

Blick nach Repperndorf

mehr über die Weinlage und ihre Besonderheiten. Der Pavillon ist eine gute Gelegenheit für eine Rast. Insbesondere wenn Sie an einem sonnigen Tag unterwegs sind, bietet er auch zur Erholung den gewünschten Schatten.

Hinauf zum Blick über die Weinlage Der Anstieg zum oberen Teil dieser kleinen Wanderung ist nicht sonderlich anspruchsvoll und außerdem erfreulich kurz. Er führt direkt an den Weinreben vorbei, linker Hand an Büschen, Sträuchern und Bäumen. Lassen Sie sich nicht verleiten, den Weg dahinter zu nehmen, Ihnen entgeht sonst der wunderbare Ausblick über die Weinlage, nach Repperndorf und nach der Hälfte des oberen Weges auch bis Kitzingen hin.

Zurück zum Parkplatz Hinter der Tafel 16 geht es wieder abwärts zum Parkplatz. Die letzte Hinweistafel 18 erläutert Ihnen das Kitzinger Weingesetz aus dem Jahr 1482. Wenn Sie nach dieser leichten, kleinen Wanderung noch Zeit und Lust haben, hängen Sie doch noch einen Spaziergang in Kitzingen an: vom Markt über die Mainbrücke, auf der anderen Seite des Flusses rechts bis zur nächsten Brücke, dort zurück, dann bis zum Falterturm und rechts zurück zum Markt.

Kitzinger Instrumentenbau

Wollten Sie immer schon eine Ukulele kaufen? Dann haben Sie in Kitzingen dazu die beste Gelegenheit, denn hier werden die BRÜKO Ukulelen hergestellt. Von Hand. Nicht importiert aus Fernost. (BRÜKO, Hubert Pfeiffer, Fluplatzstraße 27, 97318 Kitzingen, Tel. 09321/36181, https://ukulelen.brueko.de)

Wichtiges zur Tour

Tourencharakter
Sehr leichte Wanderung, mit kurzer, nicht allzu anspruchsvoller Steigung

Ausgangspunkt
Startpunkt der Beschreibung ist der Parkplatz an der Alemannenstraße. Es gibt auch einen Parkplatz in Repperndorf, der Startpunkt wäre dann der Pavillon an der Hinweistafel 10.

Anfahrt
Leider mit öffentlichen Verkehrsmitteln nicht zu erreichen
Auto: Über die B 8, von der A 7, Abfahrt Kitzingen kommend oder von Kitzingen über die B 8 Richtung Autobahn, bzw. über die Alemannenstraße

Einkehr
Gasthaus zur Stadt Kitzingen, Alte Reichsstraße 37, 97318 Kitzingen-Repperndorf, Tel. 09321/926953, www.schlossnagel.eu
Landgasthaus Römerhof, Kaltensondheimer Straße 113, 97318 Kitzingen, Tel. 09321/8564, www.roemerhof-kitzingen.de
Restaurant Mühlenstuben (Weingut Ehrieder Mühle), Kaltensondheimer Straße 115, 97318 Kitzingen, Tel. 09321/24464, www.weingut-hassold.de

Karte
Eine Karte ist für diese Wanderung nicht nötig. Es gibt einen Flyer mit Wegbeschreibung bei der Touristinformation Kitzingen.

Informationen
Touristinformation Kitzingen, Schrannenstrasse 1, 97318 Kitzingen, Tel. 09321/208888, Fax 09321/209 88 88, www.kitzingen.info

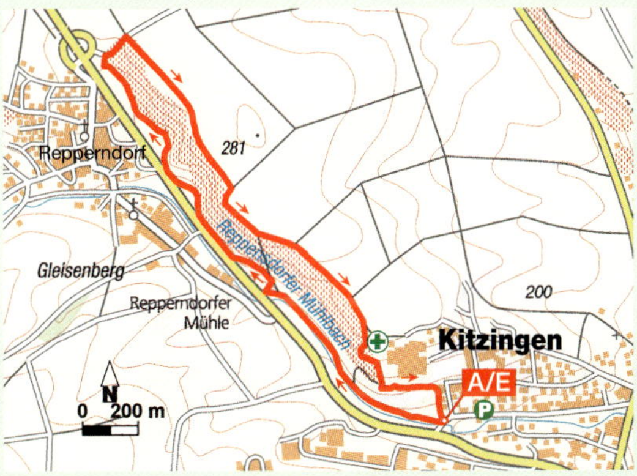

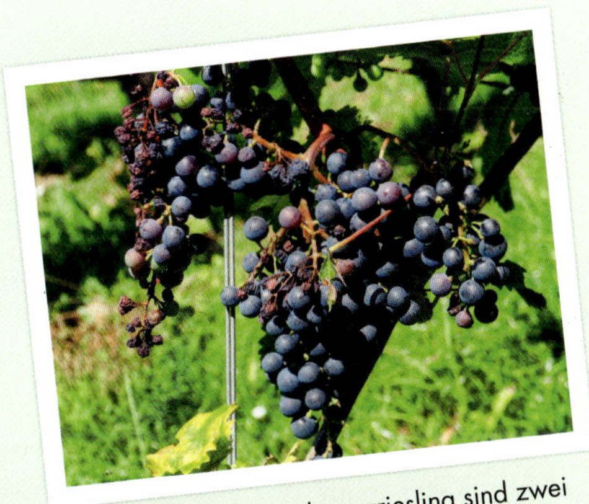

Spätburgunder und Schwarzriesling sind zwei beliebte Rebsorten für fränkischen Wein.

24 Traumrunde um den Schlossberg

Auf dem Schwanberg bei Rödelsee

- leicht
- 2 Std.
- 90 Hm
- 7 km

Die Runde um den Schwanberg ist eine Traumrunde, weil sie alles bietet, was man sich zu einer gelungenen Wanderung wünscht: ruhige Waldwege, stille Weiher, zuletzt einen verzauberten Schlosspark.

Auf den Schwanberg Leider ist der Schwanberg mit öffentlichen Verkehrsmitteln nicht zu erreichen. Parken Sie auf dem Parkplatz vor dem Schloss. Sie beginnen die Tour, indem Sie sich vom Schloss abwenden und zunächst in die entgegengesetzte Richtung gehen. Zuvor schauen Sie sich vielleicht aber doch die große Tafel mit den Wanderrouten an. Die hier im Buch vorgeschlagene Route erscheint mir die optimale

Der Birkensee ist eher ein Teich, deshalb aber nicht weniger reizvoll zum Verweilen.

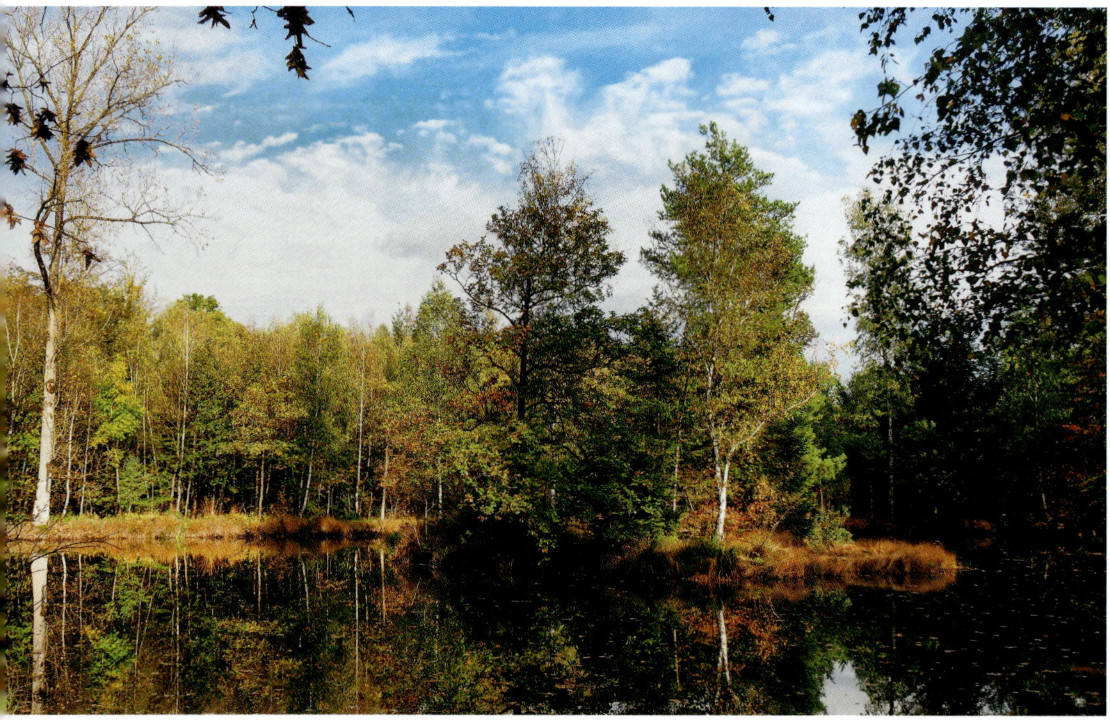

zu sein, aber Sie können auch andere Varianten wählen – kürzere oder ganz kurze. Verlaufen können Sie sich kaum, denn die Wege sind hervorragend ausgeschildert, sodass eine Beschreibung hier schon fast überflüssig ist.

Dort, wo die Straße eine Schleife macht, biegen Sie in die entgegengesetzte Richtung, also links ab. Folgen Sie dem Weg durch dichten Wald, bis es links ab zum Weiher geht, der Birkensee heißt. Er liegt verträumt mitten im Wald, lädt zum Umrunden oder zur beschaulichen Rast auf der Bank am Rande ein. Vielleicht sitzt aber schon jemand dort. Dann schließen Sie sich der Kontemplation an oder verzichten darauf und lassen sich auf ein Gespräch ein. So oder so geht es danach am anderen Ende des Weihers weiter, bis der Weg sich teilt. Sie gehen links weiter und am Ende rechts.

Friedwald und Keltenschanze

Erneut entfernen Sie sich vom Schloss. Die Wegweiser zeigen auf den vorderen und hinteren Keltenwall. Vorher kommen Sie an einem Friedwald vorbei. Am Ende des Weges biegen Sie links ab und bei einer der beiden nächsten

Der Schwanberg

Die Kelten hatten auf dem Schwanberg ein großes Oppidum, das von etwa 900 v. Chr. bis ins frühe Mittelalter genutzt wurde. Reste der Wälle sind noch zu sehen. Die Befestigungen aus der Besiedlungszeit durch die Franken sind als Bodendenkmal zu finden. Im 13. Jahrhundert wurde eine Burg errichtet, die im Bauernkrieg zerstört wurde. Julius Echter ließ sie als Schloss wiederaufbauen, doch der Dreißigjährige Krieg machte auch dies zunichte. Die Reste verfielen. Die Grafen zu Castell-Rüdenhausen kauften das Schloss 1911 und legten einen großen Schlosspark an. Das Schloss wurde nach dem Tod des letzten Grafen verkauft und wird heute von den Schwestern der Communität Casteller Ring bewohnt, kann also nicht besichtigt werden.

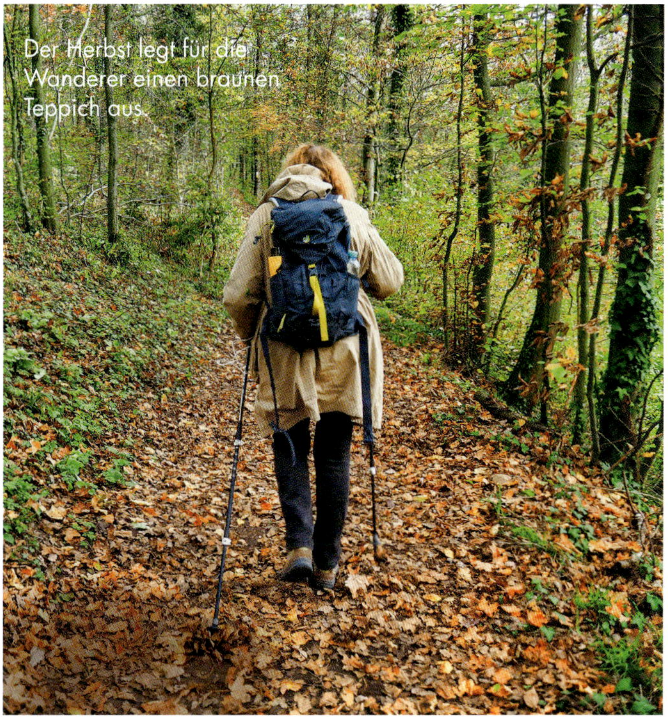

Der Herbst legt für die Wanderer einen braunen Teppich aus.

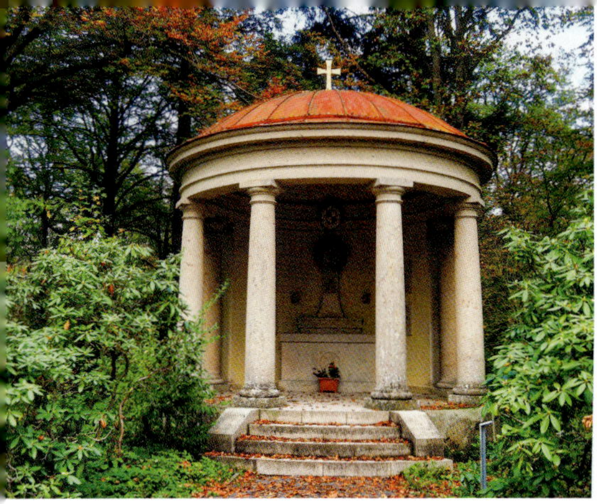

Gelegenheiten wieder links. Die zweite Gelegenheit ist kaum länger, aber schöner, doch bei etwas matschigem Wetter ist die erste Abzweigung die bessere Option. Dieser Weg führt nun zum Schlosspark. Vorher passieren Sie noch den Zypressensee. Ursprünglich gehörte er wohl zum Schloss, sieht aber nun ein wenig verwildert, also natürlich und nicht angelegt aus.

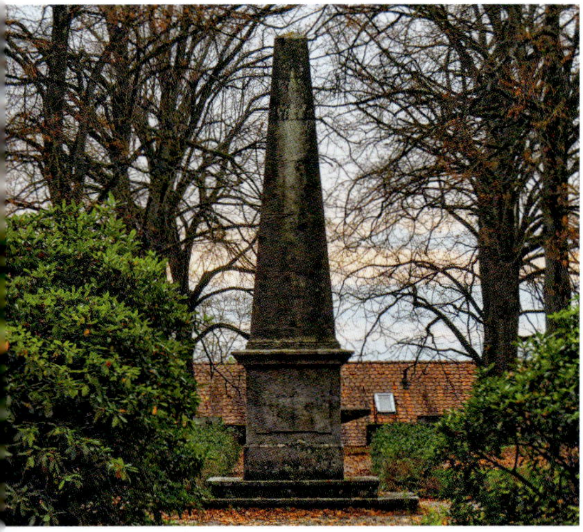

Schlosspark und Schloss Den Schlosspark betreten Sie beim Pavillon, der auch ein Grabmal ist. Zumindest weisen die darin angebrachten Tafeln darauf hin. Durch diesen Park kehren Sie zurück zum Parkplatz und können vorher noch einen Blick auf das Schloss werfen. Zurückfahren müssen Sie nicht gleich, Sie können sich auch noch in den Biergarten setzen und den schönen Ausblick genießen. Durch die Weinlagen rund um den Schwanberg hat auch dieser im Herbst ein ganz besonderes Ambiente.

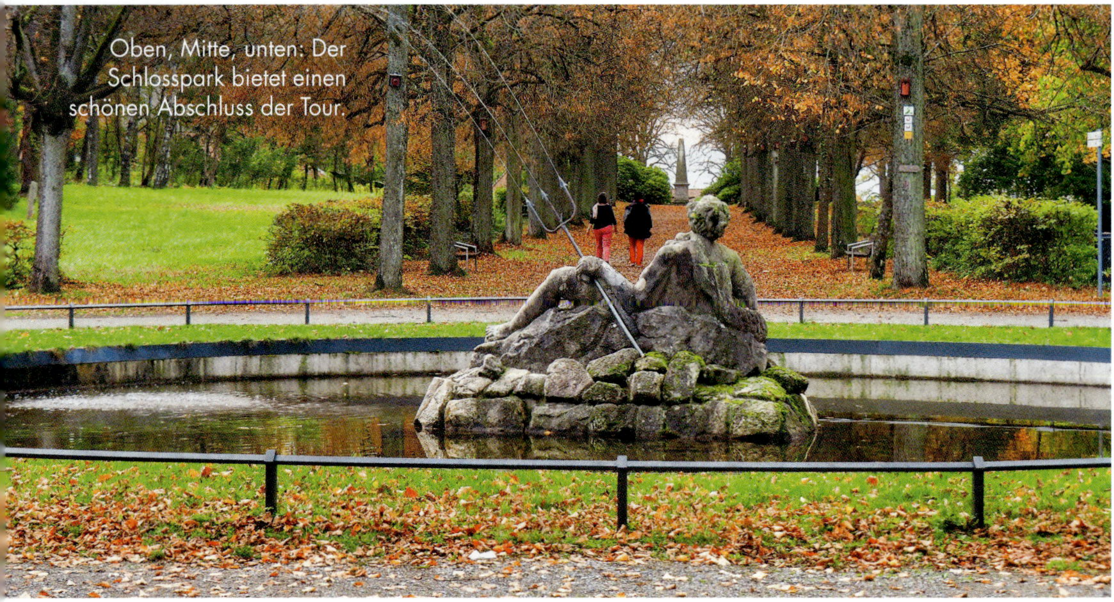

Oben, Mitte, unten: Der Schlosspark bietet einen schönen Abschluss der Tour.

Wichtiges zur Tour

Tourencharakter
Leicht, keine besonderen Anforderungen, Trittsicherheit von Vorteil

Ausgangspunkt
Parkplatz am Schloss

Anfahrt
Auto: Über die B 6 von Neustadt an der Aisch oder Kitzingen

Einkehr
Biergarten, 97348 Rödelsee

Karte
UK50-7 Fränkisches Weinland, 1:50 000, ISBN 978-3-89933-596-5

Informationen
Stadt Iphofen, Marktplatz 26, 97346 Iphofen, Tel. 093 23/87 03 06, www.iphofen.de

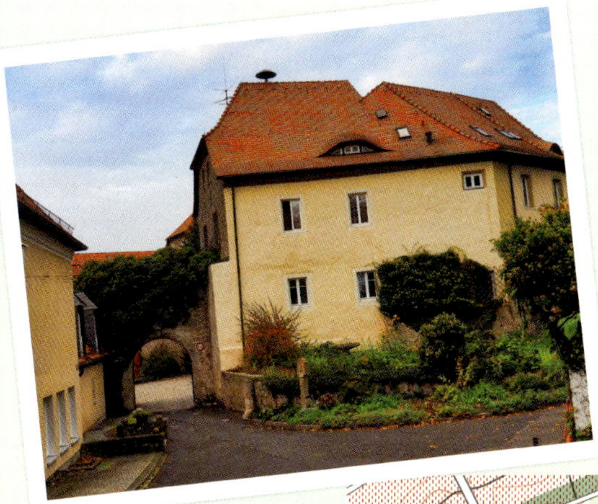

Zu besichtigen ist das Schloss heutzutage nicht.

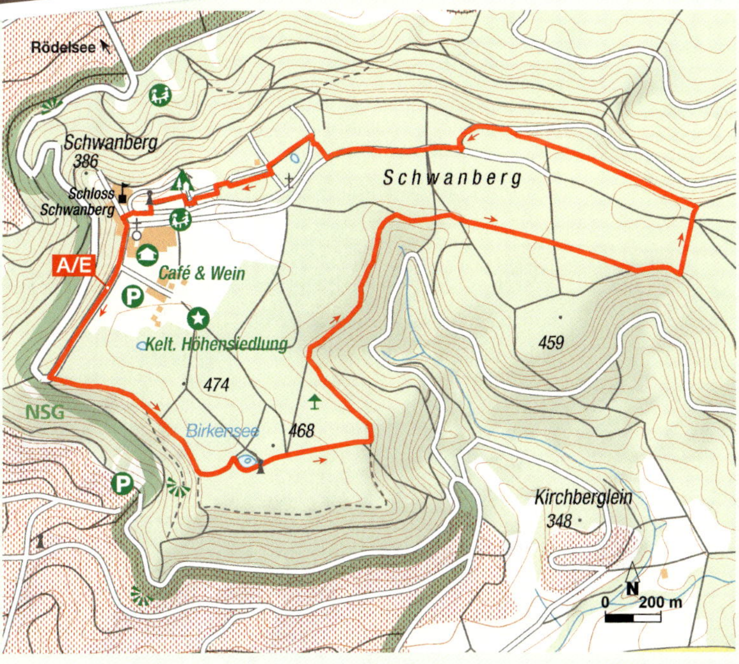

25 Auf dem Klosterweg

Wandern bei Münsterschwarzach

- leicht
- 1.15 Std.
- 10 Hm
- 4,9 km

Die Wandertour bei der Abtei Münsterschwarzach motiviert zur Stille. Sie bietet keine großen Besonderheiten und wenig Ablenkung, dafür aber die Möglichkeit der Selbstreflektion und Kontemplation. Selbstverständlich müssen Sie anschließend nicht ins Kloster eintreten.

Start bei der Abtei Schon bei der Anfahrt beeindruckt die viertürmige Abtei, die mächtig aus dem kleinen Ort herausragt. Gegründet wurde sie bereits im Jahr 742, zunächst für Nonnen. Im 9. Jahrhundert übernahmen Mönche aus dem Steigerwald das Kloster. Bauernkrieg, Dreißigjähriger Krieg und andere Wirren sorgten dafür, dass das Kloster mehrfach zerstört wurde. Die heutige Klosterkirche, er-

Die Abteikirche ist nicht zu übersehen.

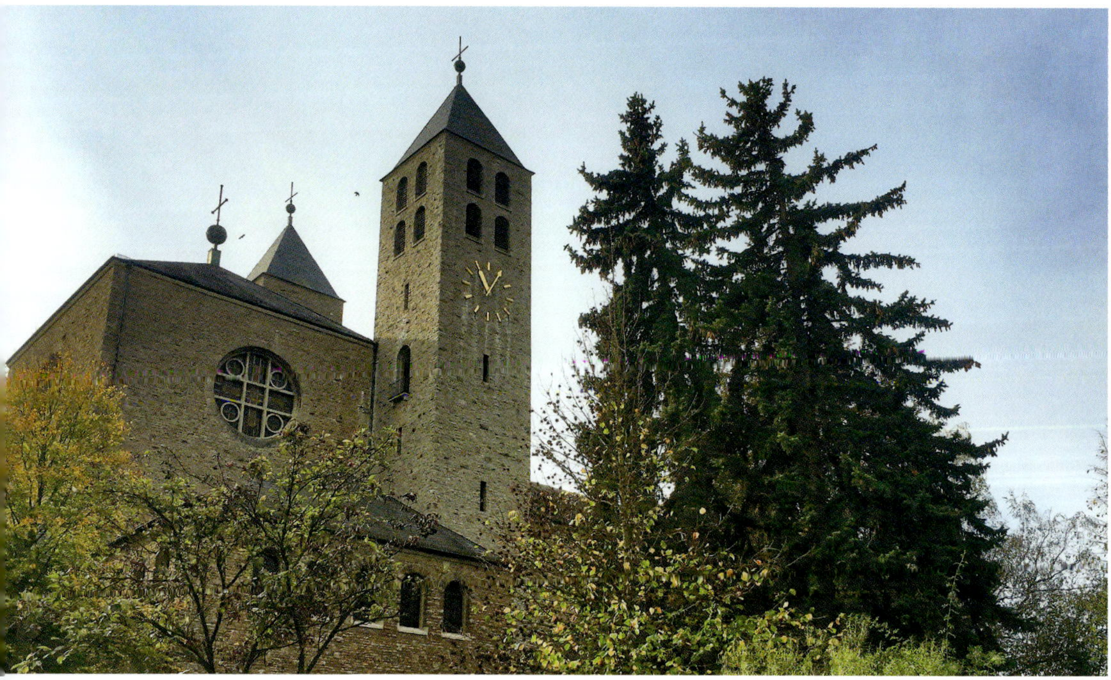

baut von 1935 bis 1938, ist bereits die vierte Kirche an dieser Stelle. Vorgängerbauten, darunter eine barocke Kirche von Balthasar Neumann, haben nicht überdauert.
Die Wanderung beginnt, indem Sie links an der Klosterkirche vorbeigehen. Der Weg führt Sie zwischen Feldern durch und ist von Landwirtschaft dominiert. Sie biegen nach rechts ab, wenn Sie dort den Ort Düllstadt sehen. Sie können kurz vor dem Ort rechts abbiegen und dem Castellbach bis zum Kloster zurück folgen. Ich empfehle, den Ort zu durchqueren und jenseits des Castellbaches die Rückkehr zu beginnen.

Über die Eingangspforte kommt man auch ins Museum, in dem vom Leben und Arbeiten der Benediktiner berichtet wird.

Verlängern der Tour

Diese Wandertour ist nicht allzu lang. Wenn Sie ein wenig mehr laufen möchten, dann biegen Sie nicht nach Düllstadt ab, sondern gehen Sie links weiter bis zur Schwarzach, rechts herum an diesem Flüsschen entlang, bis Sie wieder auf den ursprünglichen Weg stoßen. Nach ein paar Metern geht es rechts ab. Sie kommen hinter Düllstadt auf die Bamberger Straße und folgen dieser in den Ort hinein.

Zurück auf dem Schweigepfad Ein Stück weit folgen Sie der Bamberger Straße durch den Ort und biegen schließlich in den Klosterweg ein. Sie können diesem folgen und so zurück zum Kloster kommen. Empfehlenswert ist es aber, auf halber Strecke abzubiegen und zum Castellbach zu gehen. Dort stoßen Sie auf den Schweigepfad, auf dem Sie still zum Kloster zurückkehren. Es spricht nichts dagegen, die Tour etwas in die Länge zu ziehen und auf einer der Bänke das Schweigen auch im Sitzen eine kleine Weile zu üben. Sie können sich am Ende des Weges rechts oder links wenden. Links durchqueren Sie die

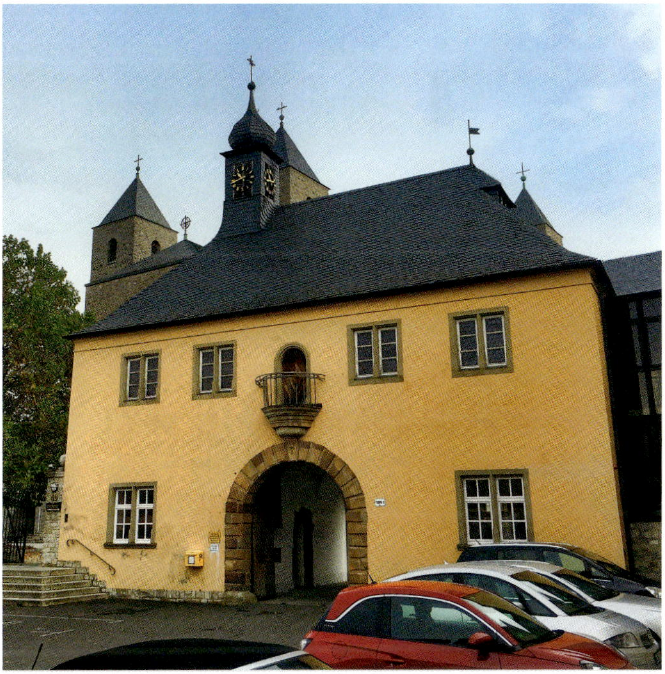

Anselm Grün

Eng verbunden mit der Abtei ist Anselm Grün, der als Cellerar für die wirtschaftliche Leitung der Abtei von 1977 bis Oktober 2013 tätig war. Bekannter ist er als Buchautor. Mehr als 300 lieferbare Titel gibt es von ihm. Diese Bücher erscheinen hauptsächlich im Vier-Türme-Verlag.

Gartenbaubetriebe des Klosters, stoßen auf die Schweinfurter Straße und umgehen das Kloster so von außen. Rechts herum sehen Sie etwas von den vielfältigen Betrieben, die auf dem Klostergelände untergebracht sind, neben Bildungseinrichtungen zum Beispiel den Vier-Türme-Verlag und eine Fair-Handel-Verkaufsstelle.

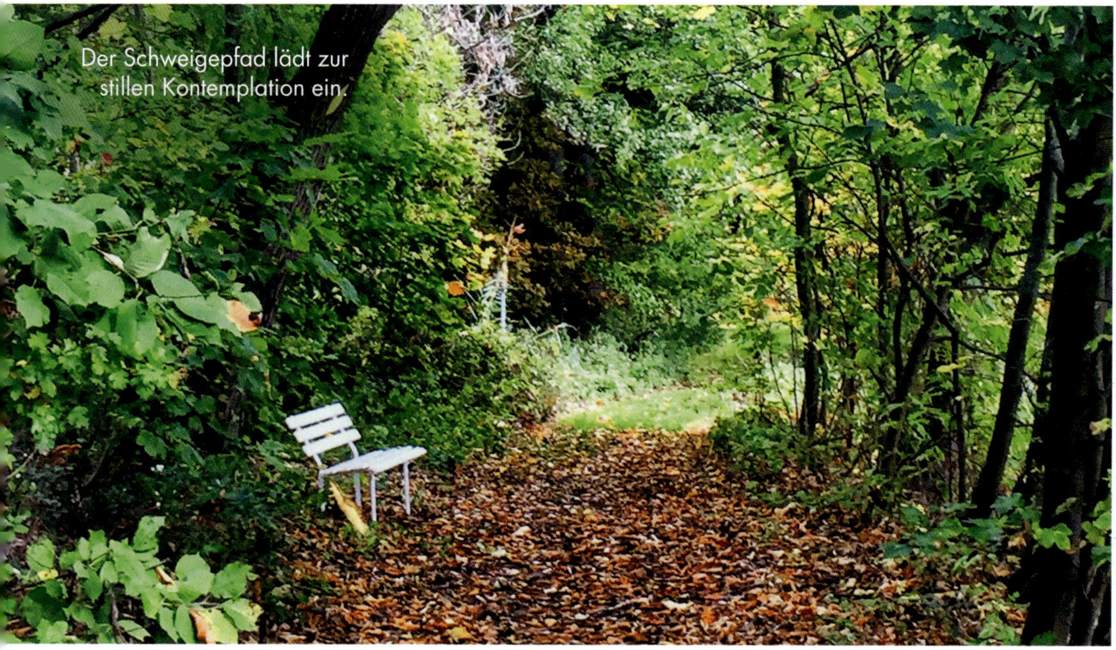

Der Schweigepfad lädt zur stillen Kontemplation ein.

»Ora et labora et lege«

Der Orden des Heiligen Benedikt ist eine kontemplative katholische Glaubensgemeinschaft, die nach ihrem Gründer Benedikt von Nursia (um 480–547) benannt ist. Sie gilt als ältester westlicher Orden überhaupt. »Ora et labora et lege« (Bete und arbeite und lies«) ist eine der Grundregeln des Ordens.

Am Ende ins Museum Den Abschluss der Wanderung könnte ein Besuch im Benediktinermuseum im Torhaus bilden. Es zeigt das Leben der Benediktinermönche in der heutigen Zeit.

Wichtiges zur Tour

Tourencharakter
Leicht, keine besonderen Anforderungen

Ausgangspunkt
Kloster Münsterschwarzach

Anfahrt
Bus: Mit der Linie 8108 Münsterschwarzach–Würzburg, Linie 8110 Münsterschwarzach–Volkach oder Linie 8110 Münsterschwarzach–Kitzingen
Auto: Über die A3, Ausfahrt Kitzingen/Schwarzach oder von Bamberg über die B22

Einkehr
Gasthaus Zum Benediktiner, Schweinfurter Straße 31, 97359 Schwarzach am Main, Tel. 09324/99798, www.zumbenediktiner.de
Cafe Luise, Schweinfurter Straße 44, 97359 Schwarzach am Main, Tel. 09324/1523

Karte
ATK25-E05 Kitzingen, 1:25000, ISBN 978-3-89933-348-0

Informationen
Abtei Münsterschwarzach, Schweinfurter Straße 40, 97359 Münsterschwarzach, Tel. 09324/20-0, www.abtei-muensterschwarzach.de

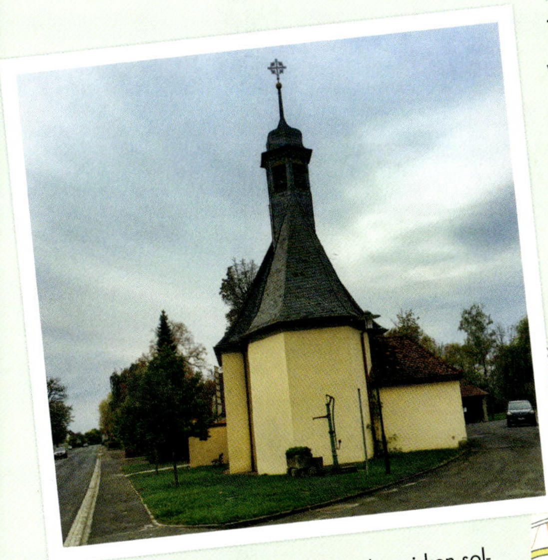

Angesichts der mächtigen Abteikirche wirken solche kleinen Kapellen am Wegrand eher verspielt.

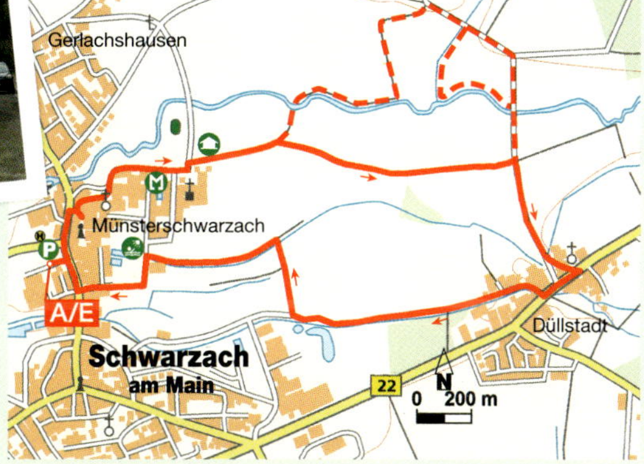

26 Entlang der Mainschleife

Von Volkach nach Fahr

mittel

3 Std.

60 Hm

10,7 km

Die Wanderung von Volkach bis zur Fähre bei Fahr und auf der anderen Seite zurück bietet Einblick in die abwechslungsreiche Landschaft und deren Nutzung entlang des Mains.

Schattig durch eine Baumallee führt der Weg von Volkach weg.

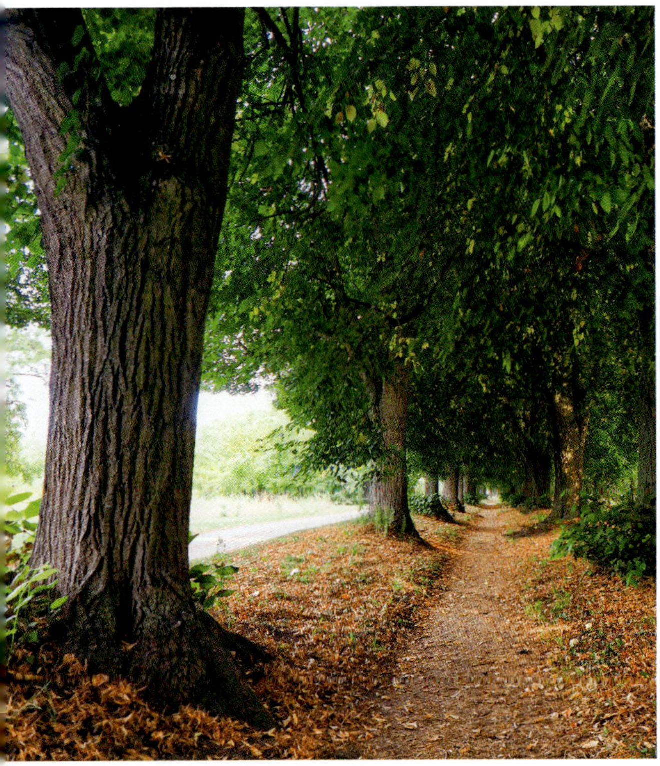

Mäandernder Flusslauf Der Main schlängelt sich vielfältig durch die fränkischen Lande und bildet daher auch zahlreiche Schleifen. Die bei Volkach ist besonders bekannt, vielleicht weil sie dort an einer Stelle besonders eng ist. Wenn Sie diese Tour planen, sollten Sie einbeziehen, dass die Fähre bei Fahr nicht jederzeit fährt. Schauen Sie sich die Fährzeiten auf der Website an (www.fahr-am-main.de/mainfaehre.html), damit Sie nicht an der Fährstelle stehen und kein Fährbetrieb ist. Sind Sie mit dem Auto gekommen, parken Sie am besten vor dem Hindenburgpark, beim Kreisverkehr, in dem die St 2260 und St 2271 zusammenführen. Wenn Sie mit dem Bus gekommen sind, orientieren Sie sich am Hindenburgpark. Von dort geht es nämlich los.

Den Main entlang flussaufwärts Unterqueren Sie die Straße und folgen Sie dem ausgeschilderten Weg, zwischen Schrebergärten hindurch, am Freibad Volkach vorbei, den Main zur linken Hand. Der Weg ist baumbewachsen, teil-

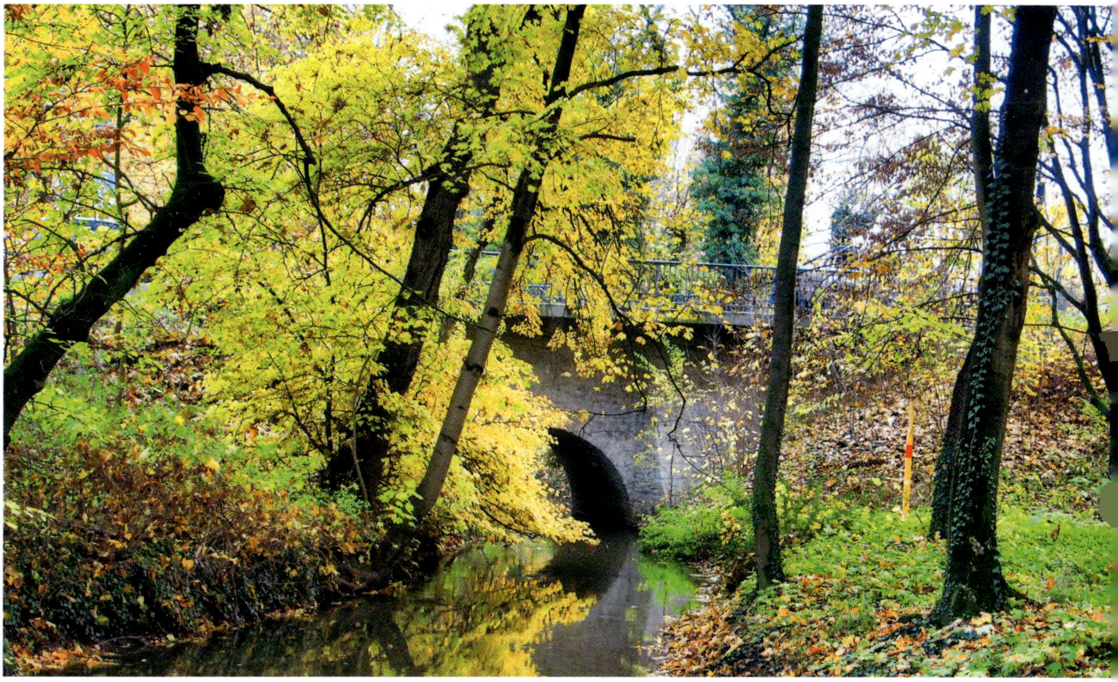

Bis dicht ans Wasser reichen die Laubbäume mit ihrer herrlichen Herbstfärbung.

weise alleeartig, damit schattig und auch bei Sonnenschein gut zu gehen. Die Distanz zum Main wird immer geringer und in der Biegung folgen Sie ihm schon ziemlich dicht. Dann entfernen Sie sich wieder ein Stück, weil Sie einen Baggersee passieren müssen, der neben dem Main liegt. Danach kommt langsam der Ort Fahr in Sicht. Vorher müssen Sie noch durch die Sandgrasheiden am Elgersheimer Hof, auf dem Sie übrigens auch Ferienwohnungen mieten können.

Zur Fähre bei Fahr Haben Sie Fahr erreicht, sind Sie auch gleich schon bei der Mainfähre. Wenn Sie die Wandertour gut geplant haben,

Seltene Tierwelt

Wenn Sie aufmerksam sind und ab und an schauen, was sich in Bodennähe tut, erkennen Sie vielleicht ein paar Springer, die mit orangefarbenen Flügeln ausgestattet sind, die aber nach dem Landen nicht mehr zu sehen sind. Dabei handelt es sich um die Rotflügelige Ödlandschrecke (Oedipoda germanica), eine Feldheuschreckenart, die ausschließlich in schwach bewachsenen, steinigen oder felsigen Habitaten vorkommt. So schwach bewachsen sind die fränkischen Uferlandschaften des Mains in der Regel nicht, aber es finden sich offensichtlich doch wohl Stellen, die den Ödlandschrecken gefallen.

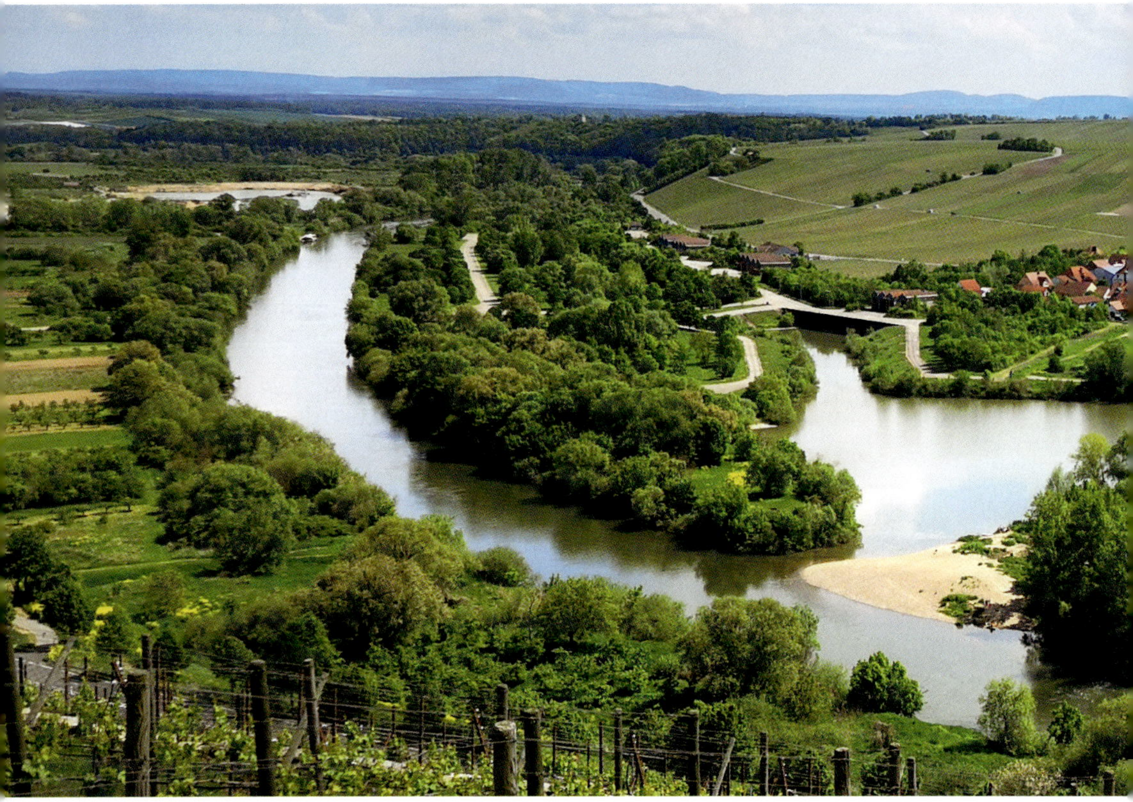

müssen Sie sicher nicht lange warten, um überzusetzen. Vielleicht möchten Sie aber auch erst einmal eine Pause und Brotzeit machen. Bänke und Tische stehen an der Fährstelle und laden zum Rasten und Rucksackauspacken ein.

Auf der anderen Mainseite zurück Auf der anderen Mainseite angekommen geht es links am Main zurück. Zweigen Sie nach 100 Metern in den zweiten Weg ab, denn der erste endet bald. Wenig später führt unser Weg wieder durch einen Wald, der in der Mainbiegung jedoch in offenes Gelände übergeht. Kurz nach dem Austritt aus dem Wald sollten Sie schauen, dass Sie die Abzweigung nach rechts nehmen, denn nur so kommen Sie auf den Quittenpfad. Dieser Lehrpfad führt an Quittenplantagen vorbei, bei denen durch viele Tafeln erläutert wird, was Quitten für Früchte sind und wie viele verschiedene Sorten es gibt. Außerdem sind noch solche Raritäten wie Mispelbäume

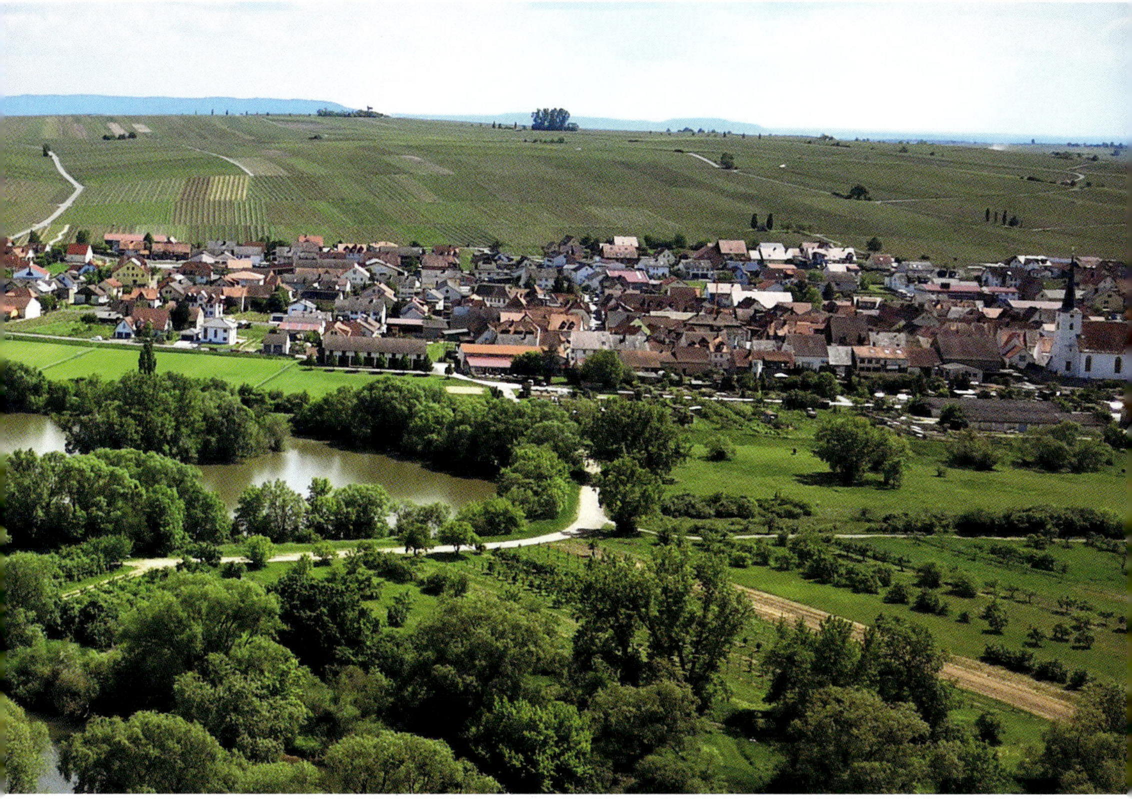

Die Mainschleife sieht von der Vogelsburg sehr beindruckend aus.

zu sehen. Am Ende des Pfades finden Sie den Quittenladen, in dem Sie sich ein Glas Quittensecco oder Quittensaft gönnen können. Doch allein schon der Quittenduft dort ist ein Genuss. Damit sind Sie auch schon wieder in Volkach. Sie müssen nur noch über die Brücke. Das wars! Oder vielleicht nicht?

Die Vogelsburg Von der Fähre aus haben Sie vielleicht gesehen, dass »da oben« noch etwas ist. Es ist die Vogelsburg. Dabei handelt es sich um eine Anlage, die schon in vor- und frühgeschichtlicher Zeit befestigt war und bis ins Mittelalter genutzt wurde. Von dieser Befestigung sind nur noch Reste zu sehen. Im 13. Jahrhundert wurde dort von den Grafen von Castell ein Kloster errichtet. In den diversen Wirren – Bauernkrieg, Dreißigjähriger Krieg und andere – wurde das Kloster immer wieder zerstört, neu aufgebaut, stand leer, wurde wieder verwaltet. Im 18. Jahr-

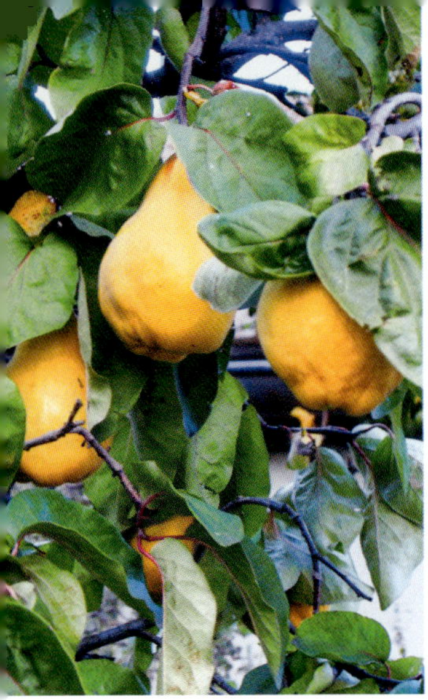

Der Quittenweg bietet einen schönen Abschluss der Wanderung.

hundert begannen die Grafen von Castell ihre Vorfahren dort beizusetzen. Die Vogelsburg hatte in den folgenden Jahrhunderten wechselnde Besitzer. Ein Ausflugslokal wurde eingerichtet, bis 1957 die Gemeinschaft der Augustinusschwestern das Kloster in Erbpacht bezog. Im Jahr 2010 übernahm die Stiftung Juliusspital Würzburg die Anlage. Von 2013 bis 2015 wurde die Vogelsburg umgebaut.
Die Frage ist: Lohnt es sich, da hinaufzugehen? Die Antwort: Ja, aber es ist nicht einfach. Doch machbar. Dort, wo Sie für den Quittenweg links abzweigen, gehen Sie rechts. Folgen Sie dem Weg, der in einem Bogen zur Straße führt. Diese überqueren Sie und gehen rechts den Weg, der Sie zur Vogelsburg bringt. Der Ausblick auf die Mainschleife von dort oben ist phänomenal. Sie werden entdecken, dass es noch eine Mainfähre gibt (von Eschendorf nach Nordheim am Main). Sie können anschließend zurück auf den beschriebenen Weg, um den Quittenpfad nicht zu verpassen, oder sie folgen einfach dem Weg an der Straße entlang, um schneller nach Volkach zurückzukehren.

Die Volkacher Altstadt

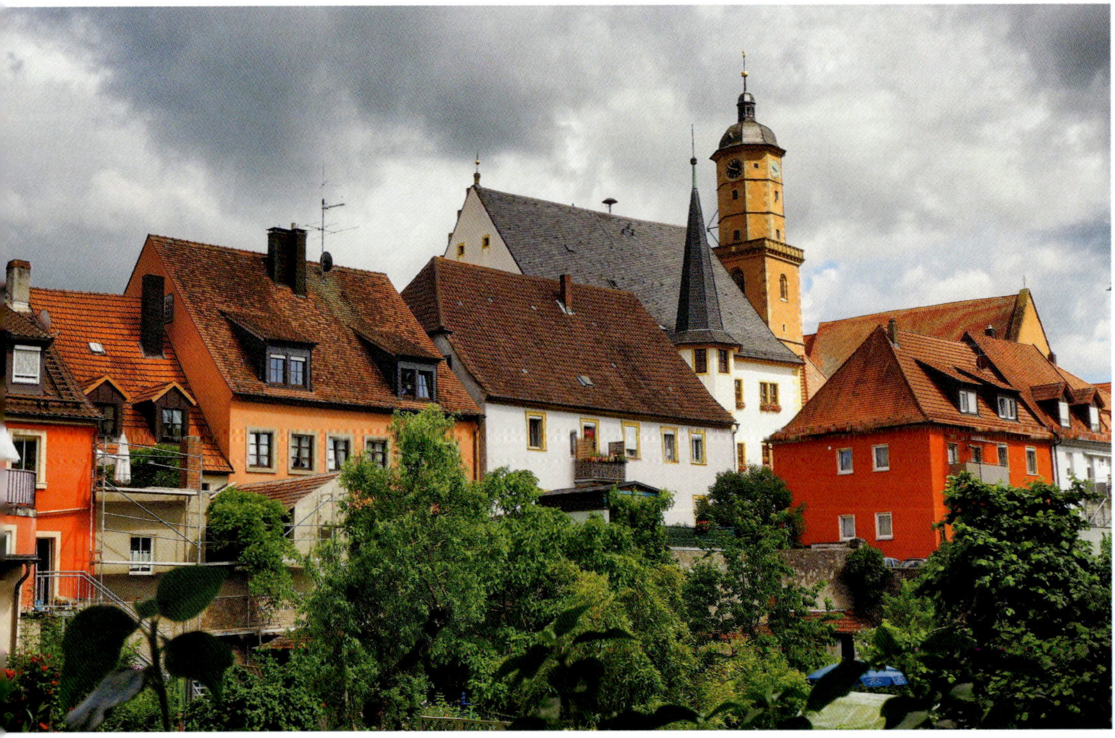

Wichtiges zur Tour

Tourencharakter
Mittel, Trittsicherheit von Vorteil

Ausgangspunkt
Volkach, Parkplatz am Hindenburgpark

Anfahrt
Bus: Mit der Linie 8105 Volkach–Würzburg oder Linie 8137 Volkach–Schweinfurt
Auto: Volkach liegt weder an einer Autobahn noch an einer Bundesstraße, kann aber über die St2260, St2271 und St2274 gut erreicht werden. Die A3, Ausfahrt Kitzingen/Schwarzach ist die nächstmögliche Autobahnabfahrt.

Einkehr
Schoppenhäusle. Weinstraße 21, 97332 Volkach, Tel. 09381/802337, www.schoppenhaeusle.de
mainwein Weinbistro Volkach, Hauptstraße 22, 97332 Volkach, Tel. 09381/8474956
Gasthaus Zum Hirschen Heidrun & Kilian Krapf, Blütenstraße 2, 97332 Volkach-Fahr, Tel. 09381/2456, www.weinbau-krapf.de
Hotel & Restaurant Vogelsburg, Vogelsburg 1, 97332 Volkach, Tel. 09381/7108970, www.vogelsburg-volkach.de
Der Quittenladen, Dieter Wolfahrt, Am Kloster 24, 97332 Volkach OT Astheim, Tel. 0172/4725777, www.derquittenladen.de

Karte
ATK25-E06 Volkach, 1:25000, ISBN 978-3-89933-349-7

Informationen
Touristinformation Volkacher Mainschleife, Rathaus, 97332 Volkach, Tel. 0938/40112, www.volkach.de

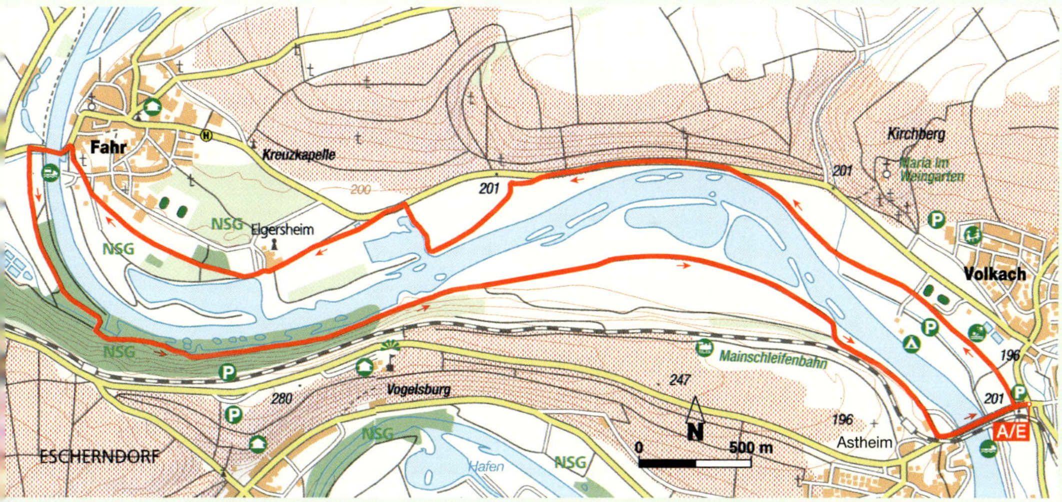

27 Zur Linsenburg des Narren

Von Trimberg zur Trimburg

mittel

1.30 Std.

110 Hm

3,6 km

Der steile Anstieg hinauf zur Trimburg fordert schon etwas Kondition, lohnt sich aber, denn die Wege um die Burgruine sind schön. Das Entfernen von der Burg, um eine Sicht auf den ganzen Komplex zu bekommen, ist zu empfehlen und bei dieser Wanderroute berücksichtigt.

Die Trimburg über dem Tal der Fränkischen Saale ist ein lohnendes Wanderziel.

Start an der Fränkischen Saale Das Örtchen Trimberg ist ein Teil der Gemeinde Elfershausen und liegt direkt an der Fränkischen Saale, einem Nebenfluss des Mains, in den er bei Gemünden fließt. Von hier aus steigen Sie über eine Treppe zur Trimburg hoch und diesen Anstieg sollten Sie gemächlich angehen, denn er ist recht steil. Er lohnt sich aber, denn wenn sich die ersten Mauern aus dem Grün

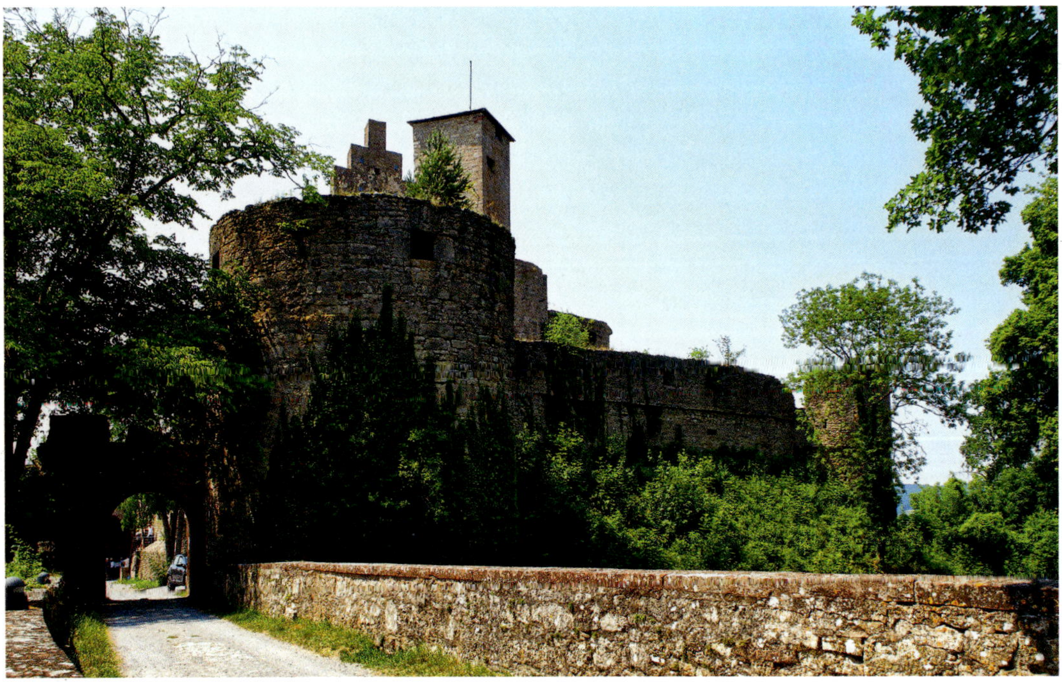

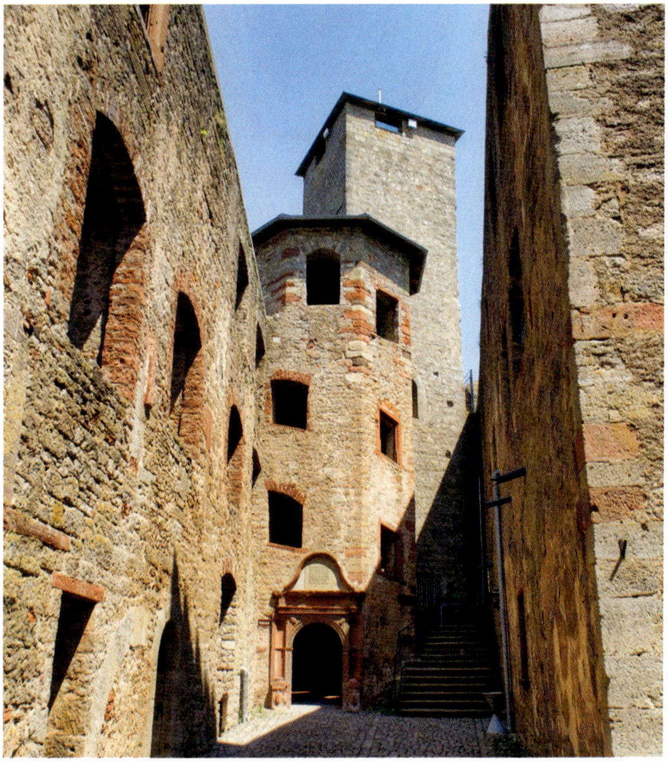

des Waldes schälen, kommt Freude auf, noch mehr, wenn Sie dann oben den Ausblick auf das Saaletal und den Ort Trimberg haben.

Die Linsenburg Die Ruinen der Burg sind eindrucksvoll. Das Erste, was Sie sehen, sind Reste der Vorgängerburg, die noch aus dem späten 12. Jahrhundert stammen. Das Vorwerk, das schon deutlich aus dem Komplex herausragt, wird auch Linsenburg genannt, weil daran eine Sage hängt. Als dieses Vorwerk gebaut wurde, hatte der Hofnarr des Grafen die Aufsicht darüber. Söldner der Burg Saaleck belagerten in dieser Zeit die Burg. Um den Narren zu ärgern, hatten einige Burgbewohner ihn mit Kalkbrühe bespritzt. Er rächte sich, indem er in die fertige Linsensuppe große Salzbrocken schleuderte. Derweil hatten die Söldner die Burg erobert und machten sich über die Suppe her. Davon bekamen sie einen solchen Durst, dass sie sich im Burgkeller mit dem vorhandenen Wein betranken. So konnten sie überwältigt werden und mussten nach der Ausnüchterung das Vorwerk der Burg fertigbauen. Als Verpflegung bekamen sie jeden Tag versalzene Linsensuppe und Zisternenwasser. Weitere Sagen um die Trimburg finden Sie auf Tafeln, die innerhalb der Burg angebracht sind.

Süßkind von Trimberg

Verbunden mit der Trimburg wird der Minnesänger Süßkind von Trimberg, der in der zweiten Hälfte des 13. Jahrhunderts gelebt hat. Es wird vermutet, dass er Anhänger der jüdischen Religion war, denn er wird in der Manessischen Liederhandschrift (Codex Manesse) als vornehm gekleideter Jude dargestellt. Biografische Spuren sind aber nur spärlich erhalten.

Wie salzige Linsensuppe schmeckt, kann man sich in diesen tristen Mauern gut vorstellen.

Der Aufstieg über die steile Treppe ist nicht ganz ohne Anspruch.

Ende des 13. Jahrhunderts wurde die Burg nach Westen hin fertiggebaut. Dabei verwendete man auch Material aus den Vorgängerbauten, sodass dieser Teil bereits zu dieser Zeit eine Ruine war.

Um die Trimburg herum Wenn Sie die Burg ausreichend besichtigt haben, verlassen Sie sie und schlagen den Weg in westlicher Richtung ein. Er führt Sie zunächst durch den Wald, sodass Sie die Ruine bald aus den Augen verloren haben. Folgen Sie dem Hans-Schneider-Weg, bis sich nach einer Kehre die Möglichkeit bietet, rechts abzuzweigen, wenige Schritte später geht es noch einmal rechts ab und damit auf den Weg zurück zur Burg. Dieser Weg führt nach einer Weile am Waldrand vorbei und bietet einen schönen Blick aus der Ferne auf die Burg. Sind Sie zwischen Mai und Oktober an Sonn- und Feiertagen dort unterwegs, dann können Sie sich noch bewirten lassen. Ortsansässige Vereine übernehmen in dieser Zeit die Bewirtung und manche Veranstaltung auf der Burg.

Abkürzen der Tour

Wenn Sie die Tour nicht weiter in die Länge ziehen wollen, so machen Sie sich nach der Umrundung und Besichtigung der Ruine wieder an den Abstieg. Sie sparen so fast zwei Kilometer Wegstrecke.

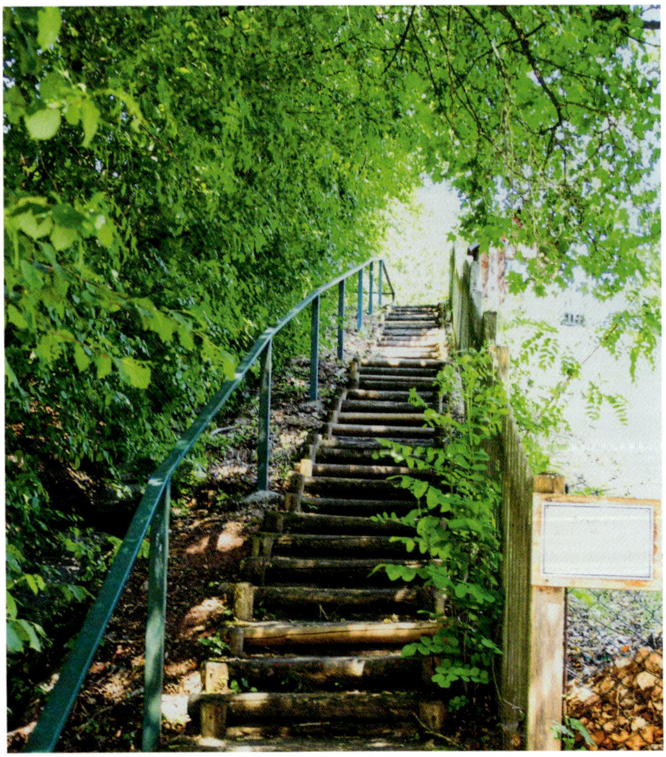

Der Abstieg wird Ihnen sicher nicht so schwerfallen wie der Anstieg zu Beginn der Wanderung. Seien Sie trotzdem vorsichtig, denn die Treppenstufen sind nicht so gleichmäßig, wie Sie es vielleicht von genormten Stufen gewohnt sind.

Wichtiges zur Tour

Tourencharakter
Durch den steilen Anstieg keine leichte Tour, Trittsicherheit ist erforderlich, sonst aber keine besonderen Schwierigkeiten.

Ausgangspunkt
Brückenstraße, Saalebrücke

Anfahrt
Bahn: Über die Bahnstrecke Gemünden–Ebenhausen (Fränkische Saaletalbahn). Vom Bahnhof Elfershausen-Trimberg sind es bis zum Ausgangspunkt noch gut 1,5 Kilometer.
Auto: Über die B 287 aus Richtung Bad Kissingen oder Hammelburg, über die A7, Abfahrt Hammelburg

Einkehr
Landgasthof »Zum Stern«, August-Ullrich-Straße 5, 97725 Elfershausen, Tel. 097 04/274

Karte
Wander- und Radwanderkarte Bayerische Rhön, Bad Kissingen, Bad Neustadt a. d. S. und Umgebung, 1:35 000, ISBN 978-3-89591-165-1

Informationen
Markt Elfershausen, Marktstraße 17, 97725 Elfershausen, Tel. 097 04/91 10-0, www.elfershausen.de

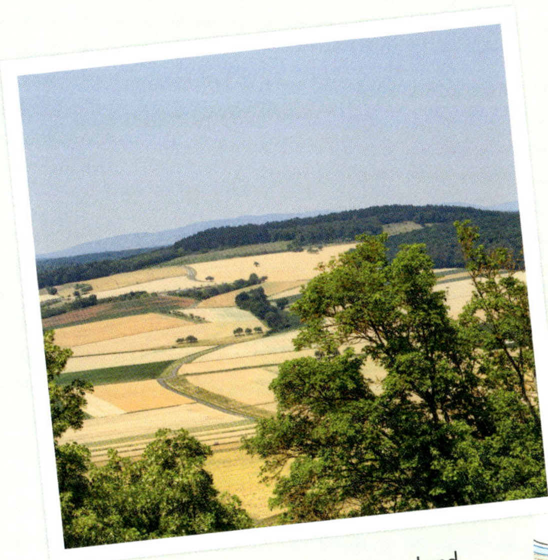

Von der Trimburg geht der Blick weit ins Land hinaus.

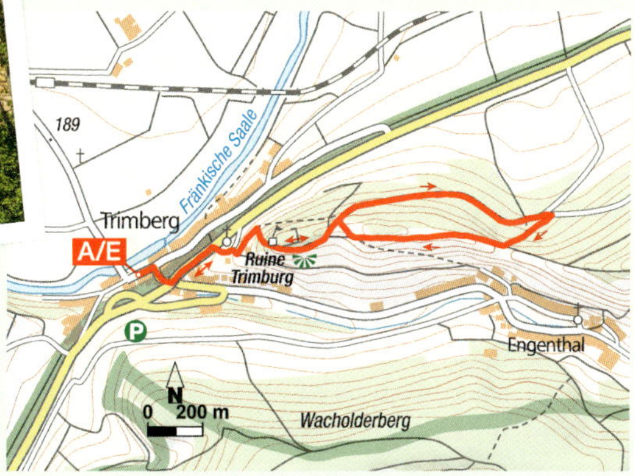

28 Vom Rosengarten zur Burgruine Botenlauben

In Bad Kissingen auf Wandertour

- mittel
- 1.45 Std.
- 150/140 Hm
- 5,4 km

In Bad Kissingen waren sie fast alle, Prinzen, Politiker, Schauspieler und andere, die sich kurieren oder einfach nur sehen lassen wollten. Das ist natürlich nicht der Grund für die Empfehlung dieser Wandertour, sondern einfach deshalb, weil man aus dem Rosengarten hoch hinauskommt und mit einem guten Überblick über die Region belohnt wird.

In Rosen gebettet Der Rosengarten von Bad Kissingen lädt noch vor Beginn der Wanderung ein wenig zum Verweilen und Schauen ein. Außerdem liegt er als Startpunkt für die Tour gleich schon günstig an der Saale.

Folgen Sie dem Weg, der an der Saale entlangführt, sich dabei manchmal ein bisschen vom Fluss entfernt, bis zur Südbrücke. Vor dieser überqueren Sie die Kurhausstraße, gehen weiter bis zum Ostring, den Sie ebenfalls überqueren. Dann gehen Sie in die Schwimmbadstraße hinein und steigen den links abzweigenden Weg durch den Wald hoch. Um nicht entlang der Kissinger Straße gehen zu müssen, zweigen Sie in einen der Wege im Wald rechts ab. Doch Achtung! Nicht den Weg, der schräg rechts zurückgeht. Die folgenden beiden Abzweigungen nach rechts führen Sie dorthin zur Kissinger Straße, wo Sie gegenüber auf der anderen

Der Rosengarten von Bad Kissingen

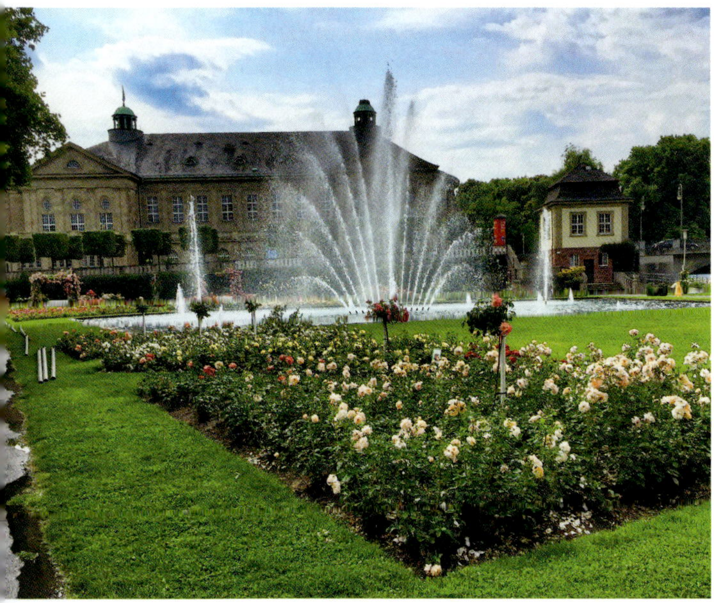

Straßenseite den Weg finden, der Sie hinauf zur Burg Botenlauben führt.

Otto von Botenlauben

Otto von Botenlauben (1177–1245) wurde als vierter Sohn des Grafen Poppo VI. von Henneberg geboren. Mit Kaiser Heinrich VI. fuhr er 1198 auf einen Kreuzzug ins Heilige Land, wo er es im Königreich Jerusalem zu Wohlstand brachte – auch weil er Beatrix von Courtenay heiratete, die Erbtochter des königlichen Seneschalls Joscelin III. Damit erbte er die Herrschaft, die er 1220 an den Deutschen Orden verkaufte. Er kehrte nach Deutschland zurück und kaufte die Burg bei Bad Kissingen, deren Namen er dann annahm. 1234 verkaufte er die Burg an das Bistum Würzburg. In seinen letzten Jahren lebte er fromm und zurückgezogen, selbst seine Söhne und Enkel traten dem geistlichen Stand bei, sodass Ottos Linie erlosch.

Des Minnesängers Vermächtnis Obwohl Ruine, sind die Ausmaße der Burg noch gut zu überschauen. Es muss einstmals eine große und prächtige Burganlage gewesen sein. Der Burgherr ist einer gewesen, der im Heiligen Land Karriere gemacht hat. Vielleicht haben Sie in Bad Kissingen die Statue mit dem Harfe spielenden Minnesänger gesehen. Auch das war Otto von Botenlauben. Seine Lieder sind im Codex Manesse und anderen Minnesängerhandschriften mit aufgeführt. Wenn Sie mehr Zeit für diese Wanderung benötigen, als hier angeführt ist, dann deshalb, weil es sich lohnt, die Burgruine in ihrer ganzen Länge abzugehen. Man bekommt ein Gefühl für die Weitläufigkeit der ganzen Anlage und man hat von den verschiedenen Stellen immer neue Blicke hinunter in die Stadt und ins Land hinein.

Zurück in die Kurstadt Auf der anderen Seite der Burg gehen Sie hinunter zur Burgstraße, biegen dann aber links in den Weg ein, der von der Burgstraße weg und um den Stationsberg herumführt. Sie kommen zuletzt in

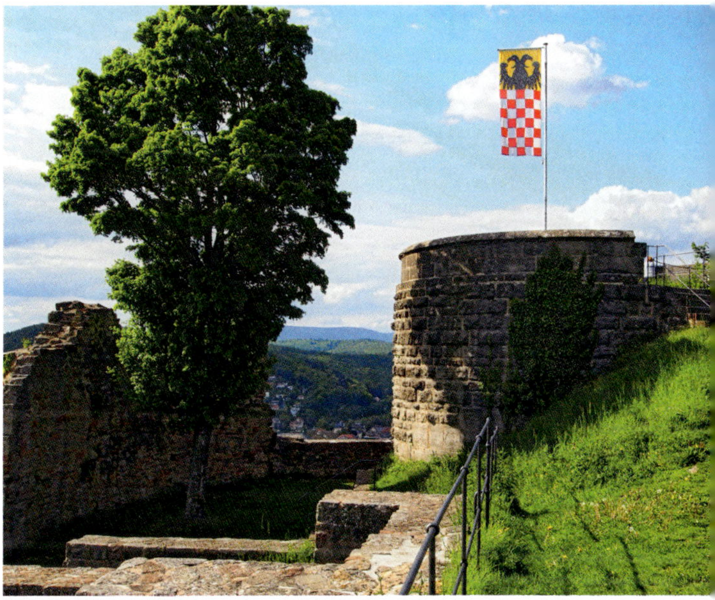

Burg Botenlauben gehörte einem unserer bekanntesten Minnesänger.

einem Bogen zurück zum Ostring und können die Straße mittels einer Überführung überqueren. Über die Von-der-Tann-Straße kommen Sie in die Innenstadt von Bad Kissingen zurück. Vom Theaterplatz aus haben Sie mehrere Möglichkeiten. Die Ludwigstraße führt Sie zum Rosengarten zurück.

Was sich noch anzusehen lohnt: der Kurgarten. Dazu biegen Sie am Theaterplatz auf die Martin-Luther-Straße ab. Sie führt direkt dorthin. Sie möchten Ihr Geld loswerden, koste es, was es wolle? Dann besuchen Sie die Spielbank Bad Kissingen im Luitpoldpark. Vom Kurpark aus haben Sie es nicht weit. Sie hätten es doch lieber etwas besinnlicher? Dann ist die Kirche des Sergius von Radonesch (russisch-orthodox) an der Salinenstraße ein lohnendes Ziel. Vom Theaterplatz zweigen Sie in die Von-Hessing-Straße ab. Diese mündet direkt in die Salinenstraße.

Der Kurpark von Bad Kissingen

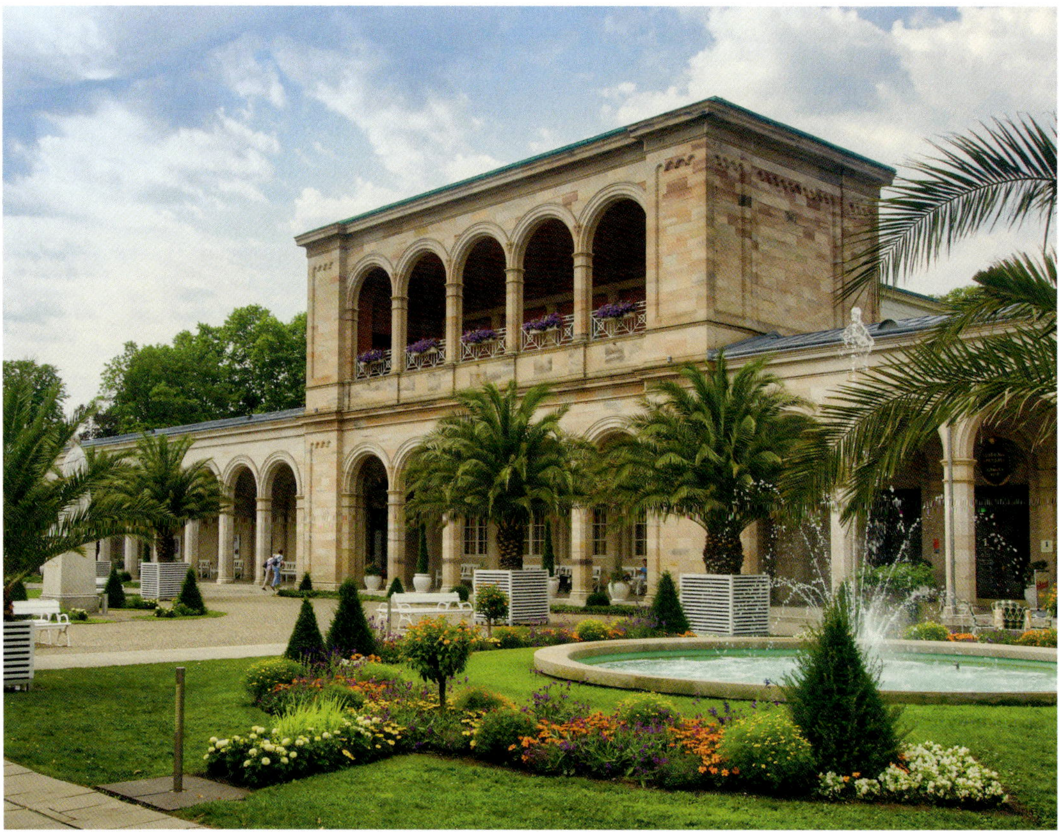

Wichtiges zur Tour

Tourencharakter
Mittelschwer, weil es zur Burgruine schon ziemlich hoch geht. Trittsicherheit ist erforderlich.

Ausgangspunkt
Rosengarten in Bad Kissingen

Anfahrt
Bahn: Von Gemünden am Main, Schweinfurt und von Würzburg mit dem Regional-Express
Postkutsche: Von Bad Bocklet nach Bad Kissingen von April bis Oktober. Nähere Auskünfte bei der Touristinformation.
Auto: Über die A7, Abfahrt Bad Kissingen/Oberthulba sowie über die B 286 und B 287

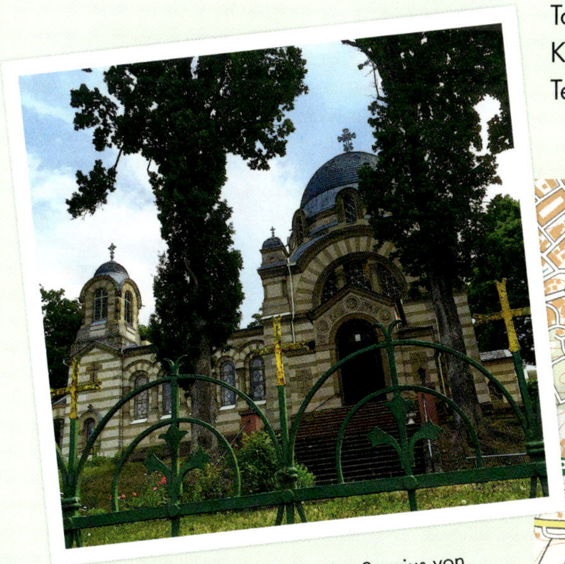

Die russisch-orthodoxe Kirche des Sergius von Radonesch.

Einkehr
Restaurant-Café da Vito, Balthasar-Neumann-Promenade 78, 97688 Bad Kissingen, Tel. 0971/699 11 04, www.da-vito-ristorante.de
Schuberts Wein & Wirtschaft, Kirchgasse 2, 97688 Bad Kissingen, Tel. 0971/26 24, www.weinstube-schubert.de

Karte
Wander- und Radwanderkarte Bayerische Rhön, Bad Kissingen, Bad Neustadt a. d. S., 1:35 000, Barthel, ISBN 978-3-89591-165-1

Informationen
Stadt Bad Kissingen, Rathausplatz 1, 97688 Bad Kissingen, Tel. 0971/807-0, www.badkissingen.de
Touristinformation Arkadenbau, direkt im Kurgarten, 97688 Bad Kissingen, Tel. 0971/80 48 444

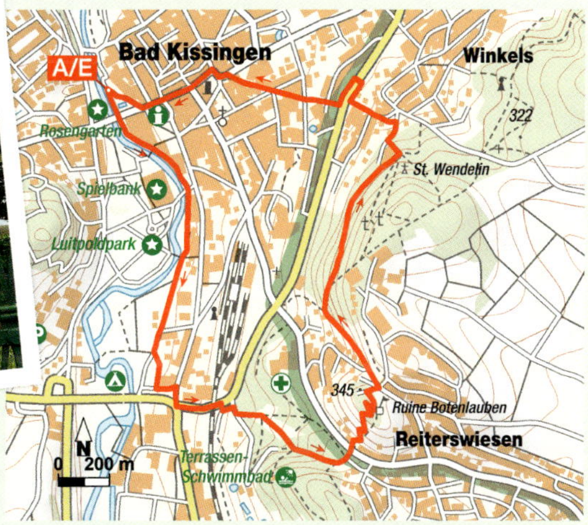

29 Vom Mathematikerhaus zur Burg

Königsberg in Bayern

- leicht
- 0.45 Std.
- 70/60 Hm
- 2,7 km

Die kleine Tour in Königsberg führt durch eine sehenswerte Altstadt hinauf zur alten Burgruine und zurück um den Burgberg herum. Die richtige Wanderung für einen schönen Sommernachmittag.

Dass man in den Haßbergen angekommen ist, merkt man beim Blick von der Burg.

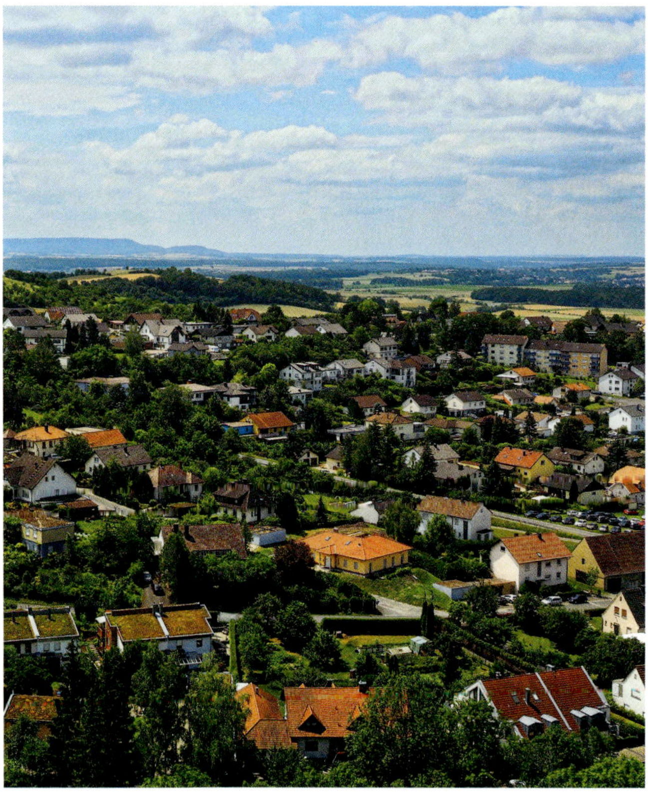

Das andere Königsberg Bei dem Namen Königsberg denken die meisten sicher sofort an die alte Stadt an der Ostsee, die heute einen anderen Namen trägt. Dieses Königsberg in den Haßbergen hat, um Verwechslungen auszuschließen, in der amtlichen Bezeichnung ein »in Bayern« angehängt bekommen. Die Altstadt ist so einladend schön, dass dieser Tourenvorschlag ziemlich kurz ausfällt. So können Sie vor und nach der Wanderung ausgiebig den Ort bewundern.

Auf dem Weg zur Burg kommen Sie, nur wenige Schritte hinter dem Marktplatz, am Regiomontanushaus vorbei. Auf diese Persönlichkeit, die in diesem Ort geboren wurde, sind die Königsberger offensichtlich stolz, denn es findet sich nicht nur eine Tafel am Geburtshaus, sondern auch Hinweise aus alter Zeit an anderen Stellen. Das romantische Fachwerkhaus kann übrigens als Ferienhaus angemietet werden.

Burg Königsberg Oberhalb von Königsberg steht die alte Reichsburg, die von unten ziemlich vollständig aussieht, sich bei der Besichtigung jedoch als Ruine präsentiert. Manches, was von unten so prächtig aussieht, ist auf neuzeitliche Renovierung zurückzuführen. Beeindruckend ist auf jeden Fall der Ausblick von oben.

Regiomontanus

Johannes Müller (1436–1476) gilt als der bedeutendste Mathematiker und Astronom seiner Zeit sowie als Begründer der modernen Geometrie und Trigonometrie. Die latinisierte Form seines Namens wurde ihm später von anderen gegeben. Bereits im Alter von nur 40 Jahren starb er in Rom, wohin ihn der Papst zur Mitarbeit an der anstehenden Kalenderreform eingeladen hatte.

Zurück in die Altstadt Von der Burg aus geht es in einem Bogen rund um den Berg zurück in die Stadt. Sie können die Burg so von allen Seiten bewundern, bevor Sie sich in den Gassen zwischen den alten Häusern umtun.

Das Haus des Regiomontanus

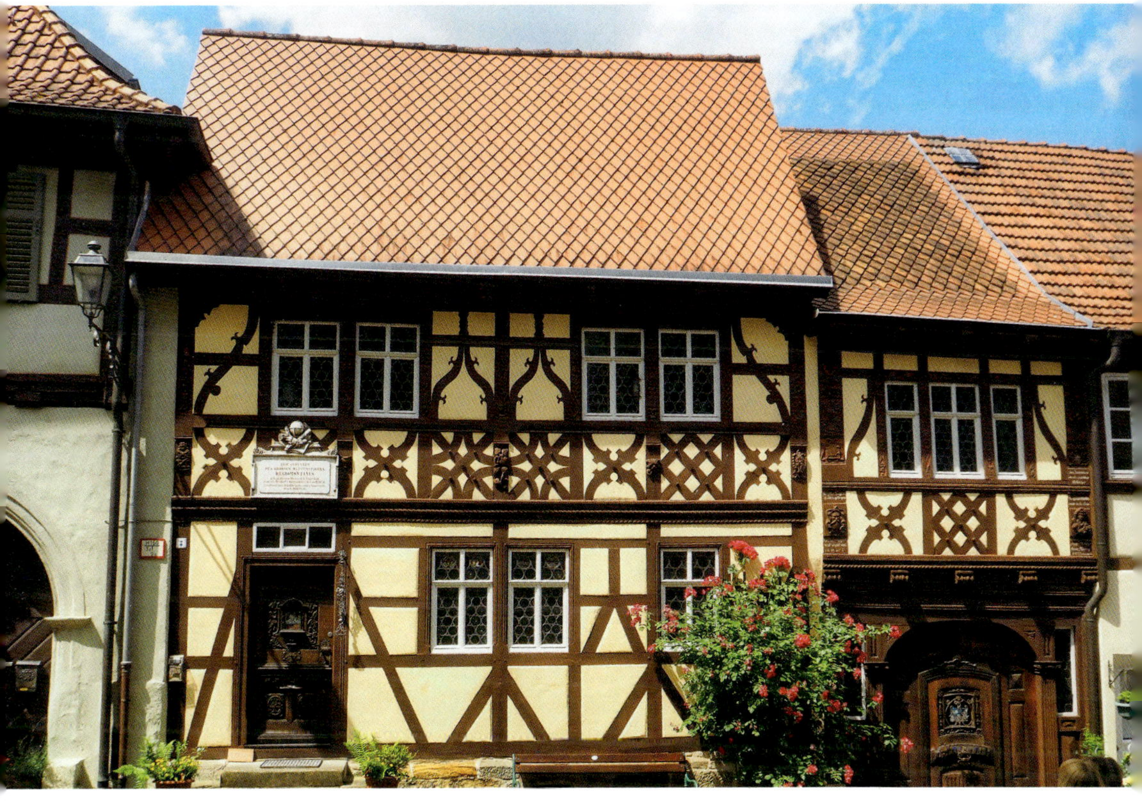

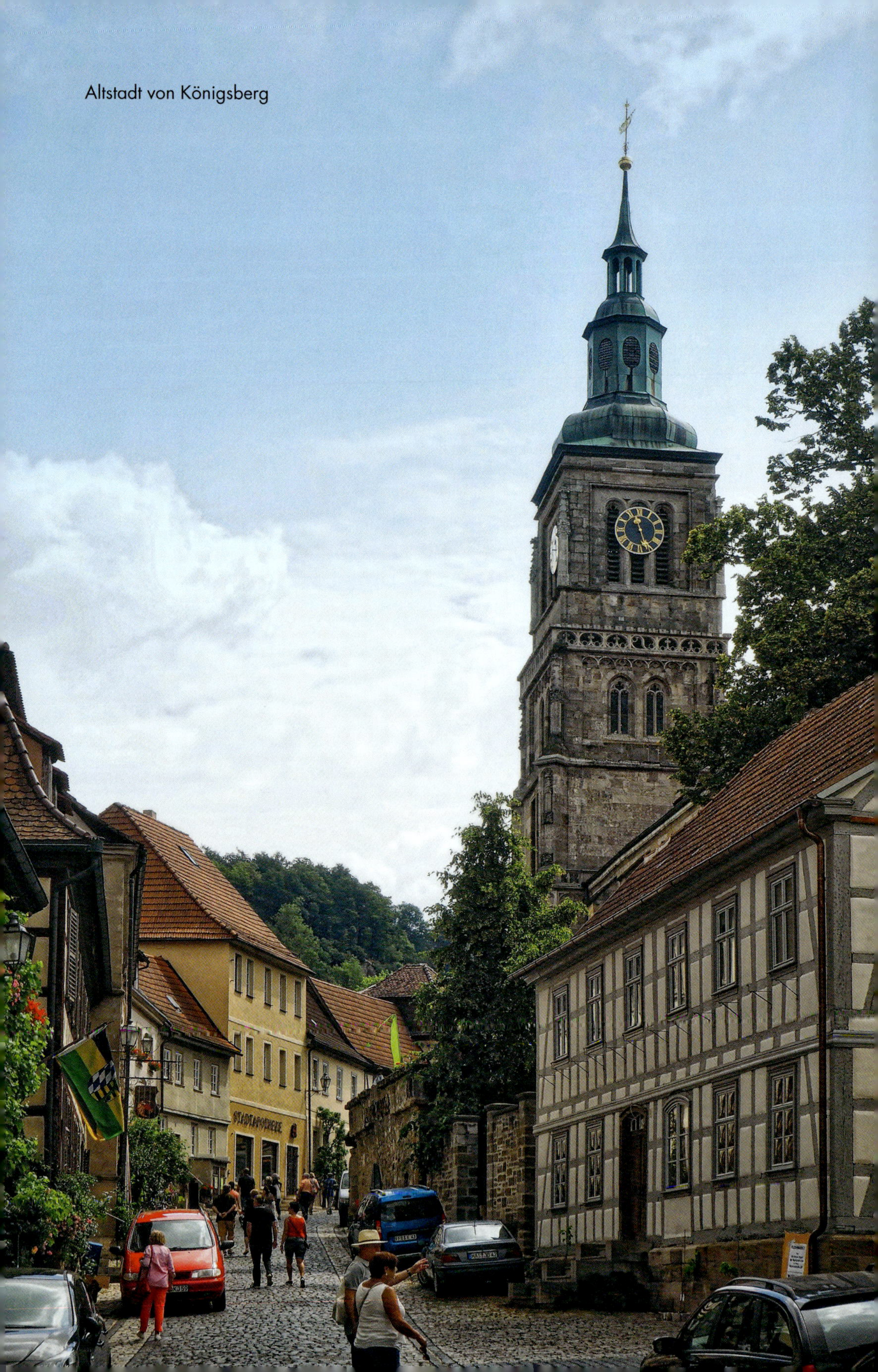

Altstadt von Königsberg

Wichtiges zur Tour

Tourencharakter
Leicht, keine speziellen Anforderungen

Ausgangspunkt
Bushaltestelle Regiomontanusstraße

Anfahrt
Bus: Regionalbusse fahren von Haßfurt und Hofheim nach Königsberg.
Auto: Von Haßfurt über die St2275 und St2278 und von Hofheim über die St2281

Einkehr
Das Café im Kunsthandwerkerhof, Altes Brauhaus 4, 97486 Königsberg in Bayern, Tel. 095 25/18 63, www.kunsthandwerkerhof.de
Pizzeria Ristorante Da Giuseppe, Regiomontanusstraße 5, 97486 Königsberg in Bayern, Tel. 095 25/98 15 77, https://pizzariadagiuseppe.jimdo.com

Karte
ATK25 C07 Hofheim in Unterfranken, 1:25 000, ISBN 978-3-89933-647-4

Informationen
Stadtverwaltung Königsberg in Bayern, Marktplatz 7, 97486 Königsberg in Bayern, Tel. 095 25/92 22-0, www.koenigsberg.de

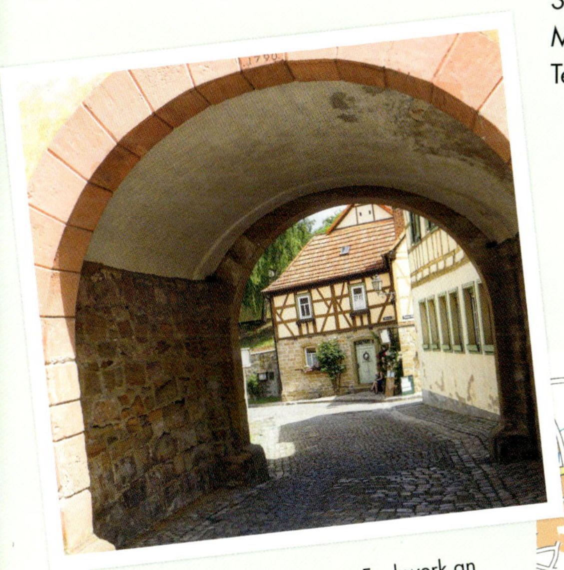

In den alten Gassen ist prächtiges Fachwerk an den Häusern zu sehen.

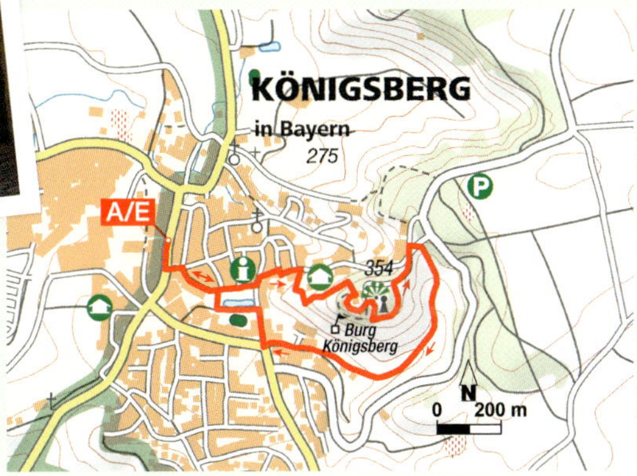

30 Hexenringe und Wildgänse

Durch das Naturschutzgebiet »Mainaue bei Augsfeld« bei Haßfurt

leicht
2.15 Std.
30/20 Hm
11,5 km

Selbst wenn das Wetter mal nicht so optimal ist, lohnt sich diese Wanderung durch die Mainaue, bei der man, je nach Jahreszeit, interessante und naturnahe Begegnungen haben kann.

Über die Ritterkapelle zum Naturschutzgebiet Der Tag, den ich mir für die Wanderung ausgesucht hatte, war bewölkt und ich überlegte, ob ich die Tour überhaupt antreten wolle. Dann entschied ich mich dafür. Zum Wandern braucht man nicht unbedingt Sonne, Hauptsache, es bleibt trocken – und das zumindest sagte der Wetterbericht –, denn bei Matschwetter durch Wiesen und über Schlammwege zu gehen ist nicht angenehm. Die erste Hälfte der Strecke geht es über asphaltierte Wege, die andere Hälfte dann teilweise ohne deutliche Wegzeichnung.

Vom Bahnhof aus wendet man sich nach links, um aus dem Ort herauszukommen. Nicht weit entfernt vom Bahnhof liegt zur rechten Hand ein Friedhof, dahinter die Ritterkapelle.

Am Ende des Friedhofes geht es hoch zur Straße, die Sie rechts ein Stück entlangwandern, und dann biegen Sie links in die Carius-Heier-Straße ein. Dieser folgen Sie, bis sie in die Straße Am Ziegelbrunn mündet. Nach der Straßenüberquerung in den Lengfeldweg einbiegen und

Die Ritterkapelle in Haßfurt

Die spätgotische Ritterkapelle in Haßfurt diente ursprünglich als Pfarrkirche. Nach dem Bau der Hauptkirche am Marktplatz wurde sie nur noch als Taufkirche und Wallfahrtsort genutzt. Der genaue Baubeginn ist nicht zu bestimmen, er wird für das Jahr 1390 vermutet. Chordach und Langhaus entstanden jedoch erst später. In den Jahren 1603 bis 1605 wurde das Langhaus erhöht. Auftraggeber war Fürstbischof Julius Echter von Mespelbrunn. Der dabei nachempfundene mittelalterliche Baustil wird deshalb »Echtergotik« genannt. Renoviert wurde die Kapelle zuletzt von 2006 bis 2010.

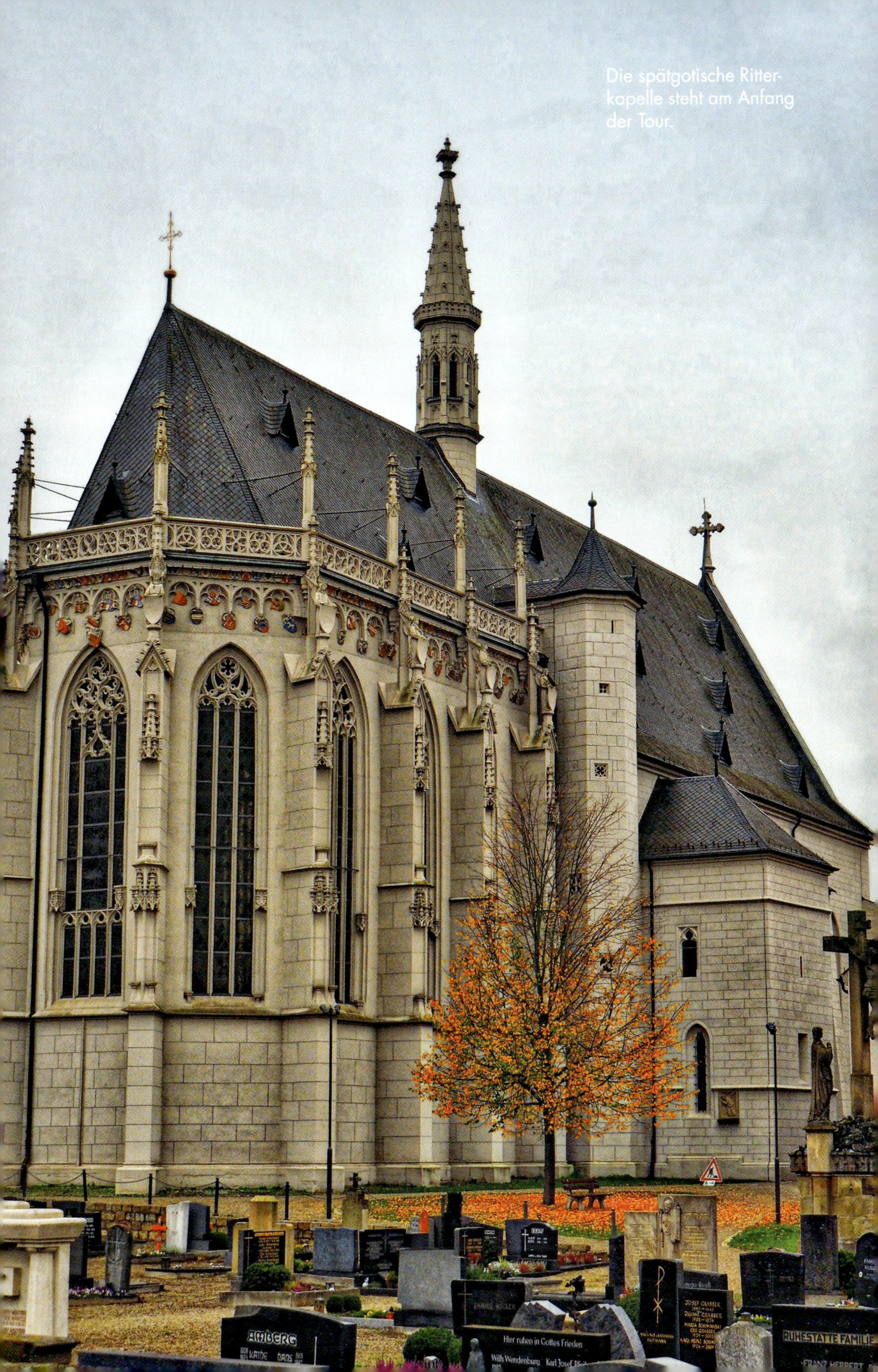

Die spätgotische Ritterkapelle steht am Anfang der Tour.

Rastende Wildgänse lassen sich weder vom Traktor noch vom Fotografen stören.

diesem weiterhin folgen, bis nach Augsfeld. Nun ist man außerhalb von Haßfurt und in der »Mainaue bei Augsfeld« angekommen, worauf ein großes Schild schon am Anfang des Weges hinweist.

Weiter nach Augsfeld Rechter Hand sieht man Wiesen, etwas weiter Felder. Links sieht man das Gewerbegebiet von Haßfurt, von dem man sich aber immer weiter entfernt.

Sehenswert ist die Barockkirche in Augsfeld. Die äußere Schlichtheit lässt nicht vermuten, dass sie ein bemerkenswertes Inneres hat. Reiches Stuckwerk, beachtliche Deckenfresken (Johann Peter Herlein) und aufwendig gestaltete Altäre und Beichtstühle (Johann Kaspar Moritz) lassen eine Besichtigung angeraten sein, wenn man sich für derartige barocke Kunst interessiert.

Am Ende der Ortschaft folgt man der Straße rechts in Richtung Main. Bei schönem Wetter lohnt es sich, in den Landwehrgraben rechts abzubiegen (etwa 100 Meter vor dem Teich auf der linken Seite) und den Windungen dieses Grabens bis zum Vogelbeobachtungsturm zu folgen. Bei feuchter Witterung ist diese Route nicht zu empfehlen, und man folgt besser der Straße zum Main und biegt dort rechts auf den Weg ab, der sich am Main entlang hinzieht.

Abkürzen der Tour

Der Weg macht einen Knick nach rechts und wenig weiter einen Knick nach links. Hinter dem zweiten Knick kann man in einen abzweigenden Weg einbiegen. Diesem folgen Sie und biegen einmal links sowie gegenüber Augsfeld rechts und dann wieder rechts ab. Auf diese Weise kommen Sie zum Vogelbeobachtungsturm und von da aus, nach links dem Teichufer folgend, zurück auf die hier beschriebene Route. Damit sparen Sie gut drei Kilometer.

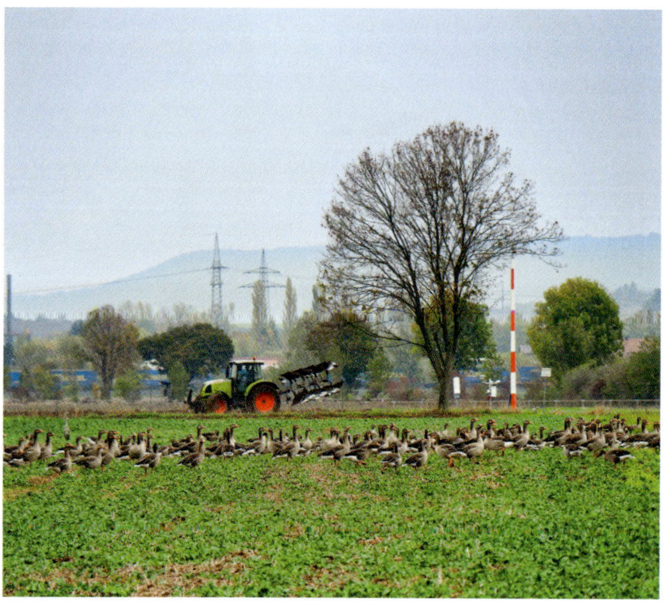

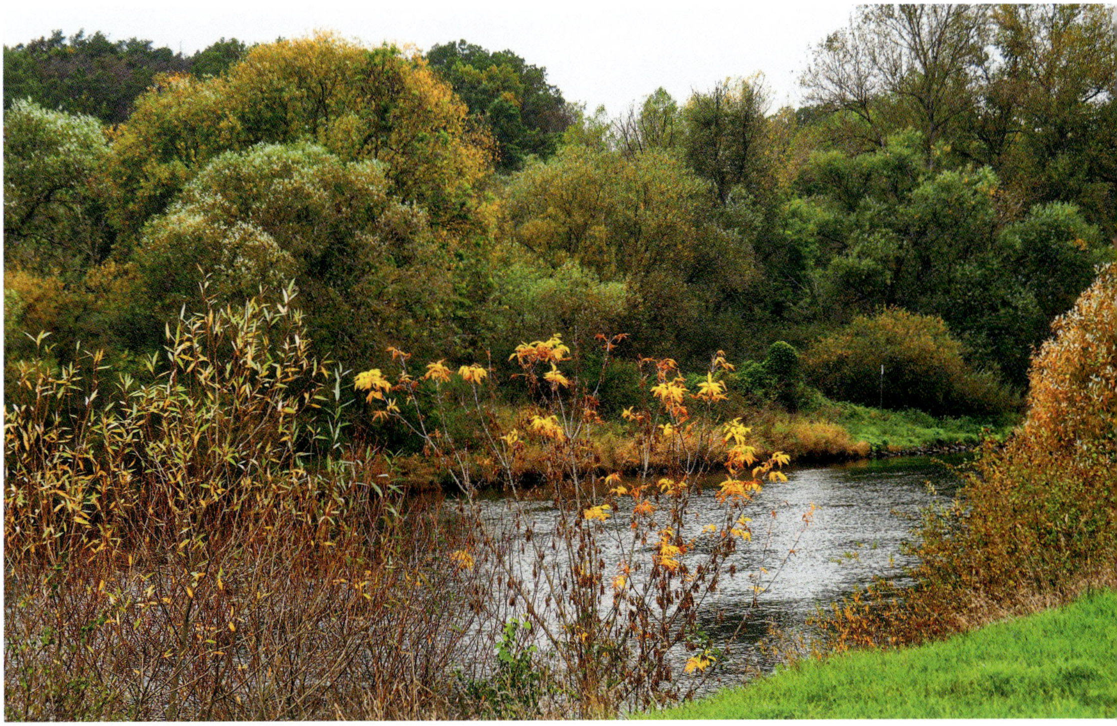

Ein gutes Stück geht es am Main entlang.

Durch die Mainaue Ganz gleich, ob Sie beim Landwehrgraben abgebogen sind oder erst am Main, Sie bewegen sich jetzt durch die Auenlandschaft, die Ergebnis einer erfolgreichen Renaturierung ist. Ein Weg am Main ist zunächst noch zu erkennen, ein Stück hinein dann aber auch nicht mehr. Der »Große Wörth«, dem Sie sich so oder so nähern ist ein guter Beobachtungsplatz für seltene Vögel. Vom Beobachtungsturm aus können Sie Rohrdommeln, Kiebitze, Möwen, Zwerg- und Haubentaucher, Silberreiher und noch manche andere Vögel beobachten (je nach Jahreszeit). Mich begleitete auf der weiteren Wanderung ein Rotmilan, der allerdings zu weit weg war, um ihn vor dem dunkelgrauen Himmel vernünftig fotografieren zu können. Dafür stand ich plötzlich etwas weiter hinter dem See vor einer Kolonie von Graugänsen, die auf dem Weg nach Süden Rast machten. Die ließen sich weder von dem im Hintergrund auf dem Feld fahrenden Traktor noch von dem Wanderer mit der Kamera irritieren und schlugen allenfalls etwas mit den Flügeln, als ich mich zu dicht heranwagte.

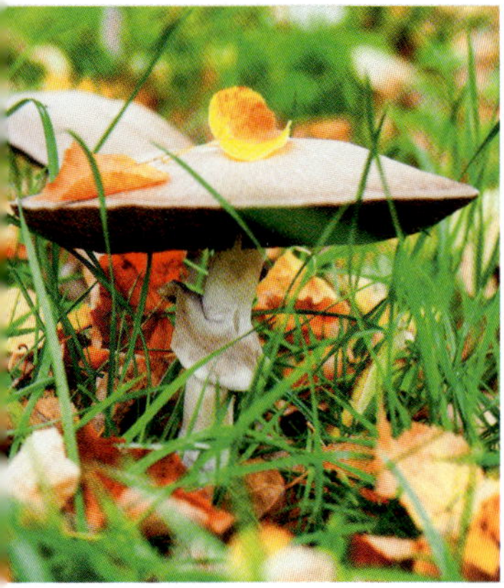

Manche Pilze sind in kreisförmigen Formationen – den sogenannten Hexenringen – zu finden.

Ein besonderes Erlebnis war für mich die Begegnung mit Hexenringen. Den ersten sah ich bereits in dem kleinen Park in Augsfeld. In der Mainaue begegneten mir mehrere, teils von beachtlichem Ausmaß. Wer sich nichts darunter vorstellen kann: Hexenringe sind Pilze, die im Kreis wachsen.

Zurück nach Haßfurt Am Ende der Mainaue liegt der Flugplatz von Haßfurt, an dem man links vorbeigeht. Nach und nach tauchen Häuser auf. Das Meehäusle – das Gasthaus am Main – lädt zum Verweilen ein, der Hafen von Haßfurt liegt kurz vor der Stadt und dann ist man zurück und kann, wenn man sich nicht schon beim Meehäusle dazu entschlossen hat, eine Gaststätte eigener Wahl aufsuchen, um einen runden Abschluss dieser Wandertour zu finden. Gehen Sie am Hafen nicht sofort in die Stadt, sondern noch ein gutes Stück am Main entlang. Wenn die Straße nach rechts abknickt, können Sie dieser folgen. Die Altstadt Haßfurts ist sehenswert, leider durch die Hauptstraße, die nicht verkehrsberuhigt ist, etwas beeinträchtigt.

Altstadt von Haßfurt

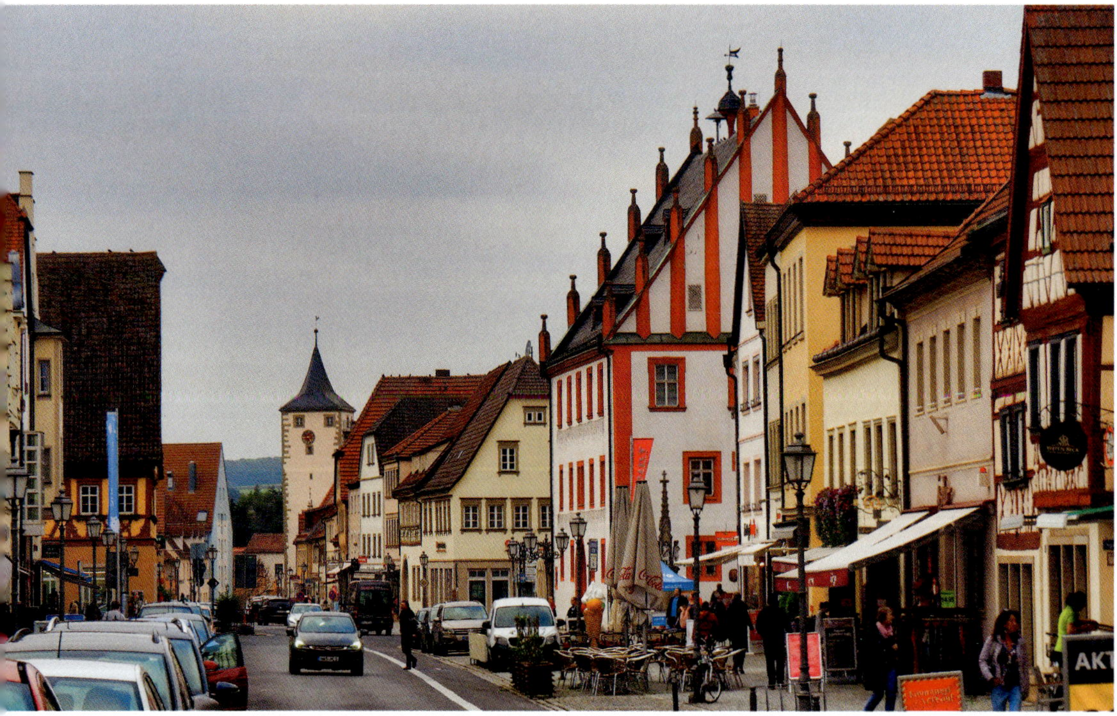

Wichtiges zur Tour

Tourencharakter
Leicht, da kaum Steigungen zu überwinden sind. Bei feuchter Witterung sollte man aber unbedingt auf wasserdichtes Schuhwerk achten, da es teilweise nur durch Wiesen geht.

Ausgangspunkt
Bahnhof Haßfurt

Anfahrt
Bahn: Über die Bahnstrecke Würzburg–Bamberg
Auto: Über die A70 Schweinfurt-Bayreuth (Abfahrt Haßfurt) und die B26

Einkehr
Meehäusle – Das Gasthaus am Main, Am Hafen 6, 97437 Haßfurt, Tel. 09521/7155, www.meehäusle.de
Neumanns kulinarischer Service, Brückenstraße 17, 97437 Haßfurt, Tel. 09521/7398, www.neumanns-kulinar.de

Karte
ATK25-D07 Haßfurt, 1:25000, ISBN 978-3-89933-650-4

Informationen
Touristinformation, Bahnhofstraße 2, 97437 Haßfurt, Tel. 09521/95857-46, touristinfo@hassfurt.de, www.hassfurt.de

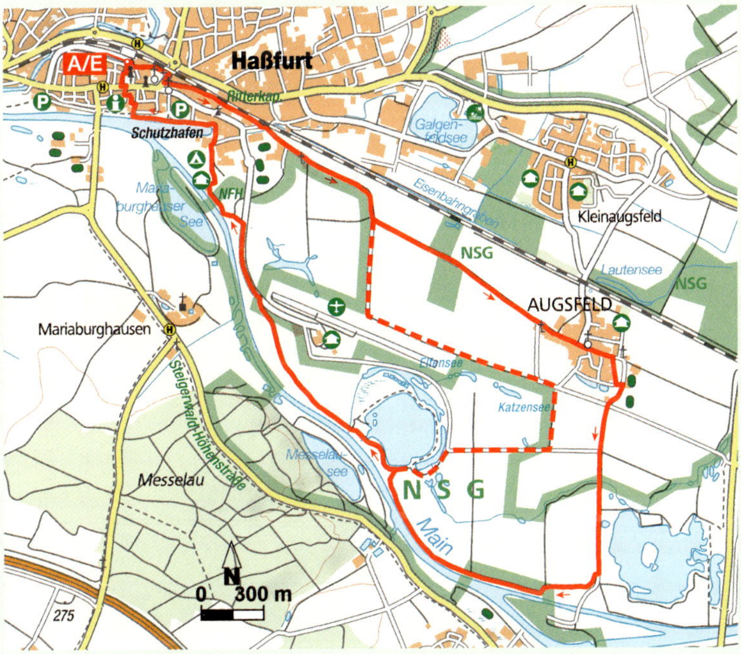

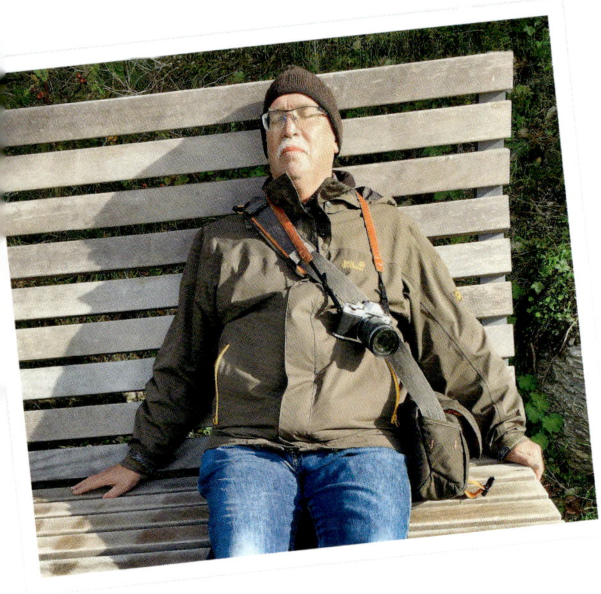

Beim Wandern sind auch die Pausen wichtig.

Zugabe

Mainfranken *ist eine sagenhafte Region. Sie werden das erkennen, wenn Sie dort wandern. Doch sagenhaft ist nicht nur die Natur, sondern es sind auch die Geschichten, die sich in der Region erzählt werden. Halten Sie Ihre Augen und Ohren offen – dann werden Ihnen hier und dort auch Sagen, Märchen und Legenden entgegenkommen.*

Auf der Trimburg *etwa, wo nicht nur die Sage von den versalzenen Linsen, sondern auch die von der Nixe vom Trimberg bekannt ist. Albrecht von Trimberg soll sich die Melusine aus einem Brunnen geholt und mit nach Hause genommen haben. Mit einer Hostie beseitigte er ihre Schwimmhäute. Der fromme Torwärter hintertrieb dies allerdings, in dem er die Hostie zur Pfarrkirche brachte. Da musste die Nixe in den Brunnen zurück.*
Oder die Sage vom Lindwurm*, der die Vogelsburg bedrängte. Er forderte täglich ein Menschenopfer. Als man einmal ein junges Mädchen als Opfer ausgelost hatte, kam ein Ritter herbei und tötete den Drachen endlich. Natürlich wollte die Bevölkerung das Mädchen nicht zurück und so musste der fremde Ritter die arme Gertraud zur Frau nehmen. Beide sollen dann, bis sie gestorben sind, auf der Vogelsburg gelebt haben.*
Oder die Geschichte vom Bettler zu Mespelbrunn*, dem ein Ritter Brot und Trank verweigerte, der dann aber selbst in arge Not geriet, nicht mehr aus dem Wald herausfand und von eben diesem Bettler aus seiner misslichen Lage befreit wurde. Auch Würzburg ist an Geschichten reich. Nicht nur, dass Deutschlands berühmtester Minnesänger, Walther von der Vogelweide im Kreuzgang des Neumünsters begraben liegen soll, auch einen Walfisch soll es in Würzburg gegeben haben. Dieser war jedoch kein Meerestier, sondern ein Haus, in dem der Gastgeber besonders gern die Geschichte von Jonas im Walfischbauch erzählen und singen ließ, sodass im Volksmund sein Haus bald »der Walfisch« genannt wurde.*

Mehr alte Erzählungen finden Sie in meinem Buch Sagen und Legenden aus Franken, *Daun 2018, 3. Auflage, ISBN 978-3-95540-110-8.*

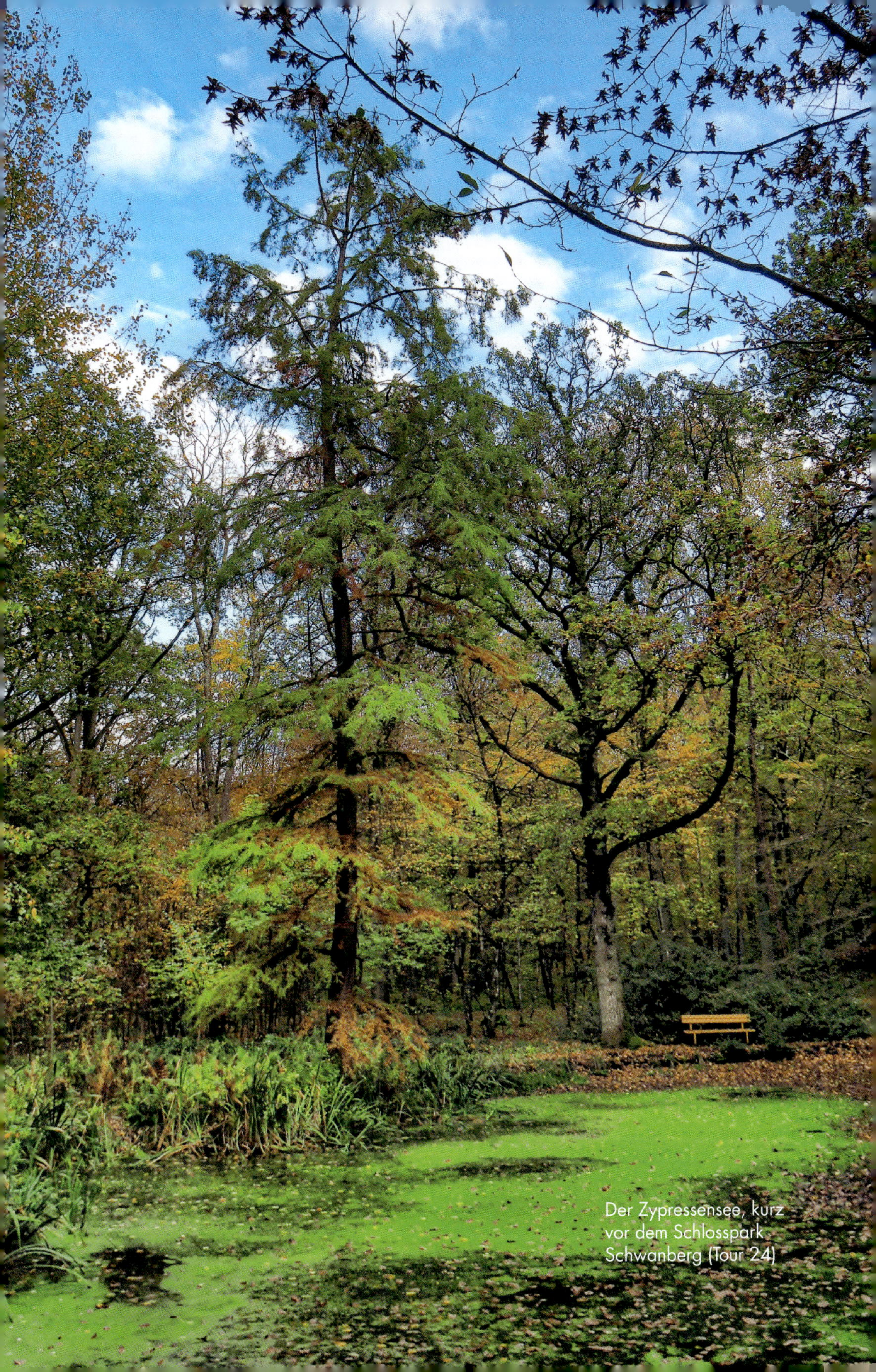

Der Zypressensee, kurz vor dem Schlosspark Schwanberg (Tour 24)

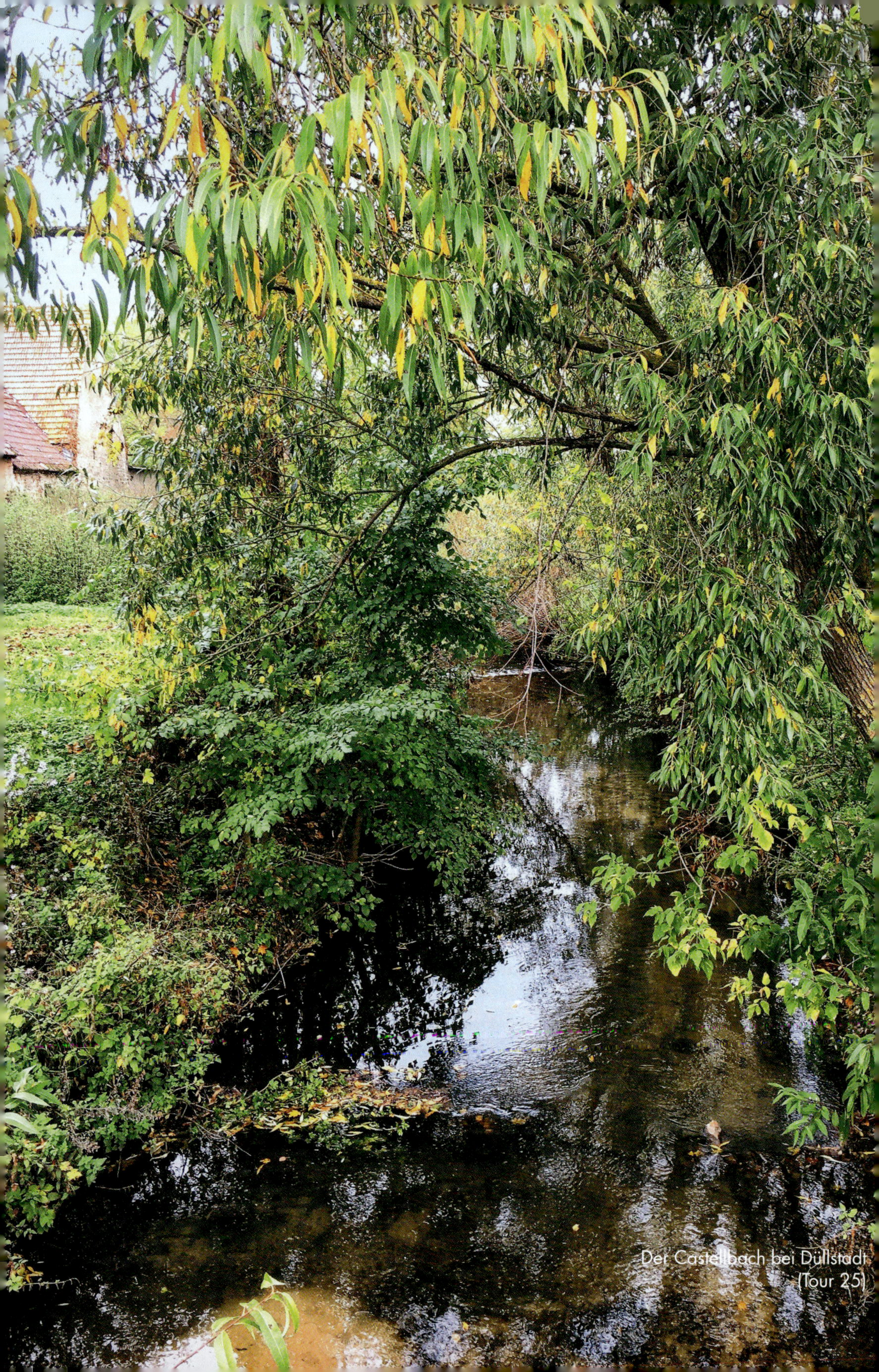
Der Castellbach bei Düllstadt (Tour 25)

Register

Ebenfalls erhältlich ...

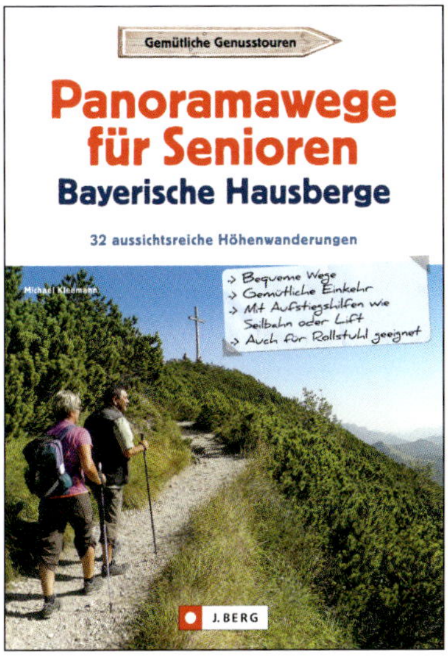

ISBN 978-3-86246-576-7

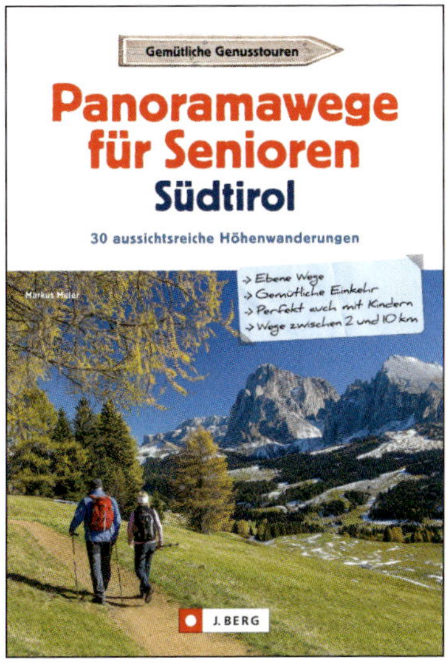

ISBN 978-3-86246-542-2

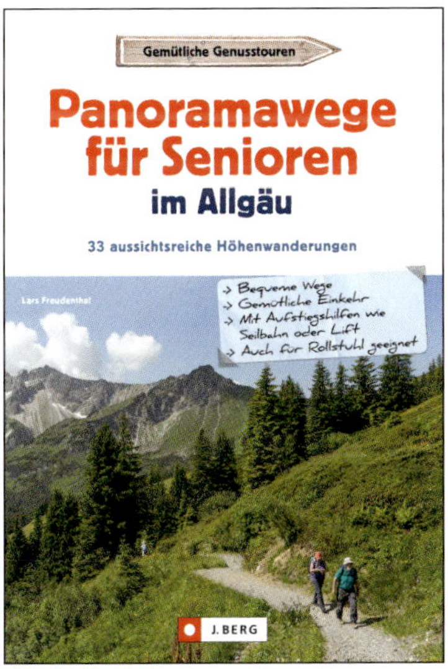

ISBN 978-3-86246-607-8

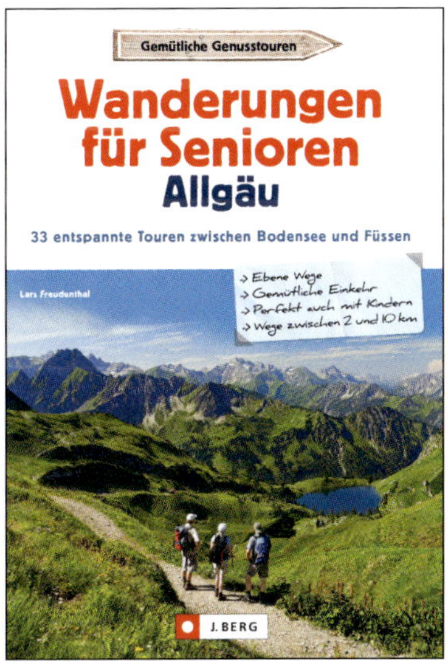

ISBN 978-3-86246-522-4

J. BERG

www.j-berg-verlag.de

Impressum

Verantwortlich: Sabine Klingan
Redaktion und Layout: mcp concept GmbH, Kolbermoor
Repro: Cromika
Kartografie: Bruckmann Verlag GmbH, Heidi Schmalfuß
Herstellung: Barbara Uhlig
Printed in Slovenia by Florjancic

★★★★★

Sind Sie mit diesem Titel zufrieden? Dann würden wir uns über Ihre Weiterempfehlung freuen. Erzählen Sie es im Freundeskreis, berichten Sie Ihrem Buchhändler, oder bewerten Sie bei Onlinekauf. Und wenn Sie Kritik, Korrekturen, Aktualisierungen haben, freuen wir uns über Ihre Nachricht an Bruckmann Verlag, Postfach 40 02 09, D-80702 München oder per E-Mail an lektorat@verlagshaus.de.

Unser komplettes Programm finden Sie unter www.j-berg-verlag.de

In diesem Buch wird aus Gründen der besseren Lesbarkeit das generische Maskulinum verwendet. Weibliche und anderweitige Geschlechteridentitäten werden dabei ausdrücklich mitgemeint, soweit es für die Aussage erforderlich ist.

Empfehlung der Redaktion
Sie sind auf der Suche nach weiterführender Literatur? Dann empfehlen wir Ihnen den Titel »Meine Lieblingsausflüge Franken« von Armin Scheider. Oder Sie werfen einen Blick in die Zeitschrift »Bergsteiger«. Hier werden Sie bestimmt fündig.

Bildnachweis: Alle Aufnahmen im Innenteil und auf der Umschlagrückseite stammen vom Autor, mit Ausnahme S. 116/117: Marc Bode/shutterstock.com und S. 132/133: Felix_S/shutterstock.com.
Umschlagvorderseite: Kloster und Weingut Vogelsburg (Andreas Hub/laif)
Umschlagrückseite: Blick auf den Main (Tour 4)

Die Deutsche Nationalbibliothek verzeichnet diese Publikation in der Deutschen Nationalbibliografie; detaillierte bibliografische Daten sind im Internet über http://dnb.d-nb.de abrufbar.

Infanteriestraße 11a
80797 München

ISBN 978-3-86246-687-0